芯人物
——致中国强芯路上的奋斗者
（第二册）

慕容素娟　主编

清华大学出版社
北京

内容简介

本书讲述的是投身于"中国芯"发展的一群建设者的奋斗故事,全书内容以具有人文气息的人物专访形式呈现。芯片领域中的人才几乎都是"学霸",很多是保送上大学,且硕士、博士占比极高,国际一流高校毕业的也不在少数。当前,作为国之重器的"中国芯",不仅关系着国家的信息安全和经济建设,也担负着中华民族伟大复兴的历史使命。与此同时,芯片技术是科技中的科技,由于技术门槛高、研发周期长、投资风险大,因此投入芯片领域不仅需要过硬的技术,还需要强大的内心、坚定的意志以及对"中国芯"的一种情怀,只有这样才能坚持下去。中国芯片领域有一群志存高远又脚踏实地的实干家,他们的奋斗故事充满了正能量。

本书通俗易懂,内容深入浅出,专业人士和大众读者都可以从中一窥"中国芯"的发展历程。

本书封面贴有清华大学出版社防伪标签,无标签者不得销售。
版权所有,侵权必究。举报:010-62782989,beiqinquan@tup.tsinghua.edu.cn。

图书在版编目(CIP)数据

芯人物: 致中国强芯路上的奋斗者. 第二册 / 慕容素娟主编. — 2版. — 北京: 清华大学出版社,2021.12
ISBN 978-7-302-59759-9

Ⅰ.①芯… Ⅱ.①慕… Ⅲ.①芯片-科学家-先进事迹-中国 ②芯片-电子工业-企业家-先进事迹-中国 Ⅳ.①K826.16 ②K825.38

中国版本图书馆CIP数据核字(2021)第261985号

责任编辑:贾小红
封面设计:魏润滋
版式设计:文森时代
责任校对:马军令
责任印制:刘海龙

出版发行:清华大学出版社
网　　址:http://www.tup.com.cn,http://www.wqbook.com
地　　址:北京清华大学学研大厦A座　　邮　编:100084
社 总 机:010-62770175　　邮　购:010-62786544
投稿与读者服务:010-62776969,c-service@tup.tsinghua.edu.cn
质 量 反 馈:010-62772015,zhiliang@tup.tsinghua.edu.cn

印 装 者:北京博海升彩色印刷有限公司
经　　销:全国新华书店
开　　本:170mm×240mm　　印　张:15.25　　字　数:264千字
版　　次:2020年7月第1版　2022年1月第2版　印　次:2022年1月第1次印刷
定　　价:89.80元

产品编号:093388-01

编写委员会

慕容素娟，集微网执行副总编、深度报道团队主编、产业分析师。硕士，分别攻读电气自动化专业、新闻传播学专业。曾就职于华为科技有限公司；后跨界进入媒体领域，在《中国电子报》担任记者，专注半导体领域报道。后进入物联网媒体《智慧产品圈》担任副主编，报道领域覆盖全产业链。曾荣获"华为年度优秀员工""工信部 CCID 优秀学术论文"等奖项；曾撰写《中国智慧家庭产业创新启示录》等书籍。

关注领域：IC、AI、物联网、投融资、创新创业等。

李映，集微网资深编辑、产业分析师。机电一体化专业硕士，历任《中国电子报》《智慧产品圈》记者和主编等职务，负责 IC 领域的行业报道、专题策划和活动策划，具有十余年采编工作经验以及五年新媒体内容审核经验，对传媒行业和新媒体运营有较为深刻的理解。

关注领域：AI、汽车电子、MCU、无线芯片、代工、材料、大数据、投资、知识产权等。

芯人物——致中国强芯路上的奋斗者（第二册）

李晓延，集微网资深编辑、产业分析师。物理系半导体与微电子学士，曾投身于半导体晶圆厂，任工艺工程师。入行时间虽不长，但初获对行业的宝贵认知，一扇大门自此打开。后机缘巧合下进入行业媒体，先后在《传感器世界》《今日电子》杂志任编辑、执行主编等职务。

关注领域：半导体制造工艺、芯片设计与应用、芯片IP相关、半导体投资等。

张轶群，集微网资深编辑、产业分析师，笔名一求。新闻学硕士、电子技术与科学学士，具有10年新闻媒体以及公关行业从业履历。历任新华社、《中国电子报》记者、编辑等职务。曾参与全国两会、G20峰会等重要战役性会议报道，以及CES、MWC等全球消费电子展会的一线报道工作。擅长企业商业模式、人物专访和行业深度报道。

关注领域：智能终端、半导体、物联网、创新创业等。

刘俊霞，集微网资深编辑、产业分析师。历史学专业，作为一名文科生对技术话题异常热衷，长期关注大数据分析、前沿科技产业等领域。进入媒体行业后主要从事泛财经领域行业分析；随着报道深入逐渐专注于半导体产业链及知识产权领域，报道范围包括但不限于半导体产业链企业专利实力、专利布局、知识产权竞争和风险等。

关注领域：知识产权、半导体、创新创业等。

编写委员会

王丽英，集微网资深编辑、分析师。硕士，先后攻读物理专业、生物物理专业，致力于探究物理与生命世界的奥秘。后进入传媒行业，先后在上海科技教育出版社、21IC电子网等工作，在IT、半导体领域徜徉数十载，从网络泡沫、移动互联网到智能网联时代，有幸成为一名产业发展变迁的观察、记录、发现者。

关注领域：半导体设计制造、汽车电子、人工智能及AIoT等。

茅杨红，集微网资深编辑。电子商务学士，毕业后即加入集微网，一直担任编辑、记者，对行业热点具有敏锐的直觉。参与多届CES、MWC、SEMICON China、慕尼黑电子展等行业大型展会的一线报道。擅长人物专访、企业报道、行业趋势等。

关注领域：知识产权、IC设计、制造、设备、材料、创新创业等。

朱秩磊，集微网资深编辑、产业分析师。微电子专业学士，先担任LED企业研发助理工程师，后进入半导体行业媒体AspenCore，任产业分析师及驻上海记者。历任集微网主任记者、副主编、IC频道主编。重点关注全球半导体产业技术及应用市场发展态势。

关注领域：半导体工艺、IC设计、传感器、射频及新兴技术等。

芯人物——致中国强芯路上的奋斗者（第二册）

干晔，集微网 IC 频道副主编、产业分析师。新闻学专业。曾任职于《IT 时代周刊》SEMI 中国、福布斯中国等，长期跟踪报道科技产业与公司。在福布斯中国期间曾负责各类榜单研究，包括 2019 年首次在中国地区推出的"福布斯中国科技女性榜（Women in Tech）"。

关注领域：IC、AI、自动驾驶、智能制造等。

王凌锋，集微网产业分析师。电子科学与技术专业学士。曾担任中芯国际工艺工程师，后加入爱集微咨询，历任 IC 编辑、记者和分析师。参与 IC China、SEMICON China、慕尼黑电子展等大型行业会议报道，聚焦行业深度分析与研究。

关注领域：IC 制造、先进封装、AI、IoT。

序 一

芯片被形象地比喻为国家的"工业粮食"，芯片产业的不断创新推动着生产效率的提升、国民经济的增长，还支持着通信、互联网等领域的发展，极大地丰富了人们的生活。

芯片产业是人才主导的产业，若把其各生产要素做一排列，那么人才居首位。没有人才，有钱也枉然。在芯片产业不断创新的背后，有一代代"芯人物"在拼搏奋斗，包括各类技术人才，以及懂得这一领域产业发展规律的优秀经营管理人才，等等。

当前，芯片产业的关注度高，受到了政府的重视、资本的追捧，因此越来越多的人才进入芯片产业。然而，芯片产业一直是非常寂寞的产业，一颗芯片产品需要数年的研发打磨，一位"芯人物"的学习、成长需要数十年甚至几十年的积累。只有耐得住寂寞，埋头苦干，专注于技术、产品、市场，才有可能在芯片领域获得成功。

《芯人物》一书，聚焦于奋战在芯片产业最前线的企业家、创业者和科研人员等骨干，讲述他们的成长历程、奋斗故事以及产业思想等，使社会更多人士有机会近距离地了解他们的力量和风采。

希望看到更多的行业优秀人物在后续的书中出现。

是为序。

周子学

中国半导体行业协会理事长

序 二

集成电路产业是国民经济和社会发展的战略性、基础性和先导性产业，并且是一个非常重要、非常特殊的产业，技术更新换代非常快，芯片集成度基本每18个月要增长一倍。只有通过持续不断的技术研发，才能够保持产业的领先地位。

目前从全球格局来看，"中国芯"还处于"第三梯队"。回顾历史，我们不难发现，我国发展集成电路起步并不算晚。1956年，我国提出"向科学进军"，提出要研究、发展半导体科学，把半导体技术列为国家四大紧急措施之一；1965年，我国第一块集成电路诞生。

不过，"中国芯""起个大早赶个晚集"。"中国芯"在发展道路上，由于种种原因，没有紧紧抓住当时的历史机遇，失去了像早期日本、韩国、我国台湾地区适时发展集成电路产业的大好时机，发展缓慢，导致了"中国芯"的自给率不足。2013年，我国集成电路的进口额首次突破2 000亿美元，达到2 313亿美元，位居国内进口商品第一位，远远超过石油的进口额。

当今，我们也清楚地看到，在人工智能、智能网联汽车、超高清视频、智能终端、工业控制等新兴应用驱动下，在5G通信、大数据、云计算、物联网、工业互联网等新兴业态的催生下，我国对集成电路的需求在不断提升，我国巨大的市场已成为集成电路的强大发展机遇和驱动力。而我国集成电路产业发展面临的国际形势严峻、复杂，尤其是中美贸易战，则再次为"中国芯"发展的紧迫性敲响了警钟。

发展集成电路产业，需要政策、资本和人才等多维度的支撑。我国于2000年从国家层面首次把集成电路产业提升到国家战略产业的高度。2014年6月，《国家集成电路产业发展推进纲要》出台，同年9月设立了国家集成电路产业投资基金（业内称为"大基金"），全方位支持集成电路产业的发展。2018年11月，科创板的推出，为集成电路产业提供了更强劲的资本助力。近年来，在国家政策的持续支持和产业界的不懈努力下，我国集成电路产业取得了长足进步。

产业要发展，人才是关键。发展"中国芯"，最核心的要素是人才。有了人才，产业才有希望。在人才培养方面，国家已在清华、北大等 27 所高校建立了示范性微电子学院，同时在大力推动微电子一级学科的建设。当然在培养人才的同时，还要引进海外优秀人才。

《芯人物》讲述的正是奋斗在中国集成电路产业前沿的骨干人才的故事。他们在芯片领域勇于探索，努力拼搏，并取得了科技创新，是中国自主创新的典范。他们迎难而上、不屈不挠的创业历程，不仅折射出芯片领域创业的不易，也折射出中国芯片产业发展历程的艰难。他们既脚踏实地又仰望星空的奋斗故事充满了正能量，值得更多人学习。中国要想实现集成电路跨越式发展，需要的正是这样一大批芯人物。

丁文武
国家集成电路产业投资基金总裁

序 三

《芯人物》的出版可谓正当其时。

集成电路是电子信息产业的基础与核心，是全球电子信息产业的战略制高点，也是大国的战略必争之地。经过半个多世纪的发展，集成电路产业已成长为全球化的产业，商业模式及产业链复杂而庞大。中国不仅是全球最大的半导体市场，在设计、制造、封测等各细分产业领域也都取得了一定的成就。

但是，我国半导体芯片进口额仍然高达3 000亿美元，集成电路产品自给率不到15%，高端芯片基本依赖进口。中兴事件和华为事件更凸显了我国在集成电路核心技术上受制于人的严峻局面。只有让"中国芯"强，我们才能真正强大起来。

习近平总书记反复告诫我们，关键核心技术是要不来、买不来、讨不来的。我国集成电路产业成功的要素不仅在于政策的助力、资金的支持、技术的创新，还在于在其中起核心作用的人才，特别是战斗在一线的企业家。他们需要有雄才大略，在竞争激烈的市场中洞察先机、选取支点、一往无前；他们需要瞄准目标，面对市场和技术的不确定性攻坚克难；他们需要负重前行，为中国半导体业的发展添砖加瓦，绽放光芒。

《芯人物》的出版，为我们选取了在半导体全产业链上各具代表性的人物。他们的创业故事，他们的"芯"路历程，他们的兴衰成败，折射出集成电路产业的发展既要起于累土、始于足下，更要遵循产业发展的客观规律；反映了集成电路产业的发展既要仰望星空，更要脚踏实地，创新驱动，服务引领；同时也为有志于在中国集成电路领域创业和发展的仁人志士提供了宝贵的经验——板凳要坐十年冷。他们的奋斗经历和艰苦卓绝也让我们清醒地看到中国集成电路产业的突破和强大绝非一朝一夕之功，需要长期的坚持和不懈的努力。

当前，我国集成电路产业的短板主要在半导体装备、材料、工艺，EDA（电子设计自动化）工具和IP（知识产权）核等环节。随着集成电路产业的战略重要性被政府和民间普遍认同，产业发展拥有难得的机遇，获得了巨大的推动力量；科创板的推出及大基金二期将为产业资本注入强大的动能；5G+AIoT（人工智能物联网）应用市场空间广阔，量子计算、脑机接口、第三代半导体材料已经来临，为产业创新提供了丰沛的沃土。在百年未有之大变局面前，我们肩负重任，唯有迎难而上，无畏前行。

风物长宜放眼量，期待我国集成电路产业诞生更多芯人物，照亮前程，辉映中国集成电路产业的无限光芒。

魏少军

清华大学微电子研究所所长

序 四

我于1997年博士毕业后进入联想，第二年开始负责与微软合作开发Venus机顶盒项目，当时修改驱动程序都需要微软从美国调派工程师，更别谈芯片设计了！

20多年过去了，中国涌现出华为、OPPO、VIVO、小米等一批面向全球市场的手机品牌，已经成为全球最大的电子产品制造基地。与此同时，截至2021年11月1日，市值超千亿的中国半导体企业有9家，分别是韦尔股份（2 345.71亿元）、中芯国际（2 145.98亿元）、北方华创（1 896.03亿元）、中环股份（1 601.65亿元）、三安光电（1 511.33亿元）、闻泰科技（1 443.02亿元）、紫光国微（1 255.26亿元）、兆易创新（1 139亿元）、卓胜微（1 026.6亿元）。这不仅体现了产业的进步，也可以看出中国半导体产业已经成为全球产业不可或缺的一部分。

集微网从2008年成立起，就以报道集成电路及终端产业链为己任，致力于记录中国半导体产业从启蒙到发展壮大的过程。2018年年底开始策划《芯人物》系列文章，希望通过半导体界优秀人士的人生历程记录产业的发展轨迹，至今已经发表近100篇，业界反响不错，社会效益也非常明显。未来，这项工作我们会继续做下去，争取报道更多芯片产业链上奋斗者的精彩人生。

智能终端是中国半导体产业的火车头，而芯片设计又是半导体产业链的领头羊，随着中国智能终端手机品牌走向世界、立足全球，肯定会带动中国芯片设计企业的发展与腾飞。同样，芯片设计的进步又会带动封装测试、晶圆制造及设备材料等产业的发展提升。随着发展集成电路产业被作为国家战略，中国半导体产业将迎来"黄金十年"已经成为业界共识。

过去10年是中国智能终端产业崛起的10年，从10年前几百家公司竞逐手机市场到现在"华米OV"四强争霸，中国手机品牌经历的不仅是销量和规模的做大，还是核心竞争力的逐步提升。国际知名专利数据公司IPlytics于2021年11月发布的全球5G行业专利报告显示，华为以13.52%的份额位列全球第一，中兴通讯以 9.83% 的份额排号名第四，两者合计占比超过 20%。此外，大唐、oppo、vivo、小米、联想、鸿颖创新也进入了前二十名。

依托智能终端产业的崛起，相信未来十年中国半导体产业会复制终端产业的发展历程。集微网的芯人物系列报道也会续写新的篇章！

老杳

集微网创始人

中国半导体投资联盟秘书长

前　言

　　经过一年多的酝酿，《芯人物》（第二册）终于与读者见面。

　　《芯人物》出版后，受到了业界的广泛认可和好评，有企业集体订购，还有个人多次订购赠送朋友，希望身边的朋友能够了解"中国芯"；还有关注"中国芯"的人士也慕名订购。曾有一名读者这样反馈："当拿到沉甸甸的书的那一刻，我的第一感受是没有失望；当充满期待地翻开并阅读后，里面的内容更没有让我失望。"读者的认可使得此书一度取得清华大学出版社新书销量榜第一的佳绩。同时，高标准的内容，也使得《芯人物》成为清华大学出版社2020年出版的新书中重点推荐的书籍之一，在"2021上海书展暨'书香中国'上海周"参与读者见面会，帮助读者了解"中国芯"的故事。

　　《芯人物》得到的肯定和好评，成为我们筹备《芯人物》（第二册）的最大动力。

　　过去一年来，国际形势和全球芯片产业链发生了诸多变化。为了稳固自身在科技领域的领先地位，美国不断地加大对中国半导体产业的打击力度，华为先进芯片的制造直接被掐断，更多的中国高科技企业被列入禁令名单。美国还要求半导体制造的龙头企业——台积电到美国建厂，并要求台积电、三星等企业交出客户数据，通过客户数据掌控并遏制中国半导体产业的发展。与此同时，2020年涌现的"缺芯潮"现象持续肆虐，阻碍了众多产业的大跨步发展，汽车、平板、电视等因为缺芯片而不得不减产甚至停产。在"缺芯潮"背景下，全球各半导体强国纷纷加入争夺芯片制造霸主地位的战争中。韩国将在未来10年内投资4500亿美元，力争将韩国打造成全球最大的半导体制造基地；美国为了重振制造业，将半导体制造的发展提到重要战略地位，并出台《美国半导体（芯片）生产激励措施法案》《美国晶圆厂法案》，并将两个法案合并成《2020年国防授权法案》，计划拿出520亿美元资助半导体产业的发展。欧盟联合发表《欧洲处理器和半导体科技计划联合声明》，17个成员国计划在未来2～3年内，为该项计划拨出高达1450亿欧元（约1600多亿美元）的资金。

　　在复杂多变的国际形势和产业环境下，国内半导体产业界的认知也更加清醒。

芯人物——致中国强芯路上的奋斗者（第二册）

国产替代已成主旋律，发展自主可控的核心技术、做强做大"中国芯"、发展硬科技已成为从上到下的全民共识。一方面，国家层面推出了《新时期促进集成电路产业和软件产业高质量发展的若干政策》，将集成电路产业提升到一个新的战略高度，制定财税、投融资、研究开发、进出口、人才、知识产权、市场应用、国际合作 8 个方面的政策措施，并将集成电路专业升级为一级学科，为人才培养提供尽可能大的支持。另一方面，国内产业链伙伴之间的信任和依赖程度前所未有，大家抱团取暖，意识到只有自力更生才能丰衣足食；目前基本是能用国产的就不用进口的，能自己做就尽量不向国外买。

《芯人物》（第二册）继续讲述国内芯片领域建设者们的奋斗故事，他们的奋斗历程一方面折射出中国芯片业发展的艰辛与不易，另一方面近距离展现那些脚踏实地、志存高远的实干家的人生态度。在本册人物故事中：有倾注毕生精力推进产教融合、致力于芯片人才培养的大学教授；也有在国外创业成功后，为了振兴"中国芯"，回到祖国怀抱开启二次创业的企业家；还有放弃数百万元年薪，从企业高管转型成为芯片创业者，为了一颗"中国芯"，甘愿重新开始的；还有在法律、商贸等多个领域积累之后，怀着满腔热情跨界进入芯片领域，为"中国芯"添砖加瓦的；还有在芯片领域工作时，饱受掌握垄断技术的国外企业商业上的种种压制，进而全身心投入关键技术研发创新中，最终实现国产技术的突破的；还有从国外学成归国的产业新生代，他们带着技术、带着希望将所学知识转化为产业化成果……

他们的奋斗历程虽各不相同，但都有着一股能坐十年冷板凳的精神，有着十年如一日、不攻克难题誓不罢休的愚公移山的精神。正是这种精神，使得"中国芯"能够从无到有、从弱到强，并向着更强迈进。

30 年前，"中国芯"根本不用担心被"卡脖子"，因为那时几乎什么都没有；当前，虽被"卡脖子"，但也说明我们现在有脖子被人家卡。美国竭力遏制我国的高科技发展步伐，而此举只会更加坚定我们发展"中国芯"的决心，也更会激励更多的有识之士加入"中国芯"的队伍中来，前赴后继，奋勇前进。

前段时间，电视剧《觉醒年代》、电影《长津湖》热播，受到国人的强烈追捧，这也反映出国民自主自强意识的觉醒和提升。与此同时，国家开始严厉打击娱乐圈乱象，扭转娱乐化泛滥的局面。诸多正向的力量，使得我国的主流价值观

前　言

开始回归，更多青年开始崇尚知识分子、崇尚人民英雄、崇尚奉献者、崇尚实干家……

在这样的时代背景下，希望《芯人物》（第二册）通过传递中国芯片领域的奋斗者身上的正能量，为树立社会主流价值观承担一份应有的责任。

慕容素娟

集微网主编

目 录

周祖成　在清华一待就是一甲子，毕生致力于芯片设计高端人才的
　　　　培养　　　　　　　　　　　　　　　　　　　　　文/慕容素娟　001

王志功　放弃高薪毅然回国，全身心致力于射频攻坚和人才培养，
　　　　"功"成仍未身退　　　　　　　　　　　　　　　文/李　映　020

柯炳粦　从军人、教师、律师到高管再到IC创业者，"跨界人生"
　　　　演绎无限可能　　　　　　　　　　　　　　　　文/刘俊霞　031

罗伟绍　曾经的极客"意外"创业，一做就是15年，用"佛系"
　　　　化解艰辛　　　　　　　　　　　　　　　　　　文/干　晔　039

贺贤汉　从音乐人、教授、厨师长到董事长，游刃有余地实现跨界　文/王凌锋　046

胡竹青　一手打造两家知名企业，功成身退再创业，只为追寻理想的
　　　　人生状态　　　　　　　　　　　　　　　　文/慕容素娟　刘俊霞　055

王　晖　深耕产业三十年，成就"学霸级工匠"　　　　　　　　文/刘俊霞　064

胡胜发　从2G时代走来的物联网创业者，坚守行业二十余年　　文/刘俊霞　072

王礼宾　什么是天命？我想那就是使命！　　　　　　　　　　文/李晓延　080

贾　红　蛰伏近10年，无数挑战的背后是自我的较劲　　　　　文/李　映　087

秦　岭　亲历中国手机芯片的奇迹，立志再攀汽车芯片的险峰　　文/李晓延　095

张鹏飞　打造中国A股首家无线连接芯片上市公司　　　　文/慕容素娟　王丽英　102

单记章　横跨AI、智驾和芯片三个风口，唯执着者才能"芝麻开花——
　　　　节节高"　　　　　　　　　　　　　　　　　　　文/李晓延　111

杨承晋　机会面前偶然性与必然性交织，以"霸蛮"精神征服汽车芯片　文/李　映　119

何云鹏	"家电老兵"的AI"芯"战场	文/张轶群	126
李梦雄	忙着活，或忙着做芯片	文/朱秩磊	135
向建军	立志撬动IC支点，点、线、面立体打造IP新蓝图	文/李 映	142
陈 峰	结缘图像技术，踏上AI芯片快车道	文/邝伟钧	149
鲁 勇	不受固有思维约束，剥开表象，探索未知境界	文/李 映	157
范国强	创业探索新兴半导体运营模式	文/茅杨红	164
杨 健	千禧一代VC"00"后，横跨VC和IC行业	文/茅杨红	170
杨淑彬	从不懂电子的销售到芯片公司董事长，文科女开启别样创业人生	文/刘俊霞	176
米 磊	为中国硬科技仗剑走天涯的侠客	文/慕容素娟 王丽英	183
许宗义	只为解决芯片材料"卡脖子"难题	文/茅杨红	191
姜新桥	使便携式音箱成为广场舞标配，致力于让机器人走进千家万户	文/邝伟钧	198
吴 佳	脱下军装心系军营的军工芯片创业者	文/朱秩磊	204
熊海峰	敢于挑战的"嵌入式"人生	文/张轶群	209
刘洪杰	"小镇姑娘"有"大梦想"，打造后摩尔时代ADI	文/张轶群	218

周祖成

在清华一待就是一甲子，毕生致力于芯片设计高端人才的培养

文/慕容素娟

周祖成（见图1），清华大学（以下简称"清华"）教授、博导，1958年考入清华无线电电子学系；1986年因"863计划"从雷达领域转入电子设计自动化（electronic design automation，EDA）领域；1995年建立了我国最早、配套最先进的EDA实验室；1996年发起了中国研究生电子设计竞赛（以下简称"研电赛"），大赛每年举行一次，一直至今，是我国针对研究生的办赛时间最久、规模最大、影响力最强的创新实践赛事；2016年在75岁时又发起了中国研究生创"芯"大赛（以下简称"创'芯'大赛"）。曾获电子工业部科技进步奖三等奖、二等奖和一等奖，以及1982年总参部科技进步奖二等奖。

图1 周祖成

在"中国芯"的发展道路上，一批又一批建设者继往开来，砥砺前行。"中国芯"早期的那些默默地开路者健在的已进入古稀乃至耄耋之年，周祖成老教授（2021年整80岁）就是其中一位。

从进清华大学读书到留校任教，周祖成一待就是60多年。

古之学者必有师；师者，所以传道授业解惑也。周祖成是学生的良师、益友甚至家长，学生遇到学业、感情、工作、家庭等问题时，都会找他聊，他总会不遗余力地为学生排忧解难。

周祖成秉持有教无类的理念，来清华电子工程系旁听他的课的其他系、其他学校的学生，他都欢迎。多年后，那些旁听的学生见到他都说"周老师，我是您的学生"，这其中就有"龙芯"副总设计师张骥和华为技术有限公司（以下简称"华为"）的余承东。

除了在讲台上为学生传道、授业，周祖成还非常重视对学生实践能力的培养。从20世纪80年代初开始，他坚持每周召开一次研究生学术交流讨论会。1995年他建立了国内最早、配套最先进的EDA实验室，将处于国际前沿的集成电路设计领域的EDA工具引入中国，培养出许多集成电路设计的高端人才。

为了使国内更多的学生受益，1996年他发起了研电赛，大赛一办就是20多年，目前已成为我国办赛时间最久、规模最大、影响力最强的研究生创新实践赛事，全国有8个分赛区，每年几千支队伍、上万人参赛。2016年中兴通讯股份有限公司（以下简称"中兴"）事件前夕，75岁的周祖成又从研电赛中衍生、发起一个专门针对芯片人才的赛事——创"芯"大赛；中兴事件发生后，教育部对创"芯"大赛给予了高度肯定。这两项大赛，在高校电子类相关学院和学生心中分量巨大，能在这两项赛事上获奖，是一件非常光荣的事情。

从周祖成教授的课堂上、实验室和两项大赛中，已走出众多科技领域的中坚力量——中国科学院（以下简称"中科院"）院士、美国工程院院士、大学教授/学院院长、企业家等（如国内CMOS图像传感器龙头企业创始人赵立新、爱立信中国区首席科学家孙雪俊、上海交通大学教授贺光辉、百度前主任研发架构师徐宁仪……）

退休至今，周祖成从未停歇。他说："我们已经老了，也干不了多少事了，但还可以继续做公益，替国家多培养点儿人才。"

长江边上走出的少年，挑着扁担进京求学

沙市，今属湖北荆州，古称江津渡，是长江边上的一个水陆码头和商埠，20世纪50年代约有10万人口。在沙市出生的周祖成，高中之前从未离开过这个小城。

周祖成　在清华一待就是一甲子，毕生致力于芯片设计高端人才的培养

1958年高考结束后，周祖成还在拉排子车为家里分忧解难（家中还有4个上学的弟弟妹妹，父母合起来几十元的工资不足以支撑一家人的生活）。周祖成高考感觉还不错，当时很多同学的大学录取通知书都陆续寄到学校，唯独没有他的。他很纳闷，心想："没考上就先工作吧，还可以帮父母减轻负担。"8月底，周祖成终于收到了来自清华的录取通知书（见图2）。那年，整个地区考上清华的只有两个人，他是其中之一。

图2　1958年入学时的登记照片

60年前的中国，大学生凤毛麟角。考上大学，如同中了状元一样；考上清华，可谓中了榜中榜。周祖成父母所在的沙市食品厂工会得知厂里的子弟考上了清华，特意送来10元钱表示关怀。

由于家境困难，周祖成去学校报到时没有再向父母要钱。他就带着这10元钱，挑着一根小扁担，一头挂着一个箱子，另一头挂着被子和毯子，踏上了进京求学的旅程。

20世纪五六十年代，从沙市到北京需要先坐船到岳阳，再从岳阳坐火车去武昌，到了武昌还需要坐30多个小时的火车才能到北京。

第一次出远门的周祖成，如同刘姥姥进大观园一般，一路充满欣喜，甚至感觉惊险。

路过岳阳去武昌的火车在岳阳只停站3分钟，由于周祖成和同伴带的行李都非常多，有经验的同伴放好自己的行李后又来帮他拿行李，等他们刚跳上火车，火车就开了，如果没有同伴帮忙，周祖成险些上不了火车……

到了武昌，周祖成通过打听找到省教育厅，凭当地政府出具的家庭经济困难的证明信，领取了一张去北京的学生半价火车票。

当时，武汉长江大桥的无轨电车刚开通，周祖成特意坐上去看了长江第一座铁路和公路桥。对年少的周祖成来说，这已是他眼中的"世界之巅"。而第一次看到桥头堡的电梯，周祖成乘着电梯上上下下好多趟。

在武昌短暂停留后，周祖成坐上了去北京的火车。9月初的湖北还非常热，火车车厢顶上虽有小风扇，但周祖成仍满头大汗。他本想打开车窗透透气，没想

003

到烧煤的火车的烟灰吹了他一脸，加上脸上的汗水，周祖成说自己"像个泥猴似的"。而火车上加的水已用完，还洗不了脸。

一脸煤灰的周祖成已顾不了这些，当他看到窗外的华北平原时，脑海里开始浮想联翩：他似乎看到了西边落日辉映下的井陉煤矿在百团大战中被八路军攻占时煤矿工人的欢呼雀跃，看到了青纱帐中的游击健儿手持红缨枪的飒爽英姿，听到了朱老巩手持大刀在滹沱河堤上振臂高呼……

周祖成一路上看着、想着、陶醉着，不知不觉进入了梦乡。就这样经过了两个夜晚。火车到达北京丰台站时加了水，周祖成终于可以洗把脸了。洗完脸，他急切地收拾行李，就盼着到站了！

1958年时的"北京站"还在前门火车站（现在已是京奉铁路正阳门火车站遗址，即铁道博物馆）。到站后，周祖成用小扁担挑着行李走出了车站。

行李上贴着随录取通知书一同寄来的清华的"行李标签"，清华迎新站接站的同学一看到那标签就上前接过了周祖成的行李。当周祖成坐上印有"清华大学"字样的校车时，终于有了到家的感觉！

周祖成看着陪他一路同行的小扁担，心想："多亏有它，一定好好地把它带在身边！"

一心"要到祖国最需要的地方"，机缘巧合留校任教

从火车站到清华校园的路穿过整个北京城区，路两边都是平房和四合院，没有什么现代的楼房。1958年正值新中国成立十周年大庆前一年，北京开始大兴土木，天安门广场周边的民房开始拆除（见图3）。走出城区后，一眼望去都是农田。

车经过天安门广场后又开了半个多小时才到达清华校园。进入校园后首先看到的是各个系的新生报到处，周祖成迅速地找到无线电电子学系的报到接待处。他看到旁边有几个个子高大还留着胡子的人，于是上前恭恭敬敬地行了个礼："老师，我是新生，来报到了！"结果那几个人哄堂大笑，其中一位操着河北口音说道："我们都是新生，是来迎接你的。"这让周祖成尴尬不已。

办完手续就去交伙食费，需要交12元5角。而周祖成从家出发时带的10元，除去路费、吃喝等开销，到学校时只剩5元了。申请助学金需要走审批流程，时

周祖成　在清华一待就是一甲子，毕生致力于芯片设计高端人才的培养

间漫长，最后老师为他申请了一个月的饭票，交了户口、粮油关系后，入学手续就办完了。

图3　准备迎接国庆十周年的天安门广场

开学后的就餐让周祖成受宠若惊。食堂桌子上的饭菜早已摆好，只需交一张饭票，便可自取米饭、馒头、花卷，吃完饭把碗往传送带上一放就可以了。周祖成说："这对从小城市和农村来的孩子来说，真是有点儿昨天还是田舍郎，今天就登上天子堂的感觉。"

当然，还发生了一些学生时代特有的趣事。入学前几天吃完饭离开食堂时，周祖成会顺手拿一个馒头边走边吃，因为他担心第二天可能会没有。宿舍离食堂不远，到宿舍时大半个馒头还没吃完，他就藏在抽屉里。后来他发现每天都有，自己还得吃剩馒头，就再也不带了。"几十年之后，和几个同学聊天，聊到带馒头这件事，才知道不是我一个人这么做，好些同学都带过。当时怎么那么怕饿？！"周祖成笑着提起这段往事。

随后开始三个月的劳动，新生到学校机械厂参加"100台C618机床"的献礼劳动。"每个学生从车、铣、钻、刨、磨都轮值干过一遍。三班倒一直干到新年，终于完成了100台C618车床的献礼任务。"周祖成说，"对于当时的学生而言，能在加工车间按部就班地参加实践，实在难得。这三个月我们相当于念了一个机械专业的高职，不但学会了看图纸，而且对图纸上的加工精度和工件表面光洁度与加工工具的关系的理解也更深了。"

周祖成上清华时，当时大学本科为6年制。清华"自强不息，厚德载物"的

校训促使他凡事力争上游。大学期间，除了大一课程的成绩有 4 分之外（满分 5 分），此后的功课全部是 5 分。1964 年毕业时周祖成被评为清华大学"优秀毕业生"（见图 4）。他毕业时完成了国内首个晶体管高速计数器的研制，该成果还参加了 1965 年高等教育部举办的直属高等学校科学研究成果展览会。

图4　周祖成获"优秀毕业生"奖

毕业时的周祖成，一心想着"到祖国最需要的地方"，他申请到酒泉卫星基地工作，而系里的副系主任陆老师推荐他留校。

从此，他的一生开始与清华的讲台、实验室、学生结缘。

"你一个博导，怎么什么都管？"

在高考状元云集的学校，周祖成一直思索着"作为清华的老师，应该传承些什么？"他体会到：清华是研究型的大学，老师不能单纯地只讲几门课，一定要以科研为主。

为了在科研教学领域里做出成绩，周祖成不断给自己加压，"在清华，不想当领跑的教师，就不是好教师"。他对科研正在发生的事情时刻保持着敏感性，并将这种敏感及时转化到教学中，落实到学科建设。图 5 为周祖成指导学生做实验。

20 世纪 70 年代后期，周祖成从 IEEE-L 杂志上看到美国仙童公司在开发 CCD（电荷耦合元件）传感器，他意识到该技术非常前沿：一方面涉及图像传感，

周祖成　在清华一待就是一甲子，毕生致力于芯片设计高端人才的培养

另一方面涉及取样模拟信号处理。为此，他赶紧把这些资料收集起来，自己反复消化后写成讲义，在课堂上讲给学生，尽可能地让学生及时地吸收到前沿的科技知识。

图5　周祖成指导学生做实验

在清华四川绵阳分校时，周祖成是无线电技术雷达专业的教师，科研方向是雷达数据处理，他发现国外一家公司的雷达终端处理设备是两台计算机，而当时的雷达终端主要还是专用设备。于是，周祖成意识到有必要在教学上传授计算机的相关内容。为此，他自己先学习计算机的相关知识，并于1974年给学生们开设了相关的"数字电路和逻辑设计"的课程。

周祖成在教学中不断摸索总结，他认为："仅给学生传授知识还不够，更重要的是培养学生分析问题和解决问题的能力，也就是创新的意识和驾驭知识的本领。"

为此，从20世纪80年代初开始，周祖成坚持每周召开一次研究生学术讨论会。后来随着学生不断增多，实验室坐不下了，他们就在走廊上开。周祖成说："跟踪科技前沿，老师既是一个教者，又是一个学（习）者，在教学相长的过程中跟学生共同担当。"

在教学工作中，周祖成如果发现好苗子，会加倍用心地栽培。通常学生是在大学三年级左右进入实验室，有一个学生在大学二年级时周祖成就让其进实验室开始科研实践，后来这个学生成为美国工程院院士。

有一名博士生，周祖成发现他一周没有去实验室，后来得知他失恋了。他把这个学生叫到实验室，动之以情，晓之以理："还这么深情啊！你一个清华的博士生，还愁找不到女朋友？你要是明天再不来，我可不要你了。"周祖成的当头棒喝"骂"醒了这名学生，使他把失恋的痛楚抛到一边，全身心投入科研中。后来这名学生参加了当年的全国研究生电子设计大赛，他所在的清华一队获得冠军，他是主力，并取得了大赛个人成绩第一名。

"该管就管，要不然孩子们就被耽误了。"在周祖成眼里，学生如同自己的孩子。

周祖成对学生的关心和爱护，使得学生们都愿意找他谈心。工作多年的学生也都与他保持着密切的关系。

一名在美国工作多年的学生，回国一下飞机就给他打电话，要请他吃饭，顺便和他说说自己的创业打算。当年周祖成指导这名学生毕业设计的题目《图像传感器件的建模与仿真》仍然是他多年坚守的专业方向，并在图像传感器的工艺和结构上自主创新。后来他带着专利回国创业。周祖成有一次去上海特意去看了这名学生，当时他在创业初期遇到困难，一筹莫展，告诉老师"都想跳楼了"。周祖成开导学生"很多成功就在坚持一下的努力之中"，春节后这名学生的流片取得成功，公司渡过难关。2017 年周祖成再见到这名学生时，该学生豪情满怀地对他说："周老师，我这块 12 英寸①的晶圆片光利润就有 1 亿美元。"周祖成牵挂的心终于放下来了。这位学生始终以日本索尼公司作为要超越的目标，既要在出货数量上也要在高端产品的质量上做到业界领先水平。2020 年，该学生的格科微电子（上海）有限公司（以下简称"格科微"）在科创板上市。

还有一名学生结婚多年没有孩子，不好意思直接对老师讲，而是对师母讲了。后来，周祖成帮这名学生找到自己当医生的中学同学（全国治疗不孕不育的专家），经治疗终于有了孩子。他的这位医生同学问周祖成："你一个博导，怎么什么都管？！"

只要能帮到学生，他都会尽最大努力，甘当人梯。他退休前腾出实验室以帮助一名学生（已留校任教）改善科研条件，退休后又被返聘帮这名学生推进深空探测的编码的研究，最后该名学生实现了理论上的突破，被评为中科院院士。

周祖成的博士生们也一个个成为社会上的佼佼者，有企业的设计专家、总架

---

① 1 英寸 =2.54 厘米。

周祖成　在清华一待就是一甲子，毕生致力于芯片设计高端人才的培养

构师、首席科学家、高校教授和院长等。看到学生们一个个成才，周祖成说："学校老师的首要任务是培养人，看到学生们比我们自己发挥的作用更大，我们感到非常高兴。我们因时代造成的遗憾在他们身上得到了弥补，非常令人欣慰。"

45岁涉足新领域，因"863计划"从雷达领域转入EDA领域

1970年清华无线电电子学系搬到四川绵阳。

为了将荒废的时间补回来，周祖成一心扑在业务上。他在负责雷达终端组的科研工作的同时，还给工农兵大学生开设了《数字电路与逻辑设计》课程。1974年，周祖成参与国家防空自动化工程的恢复工作，负责雷达头信号检测与数据处理的项目；还参加国家京广路以东，雷达航空管制体系的规划工作。1975年，他利用DJS-130计算机的中小规模集成电路和磁芯存储器，设计出雷达头的信号检测和数据处理设备……

周祖成在绵阳一待就是8年。1979年回京时，38岁的周祖成意识到自己已处于"人到中年、承上启下"的阶段，决定要加倍努力将工作做好。

回京的第二年，周祖成带领项目组完成的"513雷达加装CCD-MTI"项目，是清华无线电电子学系返京后最早鉴定的科研项目，并获得了当年国防部科技进步奖二等奖。1981年，他们的"雷达自动检测设备"项目获得电子工业部科技进步奖二等奖。1985年，周祖成带学生去南海岛屿开展研究，实现了南海地区雷达情报的数字化联网；又与其他师生团队在成都双流机场完成了民用航空管制雷达797加装雷达自动处理设备的联试，该项目获得了电子工业部科技进步奖一等奖。

此时的中国，正在进行科教兴国的重大战略部署。1986年3月3日，王大珩、王淦昌、杨嘉墀、陈芳允四位科学家向国家提出要跟进世界先进水平，发展中国高技术的建议。后来，中共中央、国务院实施了《高技术研究发展计划纲要（863计划）》。

由于周祖成在计算机、英语等方面有一定的基础，系里推荐他参与国家"863计划"。当时周祖成的想法是"要为国家做一个驯服有为的工具"，为此听从学校安排，跨界进入一个全新的领域——EDA领域。

进入EDA领域时周祖成已经45岁，要在一个全新的领域开创局面对他来

说充满了挑战，首要的任务是通过半导体工艺、计算机和英语三道"关"。

关于半导体工艺这一关，周祖成原来是学雷达的，半导体工艺中的扩散、掺杂、光刻等，他都不了解。为此，他一边学习相关资料，一边到半导体车间里全程跟着工艺线做了一个晶体管来体验半导体工艺。周祖成肩负着学与教的双重担子，他说："这样不仅自己可以掌握，给学生讲课时也能更生动些。"

而计算机这一关，周祖成在"文化大革命"期间接触的计算机是用它做雷达信号处理。为此，他找到清华大学计算机系的两位老师，向一位老师请教计算机的硬件知识，向另一位老师请教软件知识。那段时间，他除了上课，其余时间就待在机房捣鼓计算机。

至于英语这一关，周祖成上大学时学俄语，直到大学三年级时，因工作需要才开始学英语，对英语只能看懂，听、说、写都较弱。45岁再次攻克英语关，难度可想而知。他下决心一定要拿下，听不懂的就硬听；每有外商搞产品介绍会，他都会去听，借机用英语和外商交谈，慢慢地就结结巴巴地可以开口说了。"这一关只能自己逼着自己过，后来就觉得可以了。"他说。

接受厂商的正规培训也是一个重要的学习环节。因为购买了厂家的软件，按照合同要求，20世纪80—90年代，周祖成先后5次到美国、新加坡等地参加培训。每次培训，他都会在头天晚上把第二天要培训的内容读一遍，当天不懂的地方他会请教比自己年纪小的培训教师。

经过几次培训，周祖成基本入了门。这也让他认识到了差距："确实我们要学，要追，要拼！"

从资料消化到写成讲义，一步步建立教材、课程和实验室

20世纪70—90年代，由于我国对半导体产业规律的认识不足，以为"只要有了设备就能生产"，于是从国外引进了大量二手和淘汰的设备建立生产线，由于缺乏芯片设计能力以及运营管理能力，最后这些生产线未能发挥作用。

20世纪80年代，欧美在EDA软件上限制对中国出口，这促使国内开始着手EDA系统研发。1993年中国自主研发的EDA熊猫系统问世。随后，欧美在EDA领域放弃了对中国的封锁和禁售，美国的EDA企业也相继进入中国市场。

然而，在市场大潮面前，出现了"造不如买，买不如租"的局面，国产集成

周祖成 　在清华一待就是一甲子，毕生致力于芯片设计高端人才的培养

电路产业倾向于采用国外现成的成熟软件，国产 EDA 软件丧失了发展的机会。

在艰难的条件下，国内高校中隐忍坚持的学者们和熊猫系统"后裔"相关企业，保留和呵护着国产 EDA 软件的火种。"做 EDA，兴趣使然入了门；进入这一行后，发现我们处在非常艰难的阶段，就有一种使命感，想把这个行业做起来。"周祖成说。

EDA 作为芯片设计的重要工具，在推进集成电路的发展上不可或缺。EDA 软件不是单一的或几个软件，而是涉及近百种不同的技术的软件工具集群。

为了开拓国内的 EDA 事业，周祖成不断地摸索、学习。一方面，他促成了清华大学"微波与数字通信国家重点实验室"和电子工业部情报所（一所）在《国际电子报》上历时近 9 个月（1994—1995 年）的"EDA 讲座"，向电子相关产业和院系的从业人员普及和介绍 EDA（见图6）。另一方面，他较早在高校的教学中推出集成电路与系统自动化设计方法学、ASIC Design 等相关课程；并相继编辑和出版多套 EDA 相关书籍，比如《电子设计硬件描述语言 VHDL》（1994 年）、《System C 片上系统设计》（2004 年）、《数字电路与系统教学实验教程》（2010 年）；并在 1997 年以编委会成员的身份，参与编写了《专用集成电路（ASIC）》和《集成系统（SoC）自动化设计方法》等著作，以推动我国对集成电路高层次人才的培养。

图6　周祖成在《国际电子报》开展"EDA讲座"，讲座内容累计4个合订本

此外，周祖成还推动了英文书籍 *VHDL*（《硬件描述语言》，作者是道格拉斯）在国内中译本（1991）的发行。当时美国国防部（DoD）提出 VHSIC（超高速集成电路）计划，推动了"IEEE Std 1076-1987"标准的出台。有了标准做依据之后，讲硬件描述语言就有了依据。1987 年，*VHDL* 作为正式的设计语言被 IEEE（电气与电子工程师协会）批准以后，周祖成将原著翻译并整理成讲义，给清华电子系研究生开课。1992 年周祖成去美国接受 EDA 培训时，经朋友介绍特意去见了作者道格拉斯，当道格拉斯得知自己的书被整理成讲义给学生学习时，欣然将中译本版权授权给了周祖成，还应周祖成邀请为中译版写了前言。

"教学也是科研"，这是周祖成的教育理念。他多年前就意识到，集成电路高端人才的培养与产业链绝对不能脱离，大学研究生培养的教育要延伸到工厂和企业。为此，他把教学向实践环节延伸，以此推进产教融合。

1995 年，周祖成在清华"微波与数字通信国家重点实验室"牵头建立了北京乃至全国配套最为先进的 EDA 实验室。美国 EDA 企业新思科技向清华捐赠了 20 套总价值 500 万美元且在当时是最好的 EDA 综合工具。那时一位美国大学校长带团到实验室参观时，非常惊讶地说，清华 EDA 实验室拥有的设备和软件连他们学校都还没有。

该实验室的成立使 EDA 工具第一次进入中国集成电路行业的视野，为中国集成电路人打开了一扇面向国际前沿集成电路设计方法学的窗户。政府工业部门的相关人员相继前来参观，希望清华为他们培训研究所和工厂的技术骨干。此外，TCL、海尔、华为等公司的人前来观摩，有些要了实验室的设备清单，有些希望实验室能为其介绍骨干，以便 为企业建立 IC（集成电器）设计中心。

在周祖成的推动下，除了新思科技，Mentor、Cadence、SUN、IBM、惠普、安捷伦等国际企业也先后与清华建立了合作关系，并为实验室捐赠了先进技术和设备。

这种校企的合作模式，跨越了校园的围墙，使得在科研工作一线的研究生受益匪浅。研究生通过先进的设备做实实在在的集成电路产品设计，比仅仅听课印象要深刻得多。同时，也促进了高校与企业的共同发展，形成了良好、开放的产教融合的生态环境。

退休前的 20 年里，周祖成相继建立了清华"VHSIC 实验室""微波与数字通信国家重点实验室""深圳—清华大学研究院 EDA 实验室"。这些实验室一方面承担了国家重大专项科研课题，另一方面也担负起了集成电路高端人才培养的

周祖成　在清华一待就是一甲子，毕生致力于芯片设计高端人才的培养

重任。

师生们在实验室夜以继日地研究，每当工作站屏幕上出现"Successful！"时，他们的喜悦是难以言表的。教学相长，在这个国内仅有的实验室科研环境中，教师水平得以提升，学生的能力受到锻炼。周祖成强调："人才还是有高下之别的，就像钢材有优劣之别一样。当别人卡我们脖子的时候，我们为什么不可以培养卡他们脖子的人才！事实上从实验室走出的清华人，用他们的'中国芯'，支撑起了中国集成电路的半壁江山，这可能是作为清华教师的我们最感欣慰的！"

当前，人工智能技术被业界视为新一轮技术革命的基础。人工智能的发展得益于算力的提高。不能仅仅把人工智能看成是一种算法，把各行各业的需求最后变成只要算出来便能解决的问题，那叫机器学习，不是深度学习。"所有新技术，如果不和EDA结合就很难发展。"周祖成指出。

为此，促成清华—新思科技高层次设计实验室建设的老伙伴（新思科技的Co-CEO陈志宽）2018年来华接受"中国政府友谊奖"之际，周祖成又促成了新思科技向清华的捐赠（单价7500万美元的AI Compiler 工具）；2019年，周祖成策划并推动了"清华大学·新思科技人工智能联合教学实验室"的成立，以推动EDA工具迈入2.0时代，并将人工智能技术引入EDA。

发起两大全国性研究生赛事，将先进电子设计推广到全国

《中国集成电路产业人才白皮书（2018—2019年）》中指出，至2021年，我国芯片人才的缺口是26万人；在高端人才方面极为缺乏，尤其是领军人才。

当前，业界公认的满足人才需求的途径是产、学、研深度融合。而周祖成早在教学期间，就一直在思索如何将清华的EDA环境分享并扩散到全国，让更多的人受益，进而带动国家整个电子设计应用水平的提高。

1995年，在与华为公司副总裁郑宝用的闲谈中，周祖成得知华为有意在清华设立奖学金。周祖成从促进高校高层次创新人才培养的角度出发，建议华为支持一个研究生电子设计竞赛。就这样，双方一拍即合，1996年，中国电子学会和清华发起"华为杯"全国高校研究生电子设计竞赛（见图7）。

研电赛由企业命题、企业评审和设奖，还举办专场招聘，设置商业计划书项目评审等。"这种产教融合，不是教育的产业化，而是研究生培养的实践环节，

013

是由学校和企业共同承担的。"周祖成说道。研电赛缩小了学校培养的人才和企业需要的人才之间的差距,得到了诸多企业的关注和支持,比如华为、华大半导体有限公司、格科微、北京兆易创新科技股份有限公司(以下简称"北易创新")、微软和国外三大 EDA 厂商等。

图7 首届"华为杯"研电赛在清华举行

随着技术热门应用的出现,研电赛上出现诸多无人机、机器人等与物联网相关的参赛项目,这些项目引来的关注度大大超过了背后的核心技术——芯片的参赛项目的关注度。为了给芯片项目提供更好的展示平台,为与芯片技术相关的研究生提供成长和历练的空间,2017 年 76 岁的周祖成在清华校友们的呼吁下,推动一个集成电路的专业赛——中国研究生创"芯"大赛从研电赛中分离出来。创"芯"大赛独立运行,清华校友们纷纷出力——有出钱的,有出场地的,有出人力的,周祖成为大赛挑选出年轻有为的老师负责各项工作。

同时,周祖成提议老师带着学生一起参加创"芯"大赛,获奖团队有机会参观业内先进的生产工艺线和业界一流的企业。

第一届创"芯"大赛获奖团队于 2019 年 1 月被安排去硅谷参观,先后参观了新思科技、苹果、英特尔、谷歌等企业。而为了实现这次近 30 人的硅谷行,

周祖成　在清华一待就是一甲子，毕生致力于芯片设计高端人才的培养

周祖成找到新思科技、国家外国专家局（以下简称"外专局"）来筹集资金；找到旧金山华人协会来帮助安排食、住和行，还联系到硅谷的公司和大学的校友来协助。

第三届创"芯"大赛获奖团队组织参观了深圳的华为和深圳市大疆创新科技有限公司（以下简称"大疆"）。

值得一提的是，获一等奖的项目可以免费流片。周祖成促成了中芯国际集成电路制造有限公司（以下简称"中芯国际"）、华虹集团（以下简称"华虹"）、上海华力集成电路制造有限公司（以下简称"华力"）等多家芯片制造企业用MPW（工程样片）的方式赞助获奖项目免费流片。同时请华为为组织流片的中间商每年提供20万美元的流片业务赞助。

促成免费流片的背后是周祖成的一片良苦用心。他说："国际集成电路高端杂志 ISSC 的论文评选的前提就是要流片。而一次流片的成本在几百万元甚至上千万元，一般的老师是无法承受的。免费流片对老师是很大一笔福利，这也是我有生之年的一个目标，现在实现了……"

创"芯"大赛强有力地激发了师生团队参加比赛的积极性，以及对理论转化为实践的热情。

2018年中兴事件的爆发，使得全国人民意识到了芯片的重要性。在"中国芯"急需人才的当下，研电赛和创"芯"大赛的重要性更加凸显。教育部对大赛高度重视并积极支持。"芯片之争的背后就是人才的竞争，人才之争落脚在教育上，尤其是高端人才培养的研究生教育上。"周祖成说。

在周祖成的发起和推动下，研电赛从1996年一直延续至今，已成为我国研究生赛事中举办时间最久、规模最大、影响力最强的创新实践赛事，达到全国8个分赛区、几千支队伍、上万人参赛的规模。

创"芯"大赛独立出来后，2018年举办了第一届，之后每年定期举办。2020年第三届创"芯"大赛线上直播第一天点击率达1300万人次，第二天达3000万人次，CCTV-1和CCTV-13相继进行了1分钟左右的新闻报道（见图8）。

在人才培养上，两场大赛为我国源源不断地输送出优秀的高科技人才。

"没有制度创新就没有科技创新，必须坚持科技创新和制度创新双轮驱动。要把创新作为根本动力，把人才作为第一资源，加快体制机制创新步伐，构建充分体现知识、技术等创新要素价值的收益分配机制，完善科研人员职务发明成果

权益分享机制，像改革开放之初激发广大农民的积极性那样激发广大科技人员的积极性，最大限度释放人才创新力和科技生产力。"周祖成说。

大赛也曾授予周祖成"杰出贡献奖"，感谢他多年来为两个大赛付出的心血。奖金他一分钱没要，转给清华电子系用作给经济困难的研究生的补助。周祖成说："我就是为比赛化缘的，清华校友和企业都还买账。"

图8　首届全国研究生创"芯"大赛决赛

2020年国庆期间，创"芯"大赛在上海举办，近杖朝之年的他依然前去现场支持（见图9）。

图9　第三届研究生创"芯"大赛上交班给王志功教授

周祖成　在清华一待就是一甲子，毕生致力于芯片设计高端人才的培养

"愿在有生之年，看到我国集成电路从进口转为出口"

"我们是在缝隙里面成长的中国最幸福的一代。'文化大革命'结束后，已到中年。在某种意义上，我们是承上启下的一代人。这一代人有一种责任感，这种责任感也使得我们对很多事情很痴迷。"周祖成这样总结他们这代人的时代机遇和责任。

周祖成一直工作到65岁才从学校退休，后来又被返聘一直干到69岁。然而，他仍未停歇。

近两年，随着美国对华为的打压不断升级，作为芯片设计不可或缺的EDA软件的重要性进一步凸显。在2019年，78岁的周祖成受倪光南院士之邀，历时数月在全国7个省市（武汉、北京、南京、上海、杭州、深圳、西安）对国内从业EDA的近300名企业家、专家和学者做了调研。在调研基础上，他亲自撰写了近两万字的EDA调研报告，从发展国产EDA的必要性、EDA产业的特点、国内外现状、调研的汇总与分析、发展建议等多个维度深入展开分析。

2020年，在国家要抓"自主可控的国产EDA软件"的形势下，周祖成又牵头组织EDA专栏，邀约业界的专家、高校学者和企业家在《电子报》上全面系统地介绍国内外EDA的状况和国产EDA的发展。

"研究和开发EDA软件绝非一日之功，我们依然需要以极大的定力和饱满的热情，以更为坚定的信念和更加稳健的步伐推进国产EDA软件产业的发展。"周祖成说。

回顾中国半导体产业（未包括港澳台地区，全书同）的发展，周祖成梳理出三个阶段：

第一个阶段是20世纪50—60年代，中国半导体起步。以黄昆、王守武、汤定元、洪朝生、谢希德、高鼎三、林兰英、黄敞为代表的海归半导体先辈们，于1956年在北京大学（以下简称"北大"）物理系开办了我国第一个半导体专业。两年间培养了200多名专业学生，后来他们成为中国半导体事业的第一批骨干力量。其间，我国第一个半导体研究室、半导体器件工厂、半导体研究所和全国半导体测试中心相继建立。在美国推出世界上第一块集成电路的7年后，1965年我国第一块集成电路问世。

"这个阶段，我国半导体产业是欣欣向荣的状态，与美国的差距甚小。"周祖

成说，"当时，在光刻技术上，在清华做到 3 微米时，荷兰的光刻机企业 ASML 还没有成立。那时候在存储技术上，我们跟美国的差距也只有 3 年。"

20 世纪 60—70 年代，整个中国半导体产业遭遇 10 年的停摆，并且失掉了 20 世纪 70—90 年代集成电路发展的黄金 30 年。

第二个阶段是 2000 年前后，中国半导体产业迎来新一波发展浪潮。"'文化大革命'结束以后我们培养的 77—87 届年轻人，在国外基本上学习和工作了 10 年左右，有了经验后回来创业。像陈大同、赵立新、尹志尧等都是这个时期回国创业的。"周祖成说，"芯片设计的重要性，直到'18 号文'（2000 年 6 月发布的《鼓励软件产业和集成电路产业发展的若干政策》）发布才得以明确，芯片设计、制造、封装测试真正开始全国协同发展。"

资料显示，2000—2005 年，中国的 8 英寸、12 英寸晶圆厂（芯片制造厂）投资额超过 140 亿美元，设计公司数量从不足 100 家突破到 500 多家。

"这个时期中国半导体产业能够快速发展的不可忽视的一个因素是各级政府对产业的支持。例如，清华毕业的上海市经济和信息化委员会江上舟主任推进了上海张江国家自主创新示范区（以下简称"上海张江"）的发展，包括展讯通信有限公司（以下简称"展讯"）、中芯国际、中微半导体股份有限公司（以下简称"中微"）、格科微等一批企业的落地。"周祖成语重心长地说，"发展中国半导体产业，单靠我们这些知识分子的热情是不行的，也必须靠国家既有担当、又懂产业且具有产业敏锐度的干部，大家齐心协力方可。"

周祖成在 2019 年受倪光南院士所托，在对全国 7 个省市 EDA 行业现状及国内 EDA 公司的调研报告中指出："目前开始重视专业人才培养，在示范性微电子学院和集成电路一级学科的基础上开设'EDA 专业'，培养开发 EDA 软件工具和使用 EDA 工具做集成电路设计的人才，改变仅仅在清华、复旦大学（以下简称"复旦"）少数几所高校中有 EDA 专业的局面。"

通过参与和见证集成电路产业的发展，周祖成认为："过去 40 年集成电路的进展，前 30 年是一种技术使然，每进一步都带来了技术层面的工艺尺寸的缩小，都促成了集成电路性能的提升和单个封装内集成度的翻番。但工艺尺寸到 180 纳米以后，后 10 年每一步都是科学上的重大发明。技术背后的道理就是科学。科学可解决认识自然规律、探索未知的问题。规律的应用就是技术，它可征服自然、解决怎么办的问题。"

周祖成 在清华一待就是一甲子，毕生致力于芯片设计高端人才的培养

从 0.35 微米（1987 年）到 7 纳米（2019 年），更多在半导体学科的科学上的突破，是光刻工艺进展的必然。周祖成认为："从 0.18 微米（1999 年）到 2000 年 IBM 发表了铜制程与 Low-K 材料，促成了 0.13 微米新技术。"

2004 年，林本坚与 ASML 联合开发廉价、稳定的 DUV（深紫外）浸润式光刻技术，将解析能力推进至 32 纳米。继而 2012 年，协同先进封装 CoWoS 技术稳定地缩短制造周期并提升良率。2015 年，胡正明提出鳍式场效应晶体管（FinFET）的新型器件，将解析能力推进至 16 纳米。2017 年，台湾积体电路制造股份有限公司（以下简称"台积电"）开始使用 EUV（极紫外）光刻技术，进行 7 纳米制程开发。2020 年，2 纳米工艺改用全新的多桥通道场效电晶体（MBCFET）架构，台积电 2 纳米工艺取得重大突破，研发进度超前，业界看好其 2023 年下半年风险试产良率，认为可以达到 90%；以及同期 3D 的小芯片（Chiplet）的进展，和系统封装（SiP）的推动，在维持摩尔的推论上还在继续。

对此，周祖成提出思考："从产业的角度看，维持摩尔定律就那么值得吗？从移动产品、可穿戴产品到低功耗和高可靠前提下的低时延的特殊需求，都需要维持工艺特征尺寸的继续缩小，但大多数信息产品已经够用了，尤其是云端化之后。"

当前处在第三个阶段。周祖成说："国外和国内都处在科学和技术的高度融合阶段，面临的卡脖子问题是科学的发现。比如，半导体产业当下开始探讨材料问题，材料是物理科学层面的问题。美国卡中国脖子卡什么？实际上卡的是科学创新。"

对于产业追赶的迫切性，周祖成也不忘为祖国打气。他打了一个比方："国外集成电路产业是一个老人，中国集成电路产业是一个小伙子，大家都朝一个方向走。到后面，小伙子越走越快，老人却越走越慢，差距就会越来越小。实事求是承认有差距不丢人，我们要有信心，坚定地走下去，总有一天会超过去！"

对于"中国芯"的未来，周祖成充满了期待并且幽默地说："到 2021 年我就是'80 后'了，10 年以后就是'90 后'，20 年后就是'00 后'。对我们这一代人来讲，唯一的希望就是能够在有生之年看到我国的集成电路由进口转为出口。到那时，我们集成电路在出口方面就变成了一个逆行者！"

王志功

放弃高薪毅然回国，全身心致力于射频攻坚和人才培养，"功"成仍未身退

文/李映

王志功（见图10），东南大学信息科学与工程学院二级教授，博士生导师，东南大学射频与光电集成电路研究所名誉所长，在东南大学获学士、硕士学位，在德国波鸿鲁尔大学电子系获工学博士学位。担任过国家"863 计划"光电子主题专家组专家、教育部高等学校电工电子基础课程教学指导（分）委员会主任、国务院学位委员会学科评议组电子科学与技术组成员以及中华全国归国华侨联合会（以下简称"中国侨联"）特聘专家。迄今已在国内外核心期刊和重要会议上发表论文 700 余篇，其中 SCI/EI 论文 500 余篇。出版专著 4 部、译著 6 部和教科书 13 部；成功申请各类专利 100 余项。

图10　王志功

时间既是馈赠，也是分野

1997 年 9 月，秋色宜人，一辆轿车向德国特里尔急驶。王志功驱车 500 千米，

王志功　　放弃高薪毅然回国，全身心致力于射频攻坚和人才培养，"功"成仍未身退

携家人一起来到马克思故居，拜谒这位世界伟人。他用心灵与这位世界伟人对话："你当年为了共产主义不得不流亡国外，你是我心中的榜样。我来向你道别，因为我将回到生我养我的祖国，为祖国的事业而重新奋斗。"

这一时间节点成为王志功教授人生的新"分野"。

如果说在这一时间节点之前，写就的是一个莘莘学子在求学道路上不断钻研、不断探索并勇于挑战的登攀剧本，那么回国之后，王志功教授写就的则是在为我国射频与光电集成电路设计领域的全面突破、一大批中坚人才的用心培养、中国半导体产业发展的献言献策方面做出巨大贡献的道路上筚路蓝缕、孜孜以求的"芯剧情"。

这一"转折"其实不易。

从40万元到2000元

王志功教授选择回国，意味着要放弃当时约 40 万元的年薪，放弃世界一流的科研条件，放弃绿卡和舒适优美的生活环境，并拒绝美国 IBM 等大公司的邀请。虽然回国任定居专家，但当时工资还不到 2000 元。

"落差"如此巨大，是什么让王志功选择了这条"难走的路"？

这要从王志功在 1984 年年底被选送到德国波鸿鲁尔大学进修开始。

王志功还记得，当时的导师是德国著名的微电子专家 Bosch（博施）教授。他领导的微电子中心从事高速集成电路的研究，处于全球领先地位。他对王志功的要求也很高。王志功一去就参与了对容性耦合差分放大器的课题研究。他夜以继日，8 个月后就取得了一系列有创新意义的研究成果。Bosch 教授在肯定之余也寄望他能将成果转化为实际应用。为此，他从州政府为王志功申请到了攻读博士学位的奖学金。因此，王志功成了 Bosch 教授的第一个、也是唯一的中国博士生。

在 Bosch 教授的激励下，王志功提出了窄带再生分频式时钟恢复电路的新思路。德国邮电部高度重视王志功的这一思路，资助他 30 万马克。经过 3 年多时间的打拼，历经两次工艺流程，王志功最终成功地研制出了一颗创造世界纪录的超高速集成电路。

优秀的人到哪里都会发光。到了 1990 年夏天，以优秀成绩取得工学博士学位的他，经 Bosch 教授推荐和国内同意，来到德国弗劳恩霍夫协会所属的应用固

态物理研究所做博士后研究，从事射频与光电集成电路研究。他充分利用研究所优越的工作条件，加上自己的努力拼搏，连续7年在德国政府组织的5项联合攻关项目中承担最前沿的攻坚课题，成功设计了上百种光纤通信用超高速、微波毫米波单片集成电路，连续创造了多项世界纪录。7年共发表论文80多篇，申请了7项德国专利和3项国际专利。此时，他的成就已令同所的各国科学家钦佩，并难以望其项背。他成了该所的客座研究员、国际电子电工协会高级会员、纽约科学院院士。

可以说，这些成就不仅为他所在的研究所争了光，而且为祖国争得了荣誉。在此期间王志功的妻子也在拼搏中以优秀的成绩获得了牙科医学博士学位，开始了博士后的研究。尽管事业处于黄金时期，生活也温馨安宁，但王志功夫妇身居异国，始终难忘祖国。他们深深懂得，只有为自己的国家做出贡献，多年刻苦钻研掌握的高新技术才有意义。

而契机很快来了。1994—1996年，王志功两次应邀回国讲学，在北京、上海、南京等地的多所大学和研究所报告国外高科技发展动态和自己的研究成果，与国内同行探讨中国发展光电子、微电子的道路，交流专业技术的方方面面。王志功感慨地回忆说，那次回国交流，他既目睹了祖国的巨大变化，也感受到了祖国对高技术人才的迫切需求，还意识到回国可以领导一支梯队，有更广阔的天地可以驰骋。这更加坚定了他回国的决心！

正所谓"士不可以不弘毅"。当祖国和母校向王志功发出召唤的时候，他与在德国弗莱堡大学做博士后研究的妻子一致认为，这是实现回国做贡献这一多年愿望的好时机。所以，毅然决定放弃国外一切优越条件，带着两个分别上完小学三年级和四年级的儿子，离开居住了13年的德国，回到了阔别15年的母校——东南大学。

机会留给有准备的人

王志功教授是如何与东南大学结缘的呢？

这就不得不提王志功艰难的求学之路。马克思曾说："在科学的道路上没有平坦的大道可走，只有在那崎岖小路上攀登着的不畏劳苦的人，才有希望达到光辉的顶点。"这句写在小学五年级课本上的话，成为他一生中的座右铭，他用半

王志功 放弃高薪毅然回国，全身心致力于射频攻坚和人才培养，"功"成仍未身退

生的努力和追求实践了他对马克思的这句话的理解。

1954年出生于河南省荥阳县一个普通农民家庭的王志功，小学是在勤奋学习中度过的，但毕业时"文化大革命"开始，12岁的他回到当时的"生产小队"当了一个小农民。乡土气息的农家教会了他老老实实做人，踏踏实实干活。他一个十二三岁的孩子干了两年整劳动力的各种农活。1968年，他回到原来读书的"小学附设初中班"继续学习。

1968—1970年，王志功一边努力学习功课，一边认真学习和宣传毛泽东思想，并努力做人做事，先后出席公社、县、地区和河南省的"学习毛主席著作积极分子代表大会"。

1971年，王志功受当时的县人民武装部推荐，当上了政府的机要单位电信局的一名合同工，被安排到一个山区的邮电所当电话接线员，主要负责上下级政府之间信息的上传下达。渴望学习的王志功除了做好本职工作，还以农家子的执着，一方面自学了一些高中课程，另一方面研读了电话机、电话交换机原理，无线电广播等邮电和广播方面的书籍，培养了修电话机、装收音机的业余爱好。这为他此后专业的学习和研究，特别是为他近50年从事有线通信、无线通信、光纤通信、神经通信电路与系统设计和研发打下了基础。

由于工作积极认真，学习努力，1973年他被评为公社级劳动模范、市级优秀团员。后来他所在的公社推荐他参加了当年工农兵学员招生的文化考查，勤奋使他从农村脱颖而出，梦想照进了现实，搭上了开往高等学府的列车，踏入南京工学院(现东南大学)的大门。

那年王志功19岁，他下定决心要弥补大好年华里没有获得正规学习机会的遗憾。因此，他十分珍视这次机会，力争把分分秒秒都用在学习上。学习高等数学，他总是以超前讲课内容3个月的进度持续钻研。为了弥补自己少年时代没有学英语的空白，上大学后才从ABC开始学起的他坚持每日清晨读一个小时，晚上写一个小时。这为他日后发表数百篇英文学术论文和几十次登上国际学术会议讲坛打下了英语基础。此外，他还在学习专业知识的同时，通读了马克思的名著《资本论》，这为他十年后到德国和英国追寻马克思的足迹做了思想准备。

三年半的大学学习生涯中，可以说，王志功全部身心都扑在了学习上。

也正是因为他在当年那种特殊年代的努力学习和踏实做人的表现，在大学毕业时他被留校任教。而他并没有就此对自己放松要求，仍一边参加教学和科研，

一边加紧进修数学、英语和专业课。由此，当 1978 年全国大学恢复研究生招生时，他及时掏出"车票"，登上了恢复硕士研究生招生的第一趟列车。

现在被称为国内半导体卡脖子技术之一的 EDA 工具，却是当时王志功硕士课题研究方向——电子线路计算机辅助设计——的前身。但在 20 世纪 70 年代末国内计算机还很少，后来南京工学院计算机系进口了一台微型机，白天排不到上机时间，王志功就晚上 8 点钟进机房，第二天早上 8 点钟离开，持续近两个月，采用当年最先进的 FORTRAN 语言完成了近两千条程序语句的编写和调试，对十多种典型电路进行了分析。正是由于在电路理论、分析方法和软件工具方面为集成电路的设计做了开创性的研究和扎实的准备，此后 40 余年他在集成电路设计方面不断取得国际一流的研究成果。他也因此以优秀的成绩获得了硕士学位。

不断勤奋学习、积累知识的王志功，在研究生毕业后，顺利进入上海同济大学电气系任教。凭借优异的表现，在任教的第二年学校就给了他脱产学习德语的机会。他在不到一年时间的学习结业后，以优秀的成绩通过了国家组织的出国德语考试，1984 年年底被选送到德国波鸿鲁尔大学进修，一年后导师为他争取到政府的奖学金转为攻读博士。

他的事业驶上了"高速公路"，这也为他后来回国埋下了新的伏笔。

"一个人不能迷信天才，不能自恃聪明，学习需要勤奋，知识在于积累。量的积累才能产生质的飞跃。"这既是他在数年刻苦求学生涯中的深刻体会，也是他不断攀登高峰的动力。

射光所的"跨越"

正所谓"路漫漫其修远兮"。

回国之后，为国效力的满腔热情如冰山解冻、飞瀑直泻。尽管王志功接手的是从 60 平方米的空屋子、100 万元启动基金、一名助手和 2 名硕士生起步创建射频与光电集成电路研究所（以下简称"射光所"）这一艰巨的任务，但王志功已然干劲十足地投入新的"战役"中。

王志功还记得，在研究所初创的多年时间里，他根本没有节假日，每天研究所的灯光都会亮到深夜。四五千克重的笔记本电脑，从步行到骑自行车上下班，从国内到国外，他几乎从不离身。"王老师都不知道疲倦的，对于我们写的论文，

王志功　放弃高薪毅然回国，全身心致力于射频攻坚和人才培养，"功"成仍未身退

每一篇他都会亲自把关修改，每一页都布满标注。"他身边的学生这样说。研究生和青年教师常常发现，王志功为他们修改的论文常常是夜里 12 点以后发出的（见图 11）。

图11　王志功教授在指导研究生

那时国家还不富裕，他必须做到多快好省。为装备实验室的软硬件，他与国外众多供应商展开全方位的谈判，经过上百次的传真和电子邮件往来，反复分析比较，终于都以最优惠的价格购得。

随着时间的推移，王志功带领团队日拱一卒，在国家"863 计划"、国家自然科学基金、省基金等十多项研究课题支持下，以学科建设带动教学，以平台建设带动科研，不仅开辟了国内外 10 多条集成电路生产线的实现途径，培养了一批批包括教授、副教授、讲师、博士生和硕士生的研究梯队，更是集结发力，在众多科研项目上屡获佳绩。

王志功还记得 10 多年前 8 月的某一天，专家组在南京对东南大学射光所的"射频、超高速与光电集成电路无生产线设计平台"的研究和建设成果进行了鉴定。经过认真讨论，鉴定委员会一致认为："射频、超高速与光电集成电路无生产线设计平台集科学研究、人才培养、多项目晶圆芯片制造服务、芯片测试等多

功能于一体,具有微电子与光电子技术结合、学研产相结合的特色,属国际首创,具有国际领先水平。"

这一天,王志功教授由衷地感到高兴。因为这是他在集成电路设计的崎岖道路上实现的四级跳:第一级跳是在硕士课题研究阶段的从了解集成电路到创作集成电路设计工具;第二级跳是在博士课题研究阶段的从集成电路设计理论到应用集成电路工艺设计出高速集成电路;第三级跳是在博士后研究阶段的从双极性硅晶体管工艺转到采用砷化镓高电子迁移率晶体管工艺设计出微波和超高速集成电路;第四级跳就是回国后从在国外掌握的双极性硅工艺和砷化镓工艺转到采用集成度更高且成本低但设计难度更大的CMOS工艺设计出同样高频和高速的集成电路。他领导建立的"射频、超高速与光电集成电路无生产线设计平台"更是开辟出他所掌握的多种工艺的国内外十多条工艺线,为培养我国集成电路高水平设计人才创造了优越的条件。

可以说,王志功历经多年的科技长征到达了一个新的起点,而他和他的研究团体并没有在功劳簿上自满,而是一路勇往直前,将激情和理想奉献给了用辛勤汗水浇灌的、深植于民族自尊的科研之花(见图12)。

图12 王志功教授在测试芯片

在王志功教授的指引下,射光所一路"乘风破浪":2006年以来成为"江苏省射频与光电集成电路工程中心"和"射频集成电路与系统教育部工程研究中心",建成了完整的射频、光电与生物集成电路设计人才培养和职业培训、多项

王志功　放弃高薪毅然回国，全身心致力于射频攻坚和人才培养，"功"成仍未身退

目晶圆（MPW）模式制造、封装测试和产业化推进的环境与平台，具备了成批设计超高速、超高频、光电和超大规模集成电路（VLSI）的条件。

这一"奋斗史"其实也是在中国半导体业进阶时代浪潮中涌出的"新浪花"。度过 2008 年的金融危机，中国成为重要的消费大国。全球半导体产业逐步复苏。多项国家重大政策相继出台，产业开始大整合，下游终端企业大爆发，中国半导体产业"忽如一夜春风来，千树万树梨花开"，来到一个量变到质变的临界点。在这一时期，集成电路设计业、制造业、封测业、设备业均得到了全面发展。

射频器件作为无线通信不可缺少的基础一环，技术革新是推动无线连接向前发展的核心引擎之一。一方面是通信制式的不断升级，另一方面是万物互联时代的大潮汹涌，射频器件行业成为成长最快且最确定的方向性资产，而国内在这一领域还面临诸多挑战，在工艺、集成、性能方面有诸多难关要跨越。

乘着国家、产业与市场的东风，射光所也承担起了攻坚创新和人才培养的重任：不仅承担和完成了包括国家自然科学基金、"863 计划"研究课题在内的国家和省部级重大科研项目 30 多项，企业合作项目 30 多项，在微电子、光电子高技术人才培养方面也不遗余力。成立 20 余年，射光所培养出 100 多名博士和 1000 多名硕士，其中有 30 多名博士和博士后成为集成电路设计方面的教授和副教授，上百名成为国内包括华为、中兴等一批知名企业中集成电路设计方面的领军人物和骨干，还为国内众多企业培训集成电路设计工程技术人员 3000 多人，为国内的射频光电集成电路产业的发展贡献了强生力军。

此外，射光所开展了无线传感网射频收发芯片、GPS 射频接收芯片、10 Gbps 和 40 Gbps 甚短距离并行光传输芯片、高速集成电路与系统系列产品的研究与开发，众多产品进入产业化阶段，走出了一条学研产结合的广阔道路。

这些不仅改写了我国在这些领域的"空白"历史，更在加速国产芯片发展的征程上留下了浓墨重彩的一笔。

为国建言献策和组织创"芯"大赛的"功绩"

所谓"君子务本，本立而道生"。

王志功不仅带领着射光所走向一个又一个"高地"，更心系国家半导体行业以及人才的发展，献计献策，殚精竭虑。

2000年1月3日，时任副总理李岚清在《关于国家设立集成电路设计人才培养专项基金，开展中国芯片工程的建议》上批示："要作为重大战略问题进行研究，提出加速我国微电子和软件技术发展的切实可行的对策建议，以支持我国信息产业的快速发展。"共和国集成电路设计与制造的攻坚战打响了。这份建议书，就是王志功教授执笔的。

随后，王志功教授还参与了《国务院关于印发鼓励软件产业和集成电路产业发展若干政策的通知》〔国发（2000）18号〕起草的工作会议，该文件的颁布极大地推动了我国集成电路产业的发展，也使得国内数十所著名学府参与的国家集成电路人才培养基地建设蔚然成风。

而在中兴、华为事件之后，王志功教授再次挺身而出，先后向教育部、工业和信息化部（以下简称"工信部"）和中国侨联提交了《关于我国集成电路设计人才培养，推进中国芯片工程的建议》。2018年王志功教授在这份建言建议书中提出的设立集成电路一级学科的建议，已被国务院学位办于2020年批准设立，这为全国重点高校集成电路人才培养开辟出一条"金光大道"。

王志功不仅为国献智献策，还为我国的集成电路设计人才培养孜孜不倦地贡献着知识和力量。归国24年来，他先后撰写了4本集成电路设计相关的著作，主编了10多本集成电路设计的教科书，并编译了6本集成电路设计相关的著作和教科书，发表集成电路设计高水平论文600多篇，申请发明专利100多项。而且，10多年来，王志功还担任全国大学生集成电路创新创业大赛专家委员会、研电赛和创"芯"大赛的指导工作，身先士卒，耕耘不辍。

作为支撑经济社会发展的战略性、基础性和先导性产业，半导体行业堪称人才密度最高的行业。一个人、一个团队往往能影响整个产业。纵观过往，台积电、三星等半导体头部大厂的崛起史就是一部人才争夺史，中国半导体行业的兴盛离不开关键人才的带动，而关键人才的培养是从大赛中、实战中历练出来的。

旨在提升在校大学生创新实践能力、工程素质以及团队协作精神，助力我国集成电路产业健康快速发展的"全国大学生集成电路创新创业大赛"一直在蓬勃推进中。在"全国大学生集成电路创新创业大赛"的发展历程中，2000年以来，王志功教授一直担任教育部电工电子基础课程教学指导委员会主任委员。从2010年开始，王志功教授即以专家身份参加"全国大学生集成电路创新创业大赛"。

王志功　放弃高薪毅然回国，全身心致力于射频攻坚和人才培养，"功"成仍未身退

此外，1996年8月开赛的研电赛，王志功也积极参与，倾力指导。2010年以来，王志功教授一直担任研电赛专家委员会副主任委员。截至2020年8月，研电赛已举办15届，在促进青年创新人才成长、遴选人才等方面发挥了积极作用，在广大高校乃至社会上产生了广泛而良好的影响，成为全球华人乃至世界电子设计人才的一次盛会。

值得一提的是，王志功还是创"芯"大赛的联合创始人。2017年，王志功教授向研电赛创始人清华周祖成教授提议，将集成电路设计从研电赛中分出来，单独组织。由此创"芯"大赛创立，到2020年，创"芯"大赛已连续举办3届，切实提高了研究生的创新能力和实践能力，促进了集成电路领域优秀人才的培养。

更值得一提的是，在2020年的创"芯"大赛闭幕式上，王志功教授荣获大赛组委会颁发的唯一"最佳贡献奖"（见图13）。

图13　王志功教授荣获"最佳贡献奖"

这些大赛与中国半导体时局息息相关。2014—2020年，前期中国半导体产业迎来了发展的春风，蓄势待发；后期由于发展势头迅猛引起西方的警惕，继而引发了中兴、华为事件以及中美贸易冲突等一系列变故，演变为打压中国半导体产业的科技冷战，产业链"国产化"日趋紧迫，国内行业面临着涅槃重生。

2016年，为了推动我国集成电路设计人才走向国际舞台，集成电路科研成果向世界展示，同时吸引海外专家前来开展学术与技术交流，王志功教授慨然应允担任"集成电路与微系统国际会议"（ICICM）主席。迄今，该系列国际会议已成功举办5届，产生了越来越广泛的影响。

对于荣誉加身的王志功教授来说，拿奖可谓拿到手软。在首届全国教材建设奖的评选中，王志功教授主编的《集成电路设计》（第3版）荣获高等教育类奖励。

"论至德者，不和于俗；成大功者，不谋于众。"

数十年来，王志功教授不仅兢兢业业承担起射频技术与产业化的兴盛和人才培养的重任，助力产业实现了多维突破；还殚精竭虑，为我国半导体业发展建言献策，为国内半导体业人才的培养建立了不世功勋。如今，已过花甲之年的他仍然在众多工作岗位上辛勤耕耘，持续在国内半导体业发展的宏伟蓝图中书写新的篇章。

柯炳粦

从军人、教师、律师到高管再到 IC 创业者，"跨界人生"演绎无限可能

文/刘俊霞

柯炳粦（见图14），厦门优迅高速芯片有限公司（以下简称"优迅"）董事长。作为恢复高考后前三届大学生，1983年柯炳粦毕业于中国政法大学法律系，其后先入职厦门大学（以下简称"厦大"）任法律系副书记、讲师及校党委宣传部副部长，兼职律师，后在厦门商业集团任高管。2003年，创办优迅，专注高端模拟/数模混合集成电路芯片设计。此外，柯炳粦还历任科技部聘任咨询专家、工信部内刊《芯闻参考》编委、厦门市软件行业协会常务副会长、国家集成电路设计产业技术创新战略联盟理事、厦门市集成电路行业协会会长、厦大电子科学与技术学院兼职教授等职务。

图14　柯炳粦

"自立者人恒立之，自助者天助之。"当柯炳粦获得福建省乒乓球少年冠军而被特招光荣入伍时，他对这句话的含义或许还不甚了了，但数年之后，凭借扎实的功底和工作之余的冲刺，成为"新三届"大学生之时，柯炳粦对此已深有体会。

自此之后，似乎在每个命运的十字路口，他的经历都诠释了"天助自助者"这句话：离开前途无量的教职岗位进入国企，离开待遇优厚的国企独立创业，从法律跨界通信，在濒临失败的时候执着地坚持做芯片……莫不如是。

从少年冠军到军人

1955 年，柯炳粦出生于福建莆田的一个工人家庭。开明的父母和相对良好的家境让他有机会在当地最好的小学和初中上学。性格好强的他也没有让家人失望，很快成长为一名小小校园领袖，他品学兼优、体育成绩突出、连续多年担任班长……

在被称为田径之乡的莆田，崇尚体育运动是一种全民风尚。当地学校非常重视运动习惯的培养，在这种氛围下，柯炳粦从小就表现出对体育的热爱和在体育方面不俗的天赋。20 世纪六七十年代，中国乒乓球运动已经在国际上崭露头角，北京还承办了新中国第一个国际赛事——第 26 届世乒赛，在此影响下，举国上下对乒乓球运动的热情空前高涨，柯炳粦也不例外。

在乒乓球运动中的出色表现很快为柯炳粦带来人生第一次转折。1972 年，柯炳粦赢得福建省乒乓球少年冠军。那一年，为筹备 1973 年中国人民解放军运动会，福州军区在当年的征兵工作中特别青睐体育兵。作为乒乓球省级冠军，柯炳粦顺理成章成为被征的一员。在那个工作机会稀缺且没有高考的年代，当兵是一件光荣且足以改变一生命运的事。就这样，16 岁的柯炳粦在读了两个月高中之后应征入伍。

军营是锻炼一个人意志力最好的场所，年少的柯炳粦在那里得到了受用一生的锻炼。"在部队的经历对我的一生非常有帮助，参加高考包括做高科技最困难的时候，如果没有当兵这一段的经历，我肯定撑不住。"他回忆说。

不仅如此，在一群普遍小学都没毕业的农村兵中，作为少数有文化的城市兵之一，柯炳粦不仅被分配进入技术含量最高的炮兵指挥连成为一名通信兵，还有机会负责文书工作。前者为他日后跨界与通信产业结缘埋下种子，后者为他数年后成功考入中国政法大学打下基础。

柯炳粦　从军人、教师、律师到高管再到 IC 创业者，"跨界人生"演绎无限可能

怀抱理想走进考场

1977 年 10 月 20 日，《人民日报》刊登《高等学校招生进行重大改革》的消息，平地一声惊雷，因"文化大革命"中断十年的高考制度恢复。次年，恢复高考的消息传遍大江南北，下至 15 岁上至 36 岁的知识青年欢欣鼓舞地准备高考。已在军中扎根 5 年的柯炳粦却遇上了不小的麻烦。

恢复高考的招生对象是工人、农民、上山下乡和回乡的知识青年、复员军人、干部和应届高中毕业生，在军中参加高考的机会稀少且有严格限制。据柯炳粦介绍，当时部队只允许新兵参加高考，服役多年的老兵并无此机会。在他的人生中，理想与现实第一次爆发激烈的冲突。尽管服役 5 年有余，即将提干，怀着对大学的憧憬，他还是毅然选择转业地方准备高考。

1978 年 8 月，柯炳粦转业回老家，按照政策规定，被分配进入莆田糖厂农运科工作，自此他也启动了为期一年的高考准备工作。和很多那个时代的高考生一样，他只能用白天工作晚上学习的方式，捡起放下了 6 年的课本知识。好消息是，在部队负责文书工作的经历极大地锻炼了他的文字功底和政治素养，他在军中撰写的通讯报道还曾被《解放军报》登载，语文和政治对于他来说是两门不需要担心的科目。而莆田一中高超的教学水平和年少时打下的坚实基础，也给了柯炳粦挑战高考的底气。

此外，对于厂里可能走出去的大学生，莆田糖厂当时的厂长非常重视，竭尽所能给了柯炳粦支持。谈到这点，他至今充满感激："我们厂长很看好我，那时候还允许我两个月不用上班。"柯炳粦也不负众望，1979 年 7 月，这个离开学校 6 年之久的年轻人成为莆田糖厂第一个大学生。

1977—1979 年通过高考选拔的人一般被称为"新三届"，那是真正的天之骄子。不仅因为他们 10 年磨难终得展翅的不易，更因为那低到不可想象的录取率。据统计，1977—1979 年参加高考的总人数约 1648 万，录取总人数约 95.2 万，综合录取率 5.78%。对于全国各省本科录取率普遍在 30% 以上、部分省市录取率超过 70% 的今天来说，那种竞争的激烈程度几乎不可想象。

青春昂扬不负韶华的政法时光

1978年12月，十一届三中全会胜利召开，开始了系统的拨乱反正，政法的春天到来。有多年参军经历的柯炳粦清楚地意识到这一点，于是顺理成章地报考了北京政法学院（中国政法大学前身）。如果说参军是柯炳粦人生的第一次转折，那参加高考进入北京政法学院无疑是第二次转折。他说："我这辈子最不后悔的，是到北京念大学。"

成绩好、有特长（乒乓球）又是党员的柯炳粦很快就成为大学校园的"风云人物"，并且当选了班长、学生会干部。改革开放之初的北京，一切都透着勃勃生机，各式展览、校际交流层出不穷，大学生求知欲旺盛，学者们的学术交流热情高涨……作为学生会干部，柯炳粦有更多机会接触到这些新鲜事物。而精力旺盛又学有余力的他也总是乐在其中，蹭大课、听讲座、逛展览……附近的北京邮电大学、中央财经大学、清华的课堂、讲座和各种校际交流活动中，经常可以看到他的身影。

那些先进的思想、理念、技术、理论给这个初出茅庐的小伙子带来了前所未有的思想冲击。也让他在离开通信兵队伍后第二次燃起对通信科技的兴趣。"今天信息产业一些理论上的东西，实际上20世纪80年代一些老师已经提出来了。那时候引进的系统论、控制论、信息论这些时兴、前沿的观点，让我们这些年轻的学子看到了世界未来将会是怎样的。"

1982年，中央政法工作会议明确提出要"筹办中国政法大学，把它办成我国政法教育的中心"。次年，北京政法学院正式完成向中国政法大学变更的华丽转身，柯炳粦成为中国政法大学毕业的第一届学生。大四的他，还作为该校当年唯一一名北京市三好学生，在中国政法大学成立仪式上，以学生代表身份上台发言。

那一年，柯炳粦27岁，带着天之骄子的荣耀和拥抱明天的满腔热情，意气风发地走向新的工作岗位。

走出校园从事外贸业务

生活并没有无波无澜地延续下去，柯炳粦很快迎来人生中第三次重要转折。

柯炳粦　　从军人、教师、律师到高管再到 IC 创业者，"跨界人生"演绎无限可能

毕业后，柯炳粦被分配到厦大法律系任讲师，不久后担任法律系副书记、校党委宣传部副部长，在此期间他还兼职做律师。在这所文理兼容的学府，文科出身的他得以接受更多工科知识的熏陶。出于对科技的崇尚，柯炳粦非常重视组织学生开展科技创新活动。他回忆厦大工作时表示："这些工作经历对于我后来单独做企业，都是很重要的。"

时间很快来到 20 世纪 80 年代末，在西方国家的封锁下，我国经济面临特殊的外部不利环境。兼职企业法律服务工作的柯炳粦深知企业急需更多既懂法律又懂管理的特殊人才，以提升企业经营管理水平，走出困境。彼时，军人出身、富有民族责任感的柯炳粦正在分管学生工作。不到 35 岁，职级已经升至处级，前途无量的柯炳粦面临人生中第三次重大选择。

1990 年 4 月，柯炳粦毅然离开厦大，进入厦门当地一家大型国有企业——厦门商业集团任高管，负责法律、投资等方面的工作。通过这次从法律到经济、从校园到企业的跨界，柯炳粦不仅积累了日后创业所需的资金、管理经验、人脉等资源，还进一步开拓了眼界。

厦门商业集团是一家外向型的"工贸技一体化"大型国有企业，柯炳粦每年至少有 2～3 次机会到美国、欧洲去参展。国外，特别是美国呈现出来的科技水平深深震撼了他："不出去看不到差距。美国那时候是高科技产品的聚集地，不得了！看到这个差距，我觉得我们只要能把这些科技产品做出来，就有机会。"

20 世纪 90 年代，苏联解体，中国和西方国家合作的基础彻底消失，国际风云突变，西方各国纷纷宣布制裁中国。时任外交部部长的钱其琛在其回忆录《外交十记》中提到："在担任外长的 10 年里，中国外交所经历的最艰难的时期，莫过于 20 世纪 80 年代末到 90 年代初的那段时间。"这给刚刚起航的中国经济带来不小的麻烦。1992 年，88 岁高龄的邓小平同志发表"南方谈话"，带起中国经济新一波发展浪潮。大批知识分子受"南方谈话"的感召，纷纷主动下海经商。这也使柯炳粦第一次产生了独立创业的想法。

意识到彼时正处于萌芽期的科技行业蕴藏的无限商机，1995 年柯炳粦开始从事高科技企业投资运营管理。在此期间，他成功投资了一个科技项目。那时，一位老同学从清华博士毕业后带着一个波分耦合器项目到厦门创业，在厦门商业集团负责投资的柯炳粦便主导了此次投资。这个成功的投资项目让柯炳粦收获了难得的科技企业运营管理经验和科技创业的信心，几乎堪称他此后独立创业的一

次预演。

世纪之交，国内外风云变幻，房地产红利、互联网革命、中国家轿元年……在有心人眼中，遍地商机。于是，柯炳燊水到渠成般的做出了人生中第四次重大决定：离开国有企业，科技创业。

再次跨界试水高科技芯片创业

2000 年美国互联网泡沫破裂，纳斯达克崩盘，酿成美国历史上最大的股灾之一。同期，国内电信业"七雄"确立，华为初具规模。中国通信产业高速发展阶段来临，吸引了海外高科技半导体人才归国发展。通过美国律师同人的引荐，柯炳燊结交了数位华裔 IC 设计人才，结合多年积累的光通信市场资源，明确了芯片产品方向。2003 年 2 月，柯炳燊与合伙人创办了优迅。

初生牛犊不怕虎，厦门优迅初始注册资本仅 25 万美元，后陆续追加至 200 万美元。柯炳燊及其团队犯了一个造芯者常犯的错误，低估了芯片公司的"烧钱"程度，只顾闷头干活，对创业的艰难估计严重不足。他说："没有预料到做芯片需要这么多钱，想起来那时真的叫无知无畏。"

这一次的预料不足，很快让他遭遇到前所未有的挫败。21 世纪初，中国芯片几乎 100% 依赖进口。在光通信领域，国内连最基础的百兆驱动芯片都没有，而优迅海归技术团队却一味追求高端芯片（10 Gbps）投入，忽视了自身研发实力的短板，造成产品难产，最终浪费了大量的资金及最宝贵的时间。柯炳燊回忆，到 2007 年年初，优迅已经花光了所有资金，却仍没有看到未来。

经历了整整 4 年的产品空窗期，优迅公司弹尽粮绝，举步维艰。最困难的时候，连员工工资都发不出来。多少朋友劝他："芯片是个烧钱的坑，早日抽身止损是上策。"与生俱来的不服输的个性，让柯炳燊坚持走自己的路。他多方筹资，家产抵押，咬牙延续优迅的命脉。回首当年，柯炳燊不无感慨地说："当初只想活下去，不肯接受失败，宁可把家产都抵押，也要撑到最后。很庆幸，在我太太义无反顾的支持下，守得云开见月明，最终度过危机。"

依托多年积累的社会资源，在公司生死存亡之际，柯炳燊终于等到了来自政府方面的好消息。2007 年，国家资助 300 万元。2008 年，公司又迎来国家千万级投资。至此，柯炳燊及其团队的资金困局才得以缓解。

柯炳粦　从军人、教师、律师到高管再到 IC 创业者，"跨界人生"演绎无限可能

重整旗鼓终见彩虹

2008 年，柯炳粦重组的本土研发团队重新定位了产品研发方向，配合新引进的研发专家团联合攻关，推出了业内首款无源光纤网络（PON）驱动芯片，适时迎合国家光纤到户的战略布局。柯炳粦自豪地说："这款全球首推的 PON 驱动芯片曾在中央电视台专题播报，报道肯定了我们本土研发团队的技术水平。"

然而，对于柯炳粦来说，创业路上的挑战还远远没有结束。做芯片难，卖芯片更难，柯炳粦至今仍记得最初打开市场的艰难："那时候完全没有品牌认知度，有客户直接问'国内有做模拟芯片的公司吗？'。"

以兼容替换欧美系和台系产品为契机，柯炳粦团队的产品得以切入市场，甘当替补，以时间换取市场空间，以技术服务赢得客户信任。柯炳粦带领市场团队以"农村包围城市"策略，通过"征服"渠道供应商和山寨厂商市场，赢得市场认可度，进而攻下各品牌商、系统商和运营商。依托产品和技术服务，逐渐打开市场。

俗话说，在哪里跌倒就要从哪里爬起来。创业初期在人才和技术路线上吃了亏，柯炳粦就格外注重本土人才的培养。从 2008 年起，柯炳粦调整战略，重新组合人才、培养人才，采用引进和自我培养的方式夯实人才基础。一方面，通过深厚的人脉资源搭建国际人才培养渠道，柯炳粦走外专局政策渠道，为公司技术骨干争取机会，累计派出 20 余人次出国进行中长期培训，并多次邀请国外专家到公司做技术指导，"引智借脑"精心培养本土人才；另一方面，与高校开展广泛的战略合作，开放实习岗位吸收人才，通过共同承担国家级项目助力产教人才交流成长。

在柯炳粦颇具前瞻性的人才培养策略下，如今公司已经建设出一个能力出众、稳定性极高的"80 后"本土化技术团队和管理团队。他自豪地说："公司最大的财富就是这一批人才，是他们让公司自有技术实现了 1000 倍的速率跨越，也让优迅实现了颇高的人均产值和人均效益。"

即使修好了产品、人才和市场"内功"，在光通信领域站稳脚跟并实现可持续发展也非一朝一夕之功。直到 2013 年，在柯炳粦的带领下，公司才真正实现了主营业务的扭亏为盈。此后，一路势如破竹，产品先后批量进入国内主流模块厂商、系统设备商和三大运营商，进而应用到千家万户，产品累计出货 5 亿片。

团队承担并完成政府科研项目近 20 项（含国家"863 计划"、国际科技合作等国家级项目），成长为国内光通信芯片领域领军企业之一。目前柯炳粦正带领团队承担多项国家重大项目，这些项目均是目前超大规模高速数据中心和 5G 通信网络的重要支撑产品，是解决"卡脖子领域"的国家重要战略方向项目。

"律师跨界玩芯片"，柯炳粦仍不改"法律人特色"。坚持正向设计，高度重视知识产权。据他介绍，优迅现已获得自主知识产权 130 余项，其中国际专利及 PCT（专利合作条约）近 20 项，参与制定国家行业标准 17 项。以优迅目前技术团队规模计算，人均知识产权获得量超过 2 项。不仅在光通信领域首屈一指，在国内半导体业界也属不多见的高水平。

如今，年过耳顺的柯炳粦依然精力旺盛，在承担公司的管理工作之余，还长期兼任其他社会职务。2016—2019 年，兼任厦门市委人才办聘任的厦门市人才创业导师；2018 年至今兼任国家集成电路设计产业技术创新战略联盟理事、厦门市集成电路行业协会会长、厦大电子科学与技术学院兼职教授、创新创业导师。

他说："从事这些工作，是希望能通过自己有限的力量，传递正能量，通过自己的经历，让更多的创业者少走弯路，帮助集成电路小微企业成长，也让更多年轻人敢于从事这个充满挑战、富有社会意义的行业。"这些兼职工作也让柯炳粦收获丰厚，接触前沿行业信息、与行业大咖交流、不断拓展企业发展渠道。更重要的是，帮助他人，快乐自己。传递正能量的过程本身就是收获。

工作近 50 年，从军人、工人、学生、老师、律师、高管到投资者、创业者，及至承担各色兼职，柯炳粦始终游刃有余，究其原因，不外乎"厚积薄发"四个字。每个清晨散步中的思考，每次会议中的谦虚请教，每位客户背后的奔波跋涉，每次活动里的事无巨细……点点滴滴汇成海，终让人生每一次转折水到渠成。

罗伟绍

曾经的极客"意外"创业，一做就是15年，用"佛系"化解艰辛

文/千晔

罗伟绍（见图15），杭州晶华微电子有限公司（以下简称"晶华微"）总经理兼技术总监，美国华盛顿州华盛顿大学电机工程学专业博士，专攻低功耗、低噪声模拟混合集成电路设计。他在 AC 在线监测、LED 驱动器、600 V 可控硅驱动器、16 位 SAR ADC、超声波气泡检测等方面颇有建树，拥有多项个人专利，是 IEEE 高级会员。2005 年，罗伟绍回国创办了晶华微。15 年来，他带领公司一直坚持百分百正向设计，其高精度、低功耗 24 Bits ADC+8 Bits MCU（微控制单元）类 SoC 年销售芯片上亿颗；其工控 HART 通信控制器芯片及 4～20 mA 电流 DAC 打破工控行业国外垄断。

图15　罗伟绍

Don't Worry ,Be Happy 是"极客（Geek）"罗伟绍做 IC 设计时常听的歌。

1988 年美国鬼才黑人音乐家 Bobby McFerrin 坐在单人沙发里，光脚吹着口哨，缓缓唱出 "Here's a little song I wrote, you might want to sing it note-for-note, don't worry, be happy..."这一简单而有魅力的人生态度影响了一代美国人。而20世纪70年代便去美国读书、工作并生活了近30年的罗伟绍也深受其影响。他说做IC的人都要多听听这首歌。

毫无疑问，半导体是个"苦差事"，但罗伟绍一做就是30多年，专攻低功耗、低噪声模拟混合集成电路设计。这是他心中所爱。

顶着一头白发，采访当天白衬衫、米色套头毛衣、卡其色裤子，生于1956年的罗伟绍仍极具极客范。当初，他回国创办芯片设计公司，希望用自己多年的技术积累做"中国芯"。这是一位在员工口中有点"佛系"的老板，但他几十年如一日以放松自在的状态做着很难的事。他觉得比起作为企业的领导者，他自己的心态更像是一个Renaissance man（文艺复兴式人才），永远保持对新知识新技术的好奇。

公司的产品获得了2020年第十五届"中国芯"优秀产品奖。这款公司自主研发的红外测温信号处理芯片SD8005B在2020年的疫情中贡献突出，已出货2000多万颗。

十几岁就爱鼓捣电子元器件

罗伟绍对于半导体的浓厚兴趣大约始于20世纪60年代香港的鸭寮街。那时候鸭寮街上充斥着大大小小的铺位，可以"按斤"买到三极管、电阻电容等各种元器件。

当时正值美国半导体产业蓬勃发展的时期，很多美国大公司在香港设厂——仙童半导体、摩托罗拉公司等企业将封装测试、组装相关业务渐渐放到东南亚地区，当时的香港成为最佳选择。

出生在香港的罗伟绍中学时代几乎都是在鼓捣电子元器件中度过的。放学后跑去鸭寮街淘电子元器件是罗伟绍最感兴趣的事。当时天天就鼓捣电子小玩意，做了各式收音机、音箱等，对电子元器件的浓厚兴趣由此一发不可收拾。

从鸭寮街上的小小电子发烧友起步，后来考大学时选专业，电子相关的方向自然成为不二选择。

20世纪70年代，罗伟绍进入美国密歇根州州立大学读电机工程。本科毕业以后，进入霍尼韦尔公司，由此开始一边工作一边读书的状态，一路念到电机工

> **罗伟绍**　曾经的极客"意外"创业，一做就是 15 年，用"佛系"化解艰辛

程博士。在这个过程中，他也渐渐找准了更有兴趣的细分领域，即模拟方面的 IC 设计。

这种兴趣爱好的驱动就像一条贯穿始终的无形的线。罗伟绍说，回想起来，10 多岁时玩过的那些收音机、音响等都属于模拟电路，其实通通都没有浪费。就像乔布斯在斯坦福大学 2005 年毕业典礼上的演讲中向大学生们强调的"你必须找到你所爱的东西"，很年轻的时候就找到热爱的事本身就很幸福，剩下的就是一路走到底了。

为"中国芯"回国创业

2004 年下半年，当时 48 岁的罗伟绍和一位合伙人决定回国"做一些支持国内产业技术的事"。

在罗伟绍看来，放弃在美国优越稳定的科研环境回国创业也并不难。那时候他的两个孩子也都相继念大学了，不需要再管孩子，"似乎也没什么负担了，那就可以去做点喜欢的事了"。而他也觉得，回国创办 IC 公司，可以使自己多年的技术积累能够有用武之地，于是就欣然回来了。

其实，这颗"种子"很早就已埋下。罗伟绍回忆，在 1966 年还在香港念书的时候，他曾看过一个关于中国产业的展览。尽管当时对于芯片的了解并不多，但印象很深的是展出的一款国产的 2 英寸单晶硅。"事实上，当时中国的半导体产业发展起步还是挺早的，但后来因为历史原因，产业发展就此搁置了很长时间。"说起这些，罗伟绍依然感到很可惜。

2005 年，晶华微成立。不过，创业之初就有些小意外——他的那位合伙人在回国后没多久因为家庭等因素不得不又回到美国。原本只是作为公司技术主要负责人的罗伟绍，需要全权负责新成立公司的一切运营。这对于纯技术出身的他而言，显然是巨大的挑战。"几乎是硬着头皮一步步走下来的。"罗伟绍说，在那之前他从未想过自己独立创业或者经营公司。

幸运的是，这么多年来，公司背后有一位"有情怀的投资人"。

"当时他给我们第一笔启动资金（也是公司的注册资本 70 万美元），只希望在中国做一家有真正高质量集成电路产品的科技公司。"罗伟绍透露，公司成立以来，这位投资人从未从公司拿过分红，并且十分低调，对外自称是"一家高新

技术企业的董事长"。这背后的原因，罗伟绍说，一部分是他并不缺钱，但更重要的是，他从一开始投资罗伟绍团队就不是为了赚钱，"一直以来他对我们的要求只有一个：做好的科技公司，不要抄袭"。

在艰难模式中起步

新公司几乎是在"艰难模式"中开启的，第一个困境就是设计思维的大不同。

最初，罗伟绍试图延续美国的定制思维。当时，专用集成电路设计的模式（ASIC，application specific integrated circuit，用于供专门应用的集成电路）在美国已经是主流，设计组装个性化片上系统，定制芯片不仅更有针对性，且能帮助客户提高竞争壁垒。比如现在手机能够做计算机能做的大部分事情，可以像计算机那样玩3D游戏、看蓝光电影、听音乐等。这一切与片上系统的思维和设计都有很大的关联。

罗伟绍解释，片上系统是指在单个芯片上集成一个完整的系统，对所有或部分必要的电子电路进行包分组的技术。通俗地说，它是将很多电路框架放在一个芯片里面，外接传感器，可读取信号并转化成数据显示在电子屏上，在电子秤、额温枪、手机、计算机等很多物品上都有广泛的应用。但当时，国内的芯片设计尚处于起步阶段，国内自主做芯片的企业非常少，90%以上的芯片靠进口。他很快就发现，由于客户缺乏设计思维，市场对于专用芯片的思路根本不买单，而更倾向于通用芯片。尽管对技术很有信心，但商业之路不可停滞，罗伟绍开始转变战略，放弃定制思路，改从设计通用类产品切入。

第一个突破性产品是2008年他们自主研发的HART调制解调器芯片。这是结合数字和模拟的一款产品，主要应用于工控领域，可以广泛用于带HART功能的智能仪表生产组态、现场调试、过程监控等领域，可以与智能压力变送器、HART温度变送器、雷达物位计、流量计、执行器等具备HART功能的仪表设备进行通信。

在当时中国尚无此类自主的产品，工控领域基本采用国外大厂的产品。"基于国际HART Foundation公开的相关技术标准，我们开始从无到有的设计。"罗伟绍和他的团队花了两年时间完成了这款产品的所有自主芯片设计，并且产品经过很多测试验证，包括得到了一些国家级研究所的验证认可。这一款晶华微自主

罗伟绍 曾经的极客"意外"创业,一做就是15年,用"佛系"化解艰辛

研发的工控 HART 通信控制器芯片及 4～20 mA 电流 DAC,在当时可以说是打破了工控行业国外垄断,实现国内突破。但是产品完成后推向市场时,再次遇到瓶颈——找不到大客户。

"尽管比起国外厂商的芯片,我们的价格要低得多,但很多国内的公司并不愿意尝试国产芯片,用国产芯片不是当时流行的思路。"罗伟绍很无奈。因为工控领域相对而言利润比较高,比起芯片的成本,很多大客户更在意的是性能、良率(即合格率)的万无一失,他们不愿意冒风险轻易尝试一个新的产品。

第一步总是最难的。

在一次又一次拜访客户,一通又一通电话沟通之后,他终于迎来一个转机——四川仪表愿意试用他们的产品。"当时四川仪表的一位高工表示要支持国产芯片,他们就试了我们的产品,因为产品技术品质上没问题,他们就开始大量应用。"罗伟绍说,到现在他都十分感谢四川仪表,因为其给了国产芯片一次机会。同样,上海自动化研究所当年也为晶华微的 HART 芯片进行全面的测试,严格地检查了他们产品的性能和质量。"他们支持中国小集成电路企业的情怀我终生难忘。"罗伟绍说。

这可以说是一个有力的背书,也让更多企业有信心使用国产芯片。"尤其是一些对成本比较敏感的小企业,当时也就更放心地使用我们的芯片。"罗伟绍说。

在此后罗伟绍又带领团队围绕 ADC+MCU 类的 SoC 芯片技术,坚持百分之百正向设计自主研发更多"中国芯"。目前,晶华微专注各领域通用模拟集成电路及系列专用 SoC 产品,主要涉及工控仪表芯片、高精度 24 位 ADC SoC 芯片、传感器信号调理芯片、数字温度传感器芯片 4 大类别,在红外测温领域、各种消费类电子产品及工业控制、测试测量仪器仪表、传感器信号处理及物联网等应用领域已有广泛应用。其中高精度、低功耗的 24 Bits ADC + 8 Bits MCU 类 SoC 一直保持国内电子秤及红外测温枪市场领先地位,年销售芯片上亿颗。目前片上系统业务的收入也是晶华微大部分的收入来源。

无论大踏步还是小碎步,每一步都不能踏空

在企业家和极客两个身份之间,罗伟绍毫不犹豫更倾向于后者,但作为企业老板他也不得不多想想经营的事。而他的公司经营之道也同样是工程师式的。他

认为，比起讲一个遥远的蓝图，专注于 3～5 年内会发生的事并提前做准备更为重要。

"我们会着眼于在未来 3～5 年可以落地的中期的、有一定技术门槛的市场机会，已经有一堆人涌进去的我们也不会去做。"罗伟绍表示。

2020 年年初以来，他们自主研发的红外测温芯片在抗疫产品中表现突出。作为国内红外测温领域少数拥有芯片研发及成熟方案开发能力的 IC 设计公司，晶华微的红外测温芯片是将一个真正 18 位有效值高精度 ADC+MCU 的 SoC 芯片、通信电路及 LCD/LED 驱动等全部集中在一颗芯片上。单一芯片即可完成信号测量、数/模转换、数据处理、输送，以及 LCD/LED 显示等功能。

通常情况下，晶华微的红外测温芯片月产能在百万颗左右，但是在疫情期间，额温枪的需求剧增，额温枪背后的红外测温芯片的供应也需要跟上。罗伟绍称，这算得上是公司自 2005 年成立以来"最为紧张和难忘的一段经历"。为了保证前线防疫物资的供给，他们在大年初三就开始发货，配合厂商需求，动员全体员工克服困难复工复产，在最短的时间内将红外芯片产能提高十几倍，满足了疫情中对额温枪的需求。

世界变化太快，只有稳稳地走好每一步，才能从容应对各种突发情况。因而，罗伟绍更倾向于基于自己的技术实力把握准产业和市场的脉搏，做一些中长期的投入。

对于未来 3～5 年的市场发展，罗伟绍看好医疗电子类产品。他认为，随着人口老龄化的发展，这部分需求将是长期的，除了红外测温芯片，公司也将继续推出更多芯片产品满足医疗电子行业更多产品的需求。

此外，罗伟绍持续看好工控领域的发展机会。他相信国产芯片在工控领域未来的机会更大，不仅可在低端应用领域占有市场，中高端应用领域国产芯片也会逐渐渗透。而当前的中美形势也在一定程度上推进了国产渗透。

不过，他也坦言，当前国内的整个集成电路产业有很大的泡沫。尤其近来在国际形势的催化下，国产替代概念引来了资本热捧，其中难免有虚火，这对于产业的发展有一定伤害——让实打实做技术的公司压力很大，比如人员等各项成本水涨船高，流片厂产能吃紧。

"但发展下去，相信不久的将来，这个泡沫一定会破。潮水退去才会知道谁在裸泳。大浪淘沙之后，留下的会是真正有实力的公司。"罗伟绍指出，"这个泡

罗伟绍　　曾经的极客"意外"创业，一做就是 15 年，用"佛系"化解艰辛

沫背后积极的一面是，在资本的撬动下，大家对产业关注热度似乎一下子上了"高速公路"。所谓'大泡沫才有大发展'也不无道理，这段时间很多年轻人进入半导体行业，而泡沫过后，总有一些人会在产业里留下来。"

对于公司未来的发展，在罗伟绍心中有一个蓝图，他希望自己的公司可以像 ADI 公司那样——做一个非常全面的、能够做出多种多样而且是高质量的产品的集成电路设计公司。同时，"中国芯"也能够一步一步实现多点突破，在中国出现更多优秀伟大的企业。

至于如何达到这个"遥远的目标"，在罗伟绍看来，无论是大踏步奔跑还是小碎步前进，关键是每一步都不能踏空。

贺贤汉

从音乐人、教授、厨师长到董事长，游刃有余地实现跨界

文/王凌锋

贺贤汉（见图16），祖籍浙江宁波，获日本早稻田大学（房地产专业）和日本大学（经济学专业）双硕士学位。现任日本磁性流体技术控股有限公司（Ferrotec 株式会社）取缔役（社长），Ferrotec（中国）董事局主席兼总裁，杭州中欣晶圆半导体股份有限公司（以下简称"中欣晶圆"）、杭州大和热磁电子有限公司（以下简称"杭州大和"）、上海申和热磁电子有限公司（以下简称"上海申和"）、杭州大和江东新材料科技有限公司、杭州和源精密工具有限公司、杭州博日科技有限公司等30余家公司董事长。2003年9月在北京受到胡锦涛等当时的中央领导人的接见，被授予"全国留学回国先进个人""杭州市海外高层次人才引进计划特聘专家""杰出杭商"和上海市"领军人才"等荣誉称号。

图16 贺贤汉

立志要如山，行道要如水。不如山，不能坚定；不如水，不能曲达。人生的每个阶段或许有不同的志向，只有如流水般曲达，才能在这些"山川"中从容穿梭。但真要做到像贺贤汉这样，跨越不同的"山头"边界依然游刃有余、并最终

贺贤汉　从音乐人、教授、厨师长到董事长，游刃有余地实现跨界

在半导体界扎根且得以成功的，其实鲜见。

要知道，他人生的最初际遇是音乐。

二胡少年上财大

在时代的洪流面前，逐波或是破浪都是一种选择。

1957年10月，贺贤汉出生于上海的一个普通教师家庭，家中还有四个兄弟姐妹。当时，他的父亲贺师高在上海市鞍山初级中学（现同济大学第一附属中学）任教。

在"文化大革命"发生之后，贺贤汉的父亲被下放到上海永久自行车厂接受劳动改造和思想教育，并结识了同样被下放至此的上海民族乐团粤曲演员李肇芳。两人深入交谈后，贺贤汉的父亲在李肇芳的影响下意识到，要想在艰难多变的环境中生存下去，必须有一技傍身，于是便让9岁的贺贤汉开始跟着李肇芳学习二胡。

从此，二胡成为贺贤汉的第一"边界"。

贺贤汉在二胡演奏方面颇有天赋，中学时还加入了学校的文艺小分队。中学毕业后，由于家庭成分的原因，原本想进入部队文工团的贺贤汉愿望落空，此时的他面临两个选择：一是进工厂，二是去农村。

作为家中次子，贺贤汉把进工厂的机会让给了家中最小的妹妹，自己则带着一把二胡去了上海南汇县的东海农场。贺贤汉被分配到农场4连，幸运的是，4连也有一个文工团，驻扎在果园。文工团平日都以排练演出为主，一个月只需要下地干一次农活。

在4连文工团工作期间，贺贤汉由于技艺超群，获得了到上海音乐学院进修学习的机会。贺贤汉经过重重波折踏进了校园，那充斥求知气息的课堂，让他对高校的生活心生向往。此时，他生命中向往攀登的另一山峰已然耸立。

1977年9月，教育部在北京召开全国高等学校招生工作会议，决定恢复已经停止了10年的全国高等院校招生考试，以统一考试、择优录取的方式选拔人才上大学。1982年，贺贤汉首先报考了心仪已久的上海音乐学院，但事与愿违，由于他的音乐基础知识未经专业训练，报考的二胡和作曲指挥统考都以失败告终。这时的贺贤汉已经24岁，不得不听从父亲的建议放弃报考音乐学院，着手准备常规大学的招生考试，而此时距离下一次高考只剩下6个月的时间。

逆境催人奋进

在短短的半年时间里，贺贤汉不仅需要消化掉有 16 本书的"数理化自学丛书"，还需要拿下地理、历史等从未接触过的学科。好在贺贤汉的父亲曾在鞍山中学担任过多年的语文高级教师，在父亲悉心指导下，贺贤汉得以进入鞍山中学高三文科尖子班学习备考。为了能"攀登"上高考这座"山峰"，贺贤汉每天只睡 3 个小时。经过半年废寝忘食的勤奋学习，他竟获得了 1982 年南汇县惠南镇高考的第一名，并以 400 多分的总成绩顺利进入了上海财经大学的财政金融系。

命运的垂青为贺贤汉的人生开了一扇新门，也为今后的起伏埋下了伏笔。

1986 年，本科毕业后的贺贤汉由于成绩优秀被学校留校当老师，当时大学老师时间相对自由，他经常抽空去校外代课增补经济收入。日复一日的教师生活并没有让贺贤汉的精神世界得到满足，他开始精心筹划"攀登"人生的下一座"山峰"。

日本硕士当厨师

20 世纪 80 年代末，中国掀起了一股赴美的留学潮，贺贤汉得风气之先，也想进一步放眼看世界。虽然美国是第一首选，但由于国际形势等因素，贺贤汉只能作罢，不过他从未放弃出国深造的执念。

机会总是留给有准备的人。

1989 年，贺贤汉从大学同学处获悉，日本高校语言班正在上海黄浦区的复兴公园招生宣讲，语言班学习结束后就可以在日本的大学读研。贺贤汉抱着试一试的心态去填写了一份申请书，结果两周后收到了申请书审批通过的回函。

2 万日元（当时约合 600 元人民币）的签证申请费用几乎用尽了他的积蓄。

一个多月以后，不懂日语的贺贤汉竟然拿到了赴日学习的签证。于是他将父母留给他结婚用的全部 20 万日元（约合 6000 元人民币）用来缴纳了入学费用。

当飞机在东京成田机场落地的一刹那，贺贤汉实现了出国留学深造梦想的激动心情难以自抑，他认为一切付出都是值得的。紧接着，现实的语言不通和基本

贺贤汉　　从音乐人、教授、厨师长到董事长，游刃有余地实现跨界

的温饱问题就成了他生活的"拦路虎"。由于人生地不熟，贺贤汉起先在姐夫的旅居日本的同学家里借住了半个月，但他认为这并非长久之计，毅然搬出其家开始了艰苦的勤工俭学生活。

一边要苦过语言关，另一边还要解决温饱问题。为了生计，贺贤汉放下大学老师的身份，到一家可做中国菜和日法料理的大饭店做最初级的洗碗工。

洗碗工的工作繁重而又单调，而且每天都要工作到午夜。贺贤汉尽管当时日语基础还很差，但还是抓住一切机会，勇敢主动地与餐厅其他员工用日语磕磕绊绊地交流。功夫不负有心人，就是在这种充满各种"泡沫"的环境下，很快他便可以日语进行日常沟通交流了。

他在学会日语之后的第一件事，就是向餐厅的厨师们提出掌勺学做菜的请求，以便提高薪酬，支付下一学年高昂的学费。当饭店的大厨们了解到贺贤汉勤工俭学的艰辛处境时，都十分钦佩，纷纷愿意将烹调手艺授予他。

经过3个月的刻苦磨炼，贺贤汉不仅学会了日语，还掌握了日本各帮料理厨艺，薪酬水平也水涨船高。之后不久，好运再一次眷顾了贺贤汉。

当时餐厅的一位料理长被安排调去总部，临走前让贺贤汉顶替其料理长的位置。贺贤汉一开始还以为他在开玩笑，于是回答："既然你这么看得起我，要不然帮我把时薪变为月薪，一个月给我25万日元（约合8300元人民币）。"

令贺贤汉万万没想到的是，料理长十分果断地答应了他的条件，但也提出全年无休、周末工作15个小时以上的要求。为了解决温饱问题和学费，贺贤汉接过了这位料理长的大勺。

就这样边学习，边在饭店掌勺，忙碌了半年的贺贤汉迎来了命运的"展颜"。他不仅存了一笔钱，还顺利考上了早稻田大学的大学院（研究生）税收学专业。两年后，研究生毕业的贺贤汉还想攻读博士学位，但导师建议他继续沉淀两年，并介绍他前往日本大学的大学院学习财政学。此时的他学业更加繁重，再加上已经申请到了奖学金，便辞去了餐厅的工作。

这一段经历锤炼了贺贤汉的意志和毅力，成为他后续职业生涯诸多高光时刻的前奏。

1992年，贺贤汉在日本大学写硕士毕业论文期间，仍然怀揣着读博的想法。但考虑到攻读经济学博士的难度系数远高于其他专业，可能40多岁才能最终拿到博士学位，贺贤汉毅然放弃继续读博深造的想法，开始规划他的创业人生。

行不更名归故里

贺贤汉最初将"山峰"定为留在日本工作就业，但这要先解决国籍问题。如果决定移民日本，他则面临着改姓的问题，也就是把"贺"改为"山本"或"中川"等，这让贺贤汉难以接受。这也是后来贺贤汉在日本生活工作数十年，却始终没有加入日本国籍的原因之一。

在贺贤汉抉择期间，中国正处于邓小平"南方谈话"的改革开放提速时期，祖国大地上正孕育着新的发展机遇，于是他开始观望中国合适的工作岗位。恰在此时，日本磁性技术控股有限公司（Ferrotec Holdings，下称 Ferrotec）也正在寻觅一位留日中国青年，希望能去中国协助管理中国分公司。经过严格面试，贺贤汉以智商学识和雄心大志获得了这个机会。

值得一提的是，当时作为高端人才的贺贤汉除了 Ferrotec，还有另外两个待遇更高、公司平台更大、岗位又同样都是副总经理级别的工作机会。反观当年体量还很小的 Ferrotec，每年的销售额才刚刚破亿，且只有磁流体、计算机密封圈和磁流体真空系统三款产品，而且贺贤汉还记得第一次到 Ferrotec 的中国子公司杭州大和时，眼前荒凉的农田和在印刷厂租借的 500 平方米简陋办公场地一度令他心灰意冷。但 Ferrotec 提供了更大的施展空间及建立工厂的所需资源，借此贺贤汉可以从无到有建立自己的团队和企业文化。在深思熟虑之后，他毫不犹豫地选择了 Ferrotec。Ferrotec 社长山村章也非常信任贺贤汉："中国区就交给你了，你想怎么做就怎么做，只要向我汇报就行。"

万事开头难。尽管贺贤汉有极大的发挥空间，但他加入杭州大和时，这家公司当时只有 9 个人。他不但负责公司整体规划，还兼任采购、报关、人事、管理、生产制造等多项具体职责。就在这种"身兼数职、亲力亲为"的条件下，贺贤汉日思夜想，最终在杭州简陋的办公室制定了 8 个字的企业文化：勤勉励志，开拓创新。

在贺贤汉的领导下，杭州公司的第一款产品决定做热电半导体制冷器，但受限于公司环境，该产品的研发几乎全部在美国进行。产品在杭州生产后，又在美国完成测试。测试结果显示，该产品与日本总社生产的质量相差无几。首战告捷的贺贤汉决定导入第二款产品，生产 Ferrotec 全球专利、用于计算机硬盘的磁性流体密封圈系列产品。要知道，当时 Ferrotec 在该领域拥有 90% 以上的市场占

贺贤汉　从音乐人、教授、厨师长到董事长，游刃有余地实现跨界

有率。

在贺贤汉不懈的坚持和努力下，1993 年，Ferrotec 同意杭州大和导入密封圈产品生产。获得总社管理层认可的贺贤汉也在这一年坐上了总经理的位置。次年，Ferrotec 进一步追加中国区的业务布局，并在杭州沈半路新建了 3200 平方米的生产基地，杭州大和员工人数增加到了 150 人，销售额也提升至 4381 万元人民币，成为当时杭州高新技术产业开发区的明星企业。

贺贤汉并没有在功劳簿上止步。天性习惯否定自我、善于挑战自我的贺贤汉在杭州大和以热电半导体制冷器为主要产品的日子里，逐渐察觉美国原材料价格高昂对产品竞争力带来了负面影响，于是他心里萌生了自主研发制冷器原材料的念头。贺贤汉找到了国内某研究所的一位专家，在这位专家带队进行了半年的技术攻关后，他们实现了制冷器的原材料自主量产，这也让 Ferrotec 在半导体材料领域赚到了第一桶金。

1995 年，为了进一步满足热电半导体制冷材料的需要，Ferrotec 又在上海投资成立了上海申和。

上海申和拥有 28 000 多平方米的工厂，在这个更大的平台上，原本的材料生产业务已不能满足贺贤汉作为一个"工作狂"的雄心。他再度拓展边界，在上海申和又引进了木工机械设备和精密数控机床研发制造，并成立了数控加工中心。以此为基础，Ferrotec 于 2005 年将精加工设备独立出来，成立了上海汉虹精密机械有限公司，主要生产太阳能发电领域的相关装备。

正所谓宰相必起于州部，猛将必发于卒伍。从小到大，从无到有，10 余年的不断的"产业升级"历程不仅全面提升了贺贤汉的战略规划能力和执行力，更激励贺贤汉让更多的"不可能"成为"可能"。

2006 年时，贺贤汉发现中国半导体领域的材料和设备几乎还是一片空白，如果此时切入，不仅意味着能为半导体产业的自主可控贡献一份力量，还将让公司在没有本土竞争对手的情况下迅速获得成长。

这个广阔无限的"山峰"，更激励贺贤汉摩拳擦掌、跃跃欲试去攀登。

使命召唤建"王国"

不同于陶瓷材料和石英材料业务，Ferrotec 的半导体硅片业务实际上早在

2002 年就奠定了基础。当时，贺贤汉在上海申和从东芝陶瓷（现环球晶圆日本）引进了 6 英寸半导体晶圆生产线，在引进技术与管理的过程中培养了从工艺技术、品质管理到制造现场等一大批全面发展的专业人才，这些人后来成了 Ferrotec 晶圆事业的生力军。

2007 年，贺贤汉在 Ferrotec 集团里扮演的角色发生了重要转变，正式出任集团 COO 一职，这意味着他对公司未来的战略布局拥有了更多的话语权。次年，Ferrotec 集团社长山村章由于身体原因退出了公司的经营管理，并指派贺贤汉负责集团的大小事务。接过大权的贺贤汉在仔细权衡之后，做出了大胆的决定——加速集团在半导体材料和设备领域的布局，并力主自主研发重掺半导体晶圆。

厘清大势，才能走得长远。彼时，国内半导体业受益于全球半导体产业处于高景气周期和政府进一步加大对半导体产业的政策和资金支持，中国半导体产业持续处于快速增长态势，进入自生式发展和并购扩张并举的阶段。

然而在 2012 年，贺贤汉遇到了事业上最大的危机，这也让集团的半导体业务的发展突然降速。

当时太阳能产业陷入低谷，而该领域的装备和硅片等耗材又是 Ferrotec 主要业务之一。这一年，Ferrotec 出现了 10 亿多元人民币的亏损，一度面临倒闭的风险。在此危急时刻，贺贤汉毅然决断自掏腰包进行企业转制，并最终扭转局势，帮助集团顺利渡过难关。

浴火重生之后，贺贤汉意识到，集团必须在半导体产业这一极具潜力的领域站稳脚跟。于是，在他的领导下，Ferrotec 于 2015 年注资 4 亿元成立了宁夏中欣晶圆半导体科技有限公司，开启半导体晶锭、切片的生产。2016 年，上海申和投资建设月产 10 万片的两条 8 英寸硅片生产线，并于 2017 年下半年实现量产。

2017 年，中欣晶圆正式成立，主要负责高品质半导体晶圆片的研发与生产制造。通过与合作方的密切合作，中欣晶圆已经形成了以银川长晶、上海 8 英寸重掺、特殊用途和功率半导体用晶圆，以及杭州工厂轻掺逻辑、电源管理、传感器等用晶圆为主的产业格局，产品品质也已迅速跻身国内前列。

2020 年 11 月，中欣晶圆完成了混改和扩产增资轮投资，项目交易金额近 40 亿元人民币。次月，中欣晶圆 12 英寸第一枚外延片正式下线。自此，中欣晶圆成为国内首家真正意义上能独立完成从 12 英寸单晶、抛光到外延研发、生产的企业。预计中欣晶圆 2021 年的年产能将达到 12 英寸 240 万片、8 英寸 540 万片

贺贤汉　从音乐人、教授、厨师长到董事长，游刃有余地实现跨界

和 6 英寸 480 万片。

在谈及贺贤汉和中欣晶圆时，一位投资人毫不掩饰地说："我自认为在半导体领域十分资深，但如此优秀的项目和领军人我竟然从未有过耳闻，这种低调的实干作风令人尊敬。"

值得一提的是，贺贤汉在中国领导的 28 家企业中，仅有中欣晶圆处于亏损状态，其他已创收的企业利润都高达 20%～30%。即便如此，中欣晶圆仍然是贺贤汉最在意的项目，因为它不但将为中国半导体产业提供巨大的硅片供应保障，还存有一颗发展中国半导体产业的爱国之心。贺贤汉表示："我在制造业经营 28 年，并在全球范围内领导着 43 家公司，以我的经验判断，中欣晶圆完全可以在两年内成功盈利。"

以潜力巨大的中欣晶圆项目为中心，贺贤汉在半导体领域这个"山峰"，毫无疑问已经建立起了一个"隐形王国"。目前，贺贤汉领导的公司中有 6 个材料项目的市占率全国第一，有 5 个在全世界排名前三；在半导体制冷相关的产品方面也拥有全球最高的 40% 的市场占有率；另外，Ferrotec 还为晶圆厂提供零部件清洗翻新的服务，这项业务在中国的市场份额也达到了 60%。

"这些产品中很多我们都是从零开始做起的，当我们沉下心、脚踏实地去做事情时，会有一种为中国半导体产业发展而奋斗的使命感。"贺贤汉的肺腑之言，足以体现出一名中国企业家的爱国情怀。

在过去长达 28 年中，身为这个半导体"隐形王国"的领军人物，贺贤汉根本没有休息日的概念。为了把控每一家公司的运行动态，贺贤汉总是每天穿梭于杭州、上海、银川、安徽铜陵、四川内江、浙江常山等主要生产基地之间。这就是他酷爱事业、追求梦想、严谨务实经营企业的工作状态，他也因此被员工称为"工作狂"。

每个月的事业报告例会上，各公司总经理的汇报内容都与贺贤汉平日亲身了解到的相差无几。基于对每家公司经营状况和业绩数据的了解，贺贤汉将这个"隐形王国"内的数十家公司管理得井井有条。

享受山头让水流

兵法云："胜，不妄喜；败，不遑馁；胸有激雷而面如平湖者，可拜上将军。"

贺贤汉这些年的经历足以印证：他的成功绝不偶然。

从 9 岁拉二胡开始，贺贤汉就养成了每天 5 点钟早起的习惯，从早起练琴，早起做家务，再到早进工厂，贺贤汉对待人生中的任何一座"山峰"都是始终如一的坚持。而每一座他曾登顶过的"山峰"，也给贺贤汉后来的人生道路带来了启示与增益。

以拉二胡为例，贺贤汉表示："在文工团演奏二胡的岁月让我意识到了灵感的重要性，为了作曲时能有灵感，可能需要背下 1000 首曲子。做企业也一样，要首先沉浸到工作中去，才可能获得一些突发的灵感。中欣晶圆的销售策略调整过好几次，都源于我日常工作中突发的一些灵感。"

在日本的数十年生活和工作也对贺贤汉影响颇深，包括他后来在团队建设中所提出的"大局意识、配角意识、服务意识、完美意识"，这四个意识帮助公司在国内业界迅速建立起了很高的客户信任度和满意度，从而为公司业绩带来了极大程度的隐性提升。

从业后，贺贤汉所面临的不同领域和各个公司如同一条蜿蜒的山脉，而如水一般的曲达让他能够很快适应不同时期的不同角色。在这些领域的奋斗和打拼中，贺贤汉还总结出了创业的三个基本条件。

"第一个条件是在对应的领域找到新的产品，第二个条件是找到产品后要能够快速进入市场，第三个条件就是要把钱赚到手。"贺贤汉还说，"不能把创业当成一件苦差事，要把它当成一种乐趣，去享受它。"

希罗多德在他写的《历史》一书中比较了古希腊立法者莱克格斯和具有实践精神的罗马人。莱克格斯构建了自己的政治制度，"从未经历过逆境的教训"。而几个世纪后的罗马人却有更多经验，这些经验"不是在任何逻辑推理过程中得来的，而是在与逆境和麻烦的斗争中总结出来的，因而他们总是能跟从经验做出最佳选择"。

上述贺贤汉的经验同样如此，是在与经历过的无数逆境和麻烦的斗争中总结出来的，也是在越过一座座山峰后的豁达与从容。

胡竹青

一手打造两家知名企业，功成身退再创业，只为追寻理想的人生状态

文/慕容素娟　刘俊霞

胡竹青（见图17），恒劲科技股份有限公司（以下简称"恒劲"）董事长，曾先后就职于TI（德州仪器）和台积电。1989年加入台积电，成为台积电最早的一批员工。1997年受邀参与创办IC载板厂全懋精密科技股份有限公司（以下简称"全懋"），到2008年该公司已成为全球最大的BGA基板厂。2009年欣兴电子并购全懋后，胡竹青出任IC载板部总经理。2011年，应邀出任臻鼎科技控股股份有限公司（以下简称"臻鼎"）董事兼总经理，两年后带领公司扭亏为盈并上市。2013年，创立恒劲，探索高毛利、小而美的创新型公司运营模式。

图17　胡竹青

年轻是心灵的一种状态，是头脑中的一个意念，是理性思维中的创造潜力，与岁月无关。这是塞缪尔·厄尔曼在他那篇风靡全球的短文《年轻》中所揭示的哲思。一代又一代卓越追求者用不凡的人生历程验证了此言之隽永。而胡竹青就是这样一位追梦路上永不止步的"年轻"人。

当胡竹青在全球最大的半导体企业之一——台积电，用8年时间成长为一个

多面手的时候，他不曾停留，毅然走上创业之路；当他初次参与创业，用 10 余年时间打造出一家在全球范围内举足轻重的 IC 载板企业的时候，他依然不曾留在原地，转而踏上寻根之旅；当胡竹青用两年时间帮助臻鼎科技打进全球前四并成功上市的时候，他再次如同传说中的剑客那样，事了拂衣去，开启了对工作与生活的全新探索；如今迈进耳顺之年的胡竹青，一如既往怀抱对创新的追求，不曾让岁月为灵魂刻上一丝痕迹。

17岁挑起家庭重担

1944 年，日寇由湖南长驱直入，经广西到达贵州边境，重庆震动。政府提出"一寸山河一寸血，十万青年十万军"的口号，号召知识青年从军，"青年军"于焉诞生。作为应召参军的一员，胡竹青的父亲不久后随部队退走我国台湾，并在那里认识了随自己父亲由湖北黄冈赴台的胡竹青母亲。

1961 年 2 月 26 日，胡竹青就降生在这个由大陆赴台青年组成的家庭中。对故乡的思恋根植于胡竹青父母心中，来自贵州省黎平县的胡父时常提起回大陆的愿望。这一点给年幼的胡竹青留下了深刻的印象，也为他日后的人生选择埋下伏笔。怀着客居的心态，他们甚至没有在台湾置产。

1977 年，不幸突然降临，家中的"顶梁柱"胡父病故。这个家庭瞬间陷入困境中，胡母带着胡竹青兄弟姐妹 6 人连属于自己的住所都没有。好在因胡父曾参加"青年军"，家中还保有一份"战士授田证"。经胡父老战友提醒，胡竹青一家用"战士授田证"换得一套公寓。自此，这个家庭才结束了居无定所的状态，真正定居台湾。回大陆的愿望暂时搁置。

虽然解决了住所问题，但因为失去了唯一的经济支柱，整个家庭还是不可避免地陷入穷困。作为家中长子，刚刚 17 岁、还在读高中的胡竹青不得不承担起家庭的重担。此前，胡竹青的理想是考取医学院，成为一名救死扶伤的医生。然而医学院学费昂贵、医生培养期长，理想和现实在年轻的胡竹青心中第一次产生分歧。他回忆说："那时我心里想的就是今后要进企业，开公司，或要赚钱。"在急于改善家庭状况的心态的驱使下，他放弃理想选择了责任，改读工科，报考了学费较低的大同工学院。图 18 是胡竹青与母亲、弟妹们的合影。

胡竹青　一手打造两家知名企业，功成身退再创业，只为追寻理想的人生状态

图18　胡竹青与母亲、弟妹们一起合影（左三为胡竹青）

大学四年无一次缺勤

当时大学生中最为流行的两条路：一条是毕业后到美国继续深造读博，成长为杨振宁、李政道般的人物；另一条是大学毕业后直接创业。因家庭的现实状况和长子的责任感，这两条路从一开始就不在胡竹青的考虑范围内。留给他的只有读完大学马上找工作这一条路。

"失之东隅，收之桑榆"，胡竹青格外珍惜大学时光，他在大同工学院中吸收到了足够的养分。一般大学生常见的迟到、早退、翘课在他身上一次也没发生过，大学毕业的时候，得到了大同工学院颁发的全勤奖状。

大同工学院由我国台湾著名企业家、大同公司前任董事长林挺生于1956年创设，致力于培养全面发展的工程师。因此，这所学校的培养方式相当实用且全面。比如，作为一名机械系学生，除了技术操作方法、流程等工学院常规课程外，胡竹青还有机会学习财务会计知识。胡竹青对此颇为感激："比一般人更了解财务报表、绩效指标，对我进德州仪器和台积电、日后创业，帮助是很大的。"

在学校课程体系中，还有一门让胡竹青印象深刻的课程是对亚当·斯密《国富论》的精读。对于这本诞生于英国工业革命背景下的跨时代作品，大同工学院创始人林挺生非常看重，他认为要实现工业促发展首先要认识工业革命。所以作为校长的林挺生亲自教授这门课。在这门课上，胡竹青学到了两个对日后创业极为关键的知识——一是分工才有效率，二是将有限的教育资源投放到基层是最有效率的做法。

初学止于记忆的两个理论，随着胡竹青阅历增长，凝固成他深有体会的职业信条。表现在行动上就是，胡竹青非常重视对基层员工、作业人员的要求、培训，他坚信作为直接产出产品的人，基层员工的技能水平决定了企业的水平。他解释说："工程师再厉害，下面的操作人员做不好，还是不好的。钱要用在刀刃上，训练实际上也要用在刀刃上。"

如果说大同工学院的学习让他获得了必要的知识和自律的习惯，那么近两年时间的军营生活便使他在意志和体魄方面获得了良好锻炼。服兵役时的艰苦训练打下的身体底子让他在日后繁忙的工作中游刃有余，形成的责任感和意志力更是他日后带领团队攻坚的根本，使他能够在最困难的时候始终站立着。

台积电第790号员工

卢梭曾说："青年期是学习智慧的时期，中年期是付诸实践的时期。"对于胡竹青来说，在学习智慧的青年期，大学的培养和军营的锻炼为他的人生打下了坚实的基础，而在付诸实践的中年期，TI等大型企业各岗位的充分历练则成为他启航的风帆。

退伍之后，胡竹青按照原有规划准备进入大同公司工作，通过考试被分配到大同三峡CRV厂。然而由于离家太远，无法就近照顾母亲，他不得不放弃了这份工作。当时，外企不论福利、制度、薪水都比本土公司好，待遇大约是一般本土企业的两倍，是许多年轻人的第一选择。正巧TI在招人，胡竹青就前往应聘。

这里有一个有趣的小插曲。胡竹青应聘TI的时候，笔试现场有二三十名应聘者，不乏台湾大学等台湾一流大学的毕业生。他之所以能够脱颖而出，正是大学期间储备的知识立了功劳。笔试考题恰巧是要求即席翻译一段英文版《国富论》，对于大学期间一节课不落的胡竹青来说简直是量身定制的题目，自然轻松

胡竹青　一手打造两家知名企业，功成身退再创业，只为追寻理想的人生状态

过关。对于这段经历，胡竹青至今仍觉得不可思议："我就这样误打误撞投入了半导体行业。"

彼时，我国台湾半导体只有较为低端的封装，没有制造，TI 在台湾的企业也不例外。外商在台湾开设工厂，看中的是当地相对廉价的劳动力，真正高端核心的技术依然留在本土。胡竹青慢慢地不再满足于这种现状："我觉得在外企工作就好像是给人家打工，只有薪水比本土公司多一点，不知为何而努力。"

于是，1989 年，胡竹青离开 TI 进入台积电。成立于 1987 年的台积电开创晶圆代工模式之先河。这种新兴的模式对于一向喜欢创新事物的胡竹青来说，有着不可抗拒的吸引力。

"我的工号是 890790，890 代表我是 1989 年进去的，790 就是第 790 个员工。"作为如今员工数已近 5 万的台积电最早的 800 名员工之一，胡竹青得以先后进入制造、业务、厂务、品保等多个部门历练。这些历练对他日后创业乃至成功至关重要。

胡竹青在台积电一干就是 8 年，8 年时间成长了 80 倍的台积电也给了他难得的历练机会，在那里胡竹青赚到了人生中第一个九位数（台币），更完成了创业前所有必要的积累。

回望那段岁月，胡竹青总结说："如果你 30 岁之前想成为经理，那么要非常重视现在的工作，一点儿闪失都不要有。但是如果你把目标放得更远大，40 岁之前要干到总经理，你就必须有更高的视角，不同的部门都要去历练一下。不同的岗位所要求的做事态度和做事方法是完全不同的。"

1997 年，台积电有意将业务范围拓展至封装、基板等环节，由胡竹青负责项目前期评估。不过，在评估报告完成后，台积电最终决定聚焦晶圆生产，放弃了扩展业务的计划。

胡竹青的直属主管黄文远以此为契机打算自行创业，新公司以生产 IC 载板为主，力邀他加入。胡竹青由此开始了自己的首次创业。这家公司就是后来一度在全球 IC 载板市场声名赫赫的全懋。

首个创业项目成为台湾载板双雄之一

20 世纪末，一种以 BGA、CSP 为代表的新型 IC 封装形式问世，随之也产

生了一种半导体芯片封装的必要新载体，这就是 IC 载板。IC 载板发展初期，日本抢先占领了全球绝大多数市场。在我国台湾，这还是一个刚刚起步的新兴行业。作为一名"新手玩家"，全懋需要在这日企垄断的市场打开一片天地。而胡竹青的任务就是带领团队做出产品、实现量产、得到市场认同。

从建设工厂到凝聚团队，从仿制日本产品到完成产品认证，从第一款产品诞生到实现量产，每一步都是从无到有的探索。

起初连基础的员工招募都是一个挑战。全懋位于有台湾硅谷之称的新竹科技园区附近，当地应聘者第一志愿都是台积电、联发科技股份有限公司（以下简称"联发科"）等大厂，全懋这种创业公司对工人的吸引力有限。针对这种困境，胡竹青提出："我们应该帮助想成功的人成功，而不是帮助已经成功的人更成功。"正好当地一所启聪学校（以视听等障碍人士为教育对象的学校）的学生前来找工作，他当即拍板大量招收启聪学校的学生到全懋工作。同时，胡竹青带领的全懋还为融入当地较为困难的越南等国来的外籍新娘提供工作机会。全懋在扶助这些求职市场上的弱势群体、承担企业社会责任的同时，还摆脱了招聘难的困境。这些员工格外珍惜来之不易的工作，成为公司一股安定的力量。为了跟这些员工沟通，全懋的其他员工自发学习手语，并成立了手语社团。渐渐地学习手语成为公司的传统。这门语言意外地打破了公司各类员工之间沟通的藩篱。

更多的挑战来自产品认证。最初两年，产品认证失败是家常便饭。得益于台积电时期的人脉积累，胡竹青总是能够从客户处了解到认证失败的原因所在，进而检讨流程和制程，备战下一次认证。在此过程中，更重要的是团队建设，认证失败了，成员之间难免自信心受挫，乃至互相抱怨。此时，胡竹青就需要建立员工的自信心和彼此间的信任感。这也是此次创业中他学到的最重要的经验。

失败是成功之母，善于总结失败原因的人终将走向成功。经过最初跌跌撞撞的探索，全懋终于走上了正轨。进入新千年，我国台湾 IC 载板业兴起，与日本、韩国形成三足鼎立之势，作为台湾地区最早进入这个行业的企业之一，全懋更是成为时代弄潮儿。到 2005 年，全懋已经与华硕旗下的基板企业景硕并称台湾载板双雄。胡竹青的事业也由此达到了第一个高峰，成为这家全球知名 IC 载板厂的总经理。

2009 年，出于资源优化考虑，全懋并入台湾地区 PCB（印制电路版）大厂欣兴电子，成为全球第二大 PCB 制造商集团。胡竹青出任合并后的集团 IC 载板事业部总经理。一年多后，度过知天命之年的胡竹青退休。

胡竹青　一手打造两家知名企业，功成身退再创业，只为追寻理想的人生状态

空降新公司两年内扭亏为盈并挂牌上市

事业短暂告一段落的他终于有时间弥补父辈留下的遗憾了——回到大陆看看，做些贡献。恰巧臻鼎董事长沈庆芳邀请他加盟，担任董事兼总经理，胡竹青便顺势应邀踏上了渡海寻梦之旅。

臻鼎前身为鸿胜科技，由鸿海精密 2006 年投资设立，是鸿海精密对 PCB 的布局，属于鸿海"七舰队"之一。雄厚的背景让这家公司在 2011 年 7 月正式变更为臻鼎的时候，已经有较好的基础——近 3 万名员工、足够上市的营业额，只是一直处于亏损状态。而胡竹青要做的就是将企业扭亏为盈，带领臻鼎挂牌上市。

相比初次创业筚路蓝缕的奋斗，这一次胡竹青可谓驾轻就熟。仅仅两年之后，这家公司就在胡竹青带领下从 PCB 行业全球排行十名开外，打进全球第四名。用他自己的话说，在臻鼎他只做了一件事，那就是"提高效率"。

与许多工厂一样，加班费是臻鼎公司工人收入的重要来源，不少工人甚至主要靠加班赚钱，一周加班 60～80 小时，部分工人甚至达到 100 小时加班时长。胡竹青到任后很快发现这种现象。他认为，应该用工作奖金来鼓励员工，而不是加班费。加班费制度导致每个人都在加班，却没有效率。通过加班费变工作奖金的改革，公司的工作氛围为之一变，生产效率和产品品质因此都得到大幅提升。

推动自动化机械设备取代人工，是胡竹青另一大提高效率的举措。尽管那时候充足的廉价劳动力仍然是国内工厂主要优势之一，但胡竹青早早意识到人力资源终究不是无穷无尽的，人工成本升高是必然趋势。因此，他主张在可替代人工的范围内，尽可能采用自动化设备。

这两大措施短时间内便令公司脱胎换骨，胡竹青也兑现了履职前对沈庆芳做出的帮助公司上市的承诺，迎来了事业的第二次高峰。2013 年，臻鼎成功登陆资本市场，股价较两年前翻了 5 倍有余。而胡竹青本人，则出人意料地如同李白笔下的侠客那样"事了拂衣去，深藏身与名"，第二次在事业发展的高峰选择离开。

54 岁再创业只为追寻理想的人生状态

这一次，早已实现财务自由的胡竹青选择跟随"追求创新"的心声，探索工

作、生活、梦想三者统一的理想创业之路，而多年打拼也让他攒足了自由追梦的"资本"。其中最大的"资本"莫过于人才。带领团队在半导体行业纵横半生，胡竹青有自己独特的用人哲学。"对我来说，首先是付出我的信任，让员工能够感受得到，再请员工付出他的才华。这样之后，有一些人不一定能这样回馈你，可能造成一些损失或失败。不过我觉得就目前来看，起码七八成的人，可能刚开始不适应，久而久之就适应了。留下来的员工就会有非常强的'向心力'。"

因此，2013年年底，胡竹青一声令下，便有40名跟随他打拼20多年的员工集资认股参与创业（见图19）。更有一批长期合作的厂商及客户加入，恒劲顺理成章诞生，他本人担任董事长。那一年他54岁，在大多数同龄人选择偃旗息鼓准备退休的时候，他兴致勃勃地开始了一段全新的征程——追寻理想的生活形态和工作方式。

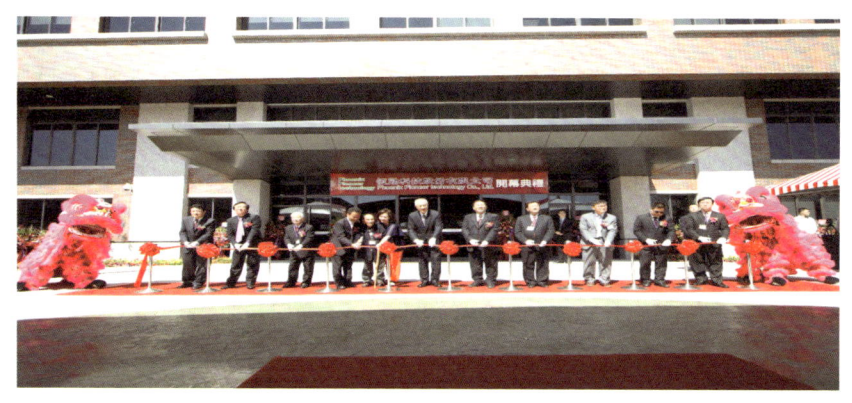

图19 恒劲开幕典礼（右五为胡竹青）

54岁创业，于他而言正当其时："我有3个榜样，第一个是54岁成立台塑集团的王永庆先生；第二个是54岁成立台积电的张忠谋先生；第三个是曾任美国福特公司总裁的艾柯卡，他临危受命出任克莱斯勒总经理的时候也是54岁。"

在胡竹青心中，理想的生活形态是工作与生活的和谐。所以，他非常鼓励员工带孩子来上班。每年年终，恒劲还会邀请员工家人、亲属到公司共同欢庆。他说："员工的家人就是我们的后备军人。员工在公司上班，只有后备军人支持他，他才能打胜仗。"

胡竹青的理想工作方式是以创新得到附加价值。同质化竞争本质上是成本竞争，只有创新才能得到附加价值。传统IC载板主要以BT树脂和ABF树脂为材料。

胡竹青　一手打造两家知名企业，功成身退再创业，只为追寻理想的人生状态

据统计直到 2018 年，全球仍有 70% 以上 IC 载板采用 BT 材料。而 ABF 材料则是 Intel 主导的材料，在 CPU、GPU 等大型高端晶片中有广泛应用。恒劲则采用新型的 C^2iM 材料。通过这一材料创新，恒劲维持了 30%～60% 的高毛利。

不同于此前在全懋、臻鼎的角色，在这家由他担任召集人而创立的公司中，他的视角更为宏观。不再局限于自己公司的内部事务，而更关注外界环境变化与公司整体筹划。"作为公司董事长，如果只看一年两年时间，那么这个公司是很危险的。"此言既是他的切身体悟，也是对同行者的建言。

如今胡竹青已年过花甲，依然精神矍铄地行走在追梦的道路上。当被问及保持良好精神状态的"秘诀"时，他归结为三点：第一是信仰，坚信自己做的事是正确的；第二是感恩，心怀感激之情与员工、股东、客户、厂商保持互动；第三是运动，胡竹青每天早上都会做 30 分钟健康操，每周游泳 1～2 次，有空的时候还会做瑜伽。

塞缪尔·厄尔曼说，只要勇于有梦、敢于追梦、勇于圆梦，我们就永远年轻。从这个意义上说，胡竹青始终活在风华正茂的年岁。生命不息、奋斗不止在他那里不是一句励志格言，而是一种积极生活的状态，从大学到军营，从台积电到全懋乃至恒劲，从大型企业管理者到创业公司创始人，莫不如是。

王晖

深耕产业三十年，成就"学霸级工匠"

文/刘俊霞

王晖（见图20），盛美半导体设备（上海）股份有限公司（以下简称"盛美"）董事长。1978年考入清华精密仪器系，1984年赴日本大阪大学主攻半导体设备及工艺的工学硕士及博士。毕业后先入美国辛辛那提大学电机系纳米实验室从事博士后研究，后在美国硅谷从事半导体设备及工艺研发工作。1998年，在硅谷创办ACM Research，发明多阳极局部电镀铜、无应力铜抛光技术及工艺。2006年，带队归国二次创业。带领团队先后开发SAPS、TEBO、Tahoe等全球领先的半导体清洗设备，已凭借技术优势进入SK海力士（以下简称"海力士"）、长江存储、华虹、中芯国际等国内外半导体制造商的生产线。2017年，盛美在美国纳斯达克成功上市，现正推动公司在科创板上市。

图20 王晖

台积电诞生至今历经33个春秋，高通专注无线通信研发已有35年，至少经过三代人的精耕细作才有了今天的三星，英特尔的历史更是长达52年……历史的长度并不一定代表一家企业的高度，但毋庸置疑的是，半导体产业是一个绝对的"慢"行业。不同于求快求变的互联网行业，半导体产业需要漫长的技术积累、

王晖　深耕产业三十年，成就"学霸级工匠"

工艺积累，更需要几十年如一日深耕产业的"大国工匠"。而王晖无疑就是这样一名"学霸级工匠"。从1978年考入清华至今，王晖大半辈子都在做一件事：跟半导体设备打交道。

清华园传承

1977年，平地一声惊雷，中断了十年的高考制度恢复，上山下乡、靠单位推荐上大学成为历史。那一年，王晖正读高一。"很突然，很振奋，人生的拐点在那一刻开始了。"他这样形容高考制度的恢复。

他无疑是幸运的，毕竟若非政策来得及时，他可能已经到农村、工厂了，再没时间用来复习。那时候高中只有两年，高二就会迎来高考。这意味着刚刚得知恢复高考的消息第二年，王晖和同学们就要走进高考的考场。

时间很紧张，据他回忆，当时学校把最好的老师集中起来，组织重点班进行突击学习。经过一年多的努力，王晖以贵阳四中第一的成绩考入清华精密仪器系。当时他所在的贵阳市只有3名考生考入清华，整个贵州省那年考入清华的学生也不过15名。

说起被清华精密仪器系录取，中间还有一段小插曲。事实上最初王晖并没有报考清华，他第一志愿填报的是当时炙手可热的北大物理系，第二志愿则报了浙大。虽然成绩优异，但由于患有轻微色弱，不利于日后学习查看光谱，所以王晖被认为并不适合学习物理。于是，北大招生老师考虑他数理化的高分将他推荐给了招待所同屋的清华招生老师。恰好当年清华招生专业中精密仪器系对色弱没有限制。

于是，清华招生老师亲自到王晖家走访沟通，才让他最终进入清华精密仪器系。提起这段往事，王晖笑着说："好像一到关键时刻，就有贵人相助。"

当时清华本科实行五年制，先用两年多时间学习数学、物理、化学等基础学科，第三年开始学习专业课，第五年进行毕业设计。这种严谨、踏实的培养方式为王晖日后在工科领域的深入发展打下了坚实的理论基础。他举例说："当时我们学微积分，要选苏联最厉害的吉米诺维奇的习题来做，要做上千道微积分练习题。微积分在工作中很少被用到，但那种思维训练根植下来的思维方式受用无穷。"

回忆起在清华的学习，王晖充满感激："清华当时有一批学风严谨、脚踏实地的老师，他们是中华人民共和国成立后的第一代大学老师，得到了老一辈大师的栽培与熏陶，对我们的教育非常到位，非常认真。那时候晚上 6 点开始答疑，老师们常常答疑到晚上 11～12 点才休息。"

除了在理论层面筑牢根基之外，清华也不乏对动手能力的培养。王晖介绍说："当时做精密仪器，还让学生亲自操作车、铣、磨床等工序。我的机床加工手艺还是很不错的，在实验加工车间做的机械零件'艺术品'还拿过头奖。"

初识半导体设备

1984 年，王晖凭借优异的成绩获得了清华代招的教育部公派留学日本的指标，当时一共有 4 个名额。就是在那里他机缘巧合之下第一次接触到了半导体设备及工艺。

最初王晖与另一名来自清华精密仪器系的留学同学报名的是日本东京大学精密工学科工业机器人专业。不过，他们原定跟随的教授即将退休。于是，这名教授将王晖推荐到了同为七个帝国大学之一、且以精密工学研究见长的大阪大学。这次意外转学也带给王晖一次重新选择研究方向的机会。

由于非报考入学，大阪大学并不了解王晖个人的志愿。为此，大阪大学安排了 7 名导师对他们进行针对性的面试交流及双向选择。通过交流，王晖发现，自己原先想学习研究的工业机器人方向，理论已经成熟，在学校研究意义不大。这时，一位名叫森勇的教授的研究方向引起了王晖的注意。森勇教授所从事的方向是半导体精密加工和半导体设备。

20 世纪 80 年代，正是日本半导体生产与研发的鼎盛时期。日本学术界也掀起了半导体设备热，不少大学教授从精密加工转而研究半导体设备。彼时中国尚无半导体设备专业，半导体设备对于王晖来说是个完全陌生的名词。但在森勇教授的指导下，王晖开始了对半导体设备的研究，并用 5 年时间成功取得了工学硕士和博士学位。硕士研究生时期，他做了化学机械抛光（CMP）的研究，博士研究生期间他主要研究离子注入及表面的改质。

如果说清华 5 年的培养让王晖夯实了理论基础，那么大阪大学的 5 年学习则是对他动手能力的极大锻炼。王晖说："我在日本攻读设备学博士的时候，基

王晖 深耕产业三十年，成就"学霸级工匠"

本上上课时间可能只有 10%，80%～90% 的时间都在做研究，而研究中起码有 70% 的内容是'干活'——设计、装配机器、做实验等。"

前人得出的实验结果、推导定理当然是正确的，但"纸上得来终觉浅，绝知此事要躬行"，如果不自己亲自做，那么实验过程中遇到的误差等各类情况就不会被意识到。

谈到在大阪大学的学习，王晖不无感慨："如果没有当时的训练，不可能有现在的盛美。"在他看来，从小学到大学的学习是一个理论联系实际的过程，而大阪大学的培养则是从实践回归理论的溯源，极大地深化了自己对事物本质的理解。这一点对他后来创业以及公司运营过程中研究选题的确定和问题的及时解决非常重要。

对于一家科技密集型创业公司来说，能否找准战略路线、把握好研发方案、考虑好可行性、开发过程中快速发现问题及解决问题关乎企业的生存和发展。"当年在日本的这段学习对后来盛美的发展有决定性的影响。"王晖说。

那一代人做实验的功底扎实程度几乎是今天绝大多数学子无法想象的。王晖介绍说，当时实验经费有限，他做离子研究实验时，连电源都是自己做的。他还举了这样一个例子："用计算机计算离子的轨道，很多国家的大学都是购买成熟软件，输入初始及边界条件直接用，但当时日本学校为了节省经费就自己开发软件。采用电磁场公式推导离子在电磁场里的轨道方程式并自己用 FORTRAN 语言编写软件，再到大阪大学计算中心对离子轨道进行精确模拟，最后才开始设计离子注入机。"基本上，从电源到软件，再到画机械图，做离子枪、离子镜头，全都是自己动手。5 年的时间是熬人的过程，也是难得的积累经验的历练，令他获益匪浅。

到行业最先进的地方从事研究

在日本完成博士学业之后，王晖决定到半导体设备产业历史最悠久也更有发展潜力的美国去进一步发展。

在那里，他先是去了辛辛那提大学。在电机系的纳米实验室施特克尔教授名下进行了一年多的博士后研究。后加入新泽西的一家公司并顺利拿下 NASA 等机构的两个中小企业研究基金项目（SBIR）。1993 年，他加入了 Quester

Technology 公司，主要从事大气压 CVD 设备及工艺相关工作。在该公司，他从工艺工程师做到研发部经理，其间获得 6 项美国专利，为该公司解决了 CVD 热板温度不稳定、温度不均匀等问题。

时间就在波澜不惊的研发日常中匆匆流过，很快来到 1998 年。那是半导体发展史上极不平凡的一年。就在这一年 9 月，IBM 宣布推出世界上第一个采用铜金属材料的微处理器，半导体制程工艺由铝互连进入铜互连时代。由于在大阪大学期间系统学习过精密镀铜、电抛光、CMP 等知识，王晖敏锐地意识到机会来了。

他创造性地提出了可用于超薄仔晶层的多阳极局部电镀铜（multi anode partial plating）技术，并找到 10 万美元天使投资和创业团队将想法付诸实施。ACM Research 于焉诞生。

多阳极局部电镀铜技术的研究非常顺利，该技术的完成为 ACM Research 带来 1400 万美元的风险融资。然而，这项至今领先世界的技术在当时太过超前。彼时半导体制程工艺刚刚达到 180 纳米节点，IBM 的研究工程师告诉王晖，该技术要到 30 纳米以后才可能投入应用，180 纳米、130 纳米、100 纳米、90 纳米……太多代制程工艺横亘其间，让王晖不得不将该技术暂时搁置，转而研究起了与电镀反向的电抛光。研究成果就是后来颇受英特尔及 LSI Logic 青睐的无应力铜抛光（stress free polishing，SFP）技术及工艺。

无应力铜抛光技术与 CMP 不同，其最大的特点是无应力，在抛光过程中对铜线也就不会有损伤，可用于超低介电常数（k）（$k<2$）。制程工艺进入 130 纳米以下之后超低 k 材料已经成为业界绕不过去的课题。由于超低 k 材料结构松软，使 CMP 变得艰难，还导致成品率下降和成本上升。

王晖团队研发的 SFP 技术可以有效解决这个问题。这项技术完成之后，很快引起英特尔及 LSI Logic 等公司的注意，先后成功卖出两台设备。然而，与多阳极局部电镀铜技术一样，这项技术太过超前，还不到市场化应用阶段，毕竟即使解决了抛光环节，尚没有相应技术可以解决超低 k 材料封装问题。这让 ACM Research 陷入一种尴尬境地，要么"卖身"给大企业，要么寻求更多投资。王晖一度考虑过把 ACM Research 卖掉。但如前所述，ACM Research 掌握的两项技术处于前沿且有意义，但尚未迎来市场，这让其在谈判中很难拿到有吸引力的估值。于是王晖最终放弃卖公司的念头，转而开始寻找投资。

王晖　深耕产业三十年，成就"学霸级工匠"

落户上海二次创业

就在此时，王晖见到了访问硅谷的上海半导体产业代表团。以此会面为开端，王晖与上海市政府、国内半导体产业界深入地进行了交流，并最终促使盛美2006年落户上海。

21世纪初，中国半导体产业还处于发展初期，许多今天耳熟能详的国内半导体设计、制造企业刚刚建立，设备完全依赖进口，很少有人意识到中国需要开发自己的设备，创建自己的产业。当时的上海市政府不仅大力支持半导体企业落户上海，还采用从海外引进创业团队的方式，让上海半导体产业发展一开始就站在了较高的起点上。

其间，已逝的前中芯国际董事长江上舟发挥了重要作用。江上舟与上海有很深的渊源，虽然2003年后他并未继续在上海市政府任职，但仍然会为政府引进海外项目做顾问工作。大飞机、中芯国际、中微半导体、盛美、睿励科技等项目的落地，都与他所做的前瞻性的工作分不开。而中芯国际、华虹、华力等半导体制造企业落户上海，也是盛美选择上海的一大原因。

2006年王晖带领ACM Research美国公司部分团队成员回国二次创业。

企业归根到底是要靠产品说话的，成功落地上海只是第一步，做出产品打开市场才能生存下来。ACM Research在硅谷的两款产品过于超前，显然无法担此重任。凭借对半导体设备产业的理解，王晖很自然地选择了与电镀、抛光同属湿法工艺的清洗。清洗设备的市场规模较电镀和抛光之和还大，且当时国产清洗设备，特别是单片清洗设备还是一片空白。

2008年，盛美第一个兆声波清洗技术SAPS取得突破。兆声波清洗技术的原理是波在液体中产生正、负压，压力变化造成液体中的气泡大小变化，从而引起水流波动，"挤走"硅片表面杂质。这项技术的一大难点是波在芯片表面分布的均匀性难以控制。SAPS技术解决的就是这个难题，通过让兆声波发生器与硅片在半波长范围内进行交叉式运动，保证能量在硅片上的每一个点都实现完全均匀分布，从而让硅表面得到充分均匀的清洗。

这项技术让二次创业的王晖成功打开局面，2009年盛美首台12英寸单片清洗设备进入海力士（无锡）工厂。

王晖回忆当时的情形说："当时我们请了个很好的代理，是他帮我们引荐的。

师傅领进门，修行靠个人，进去之后就要靠技术说话了。如果技术跟别的公司一样，那么人家一点儿兴趣也不会有。海力士一听兆声波技术，发现是大公司不能解决的方案，就有兴趣试试。我们分别做了两台 DEMO 设备给他们无锡工厂及韩国利川工厂进行测试，第三台就进单了。"

这殊为不易。因为试错成本高昂，晶圆厂更愿意采用技术成熟的大公司的设备，几乎没有更换设备供应商的动力。因此，对于一家半导体设备创业公司来说，即使产品性能、成本及各项参数都与国际大公司同类产品一样，在国际市场上也没有机会与国际大公司竞争。

不过盛美正式拿到海力士的订单还要到 2011 年。此前虽然海力士认可其清洗效能，但由于韩国公司倾向扶持本地设备商，海力士并没有更换设备商的动力。

转机出现在 2010 年，彼时制程工艺进入 45～40 纳米，杂质清洗难度增加，杂质颗粒对良率的影响被放大。而盛美的清洗设备被证明在两道工艺上可实现 1.5% 的良率提升。1.5% 的良率提升意味着，月产 10 万片产品的生产线，每年可以增加 5000 万～7500 万美元的利润！实实在在的经济价值终于让盛美的清洗设备正式进入这家全球领先半导体企业的大生产线。

王晖和团队对半导体清洗技术的创新并没有就此停止，此后又先后开发出 TEBO 技术和 Tahoe 技术。TEBO 解决了兆声波清洗技术另一大难题——兆声波对图形硅片的破坏问题。而 Tahoe 高温硫酸清洗设备可极大地减少硫酸的用量。

通过这些全球领先的技术，王晖带领团队走出了一条差异化发展路线。王晖指出，与其他行业不同，半导体设备市场很难仅靠价格战取得竞争优势，因为相比于设备价格，晶圆厂更看重技术能力及未来的技术节点的延展能力。半导体设备企业只能走差异化、系统创新道路，才能进入国际市场。

成为全球半导体产业链不可或缺的一环

半导体是个真正的全球化产业，产业链环节众多，没有任何一个国家可以凭自己的力量建立一条先进的半导体生产线，包括美国、日本、欧洲等半导体设备先进地区。王晖认为，中国未来需要做的就是为全球半导体产业贡献力量，用创新的技术产品打入全球产业链，打造真正的人类命运共同体。在国产替代浪潮下，国产设备厂更容易拿到订单，趁此时机国内厂商可以开发出差异化技术，唯有如

王晖　深耕产业三十年，成就"学霸级工匠"

此，中国半导体设备企业才能打入全球产业链，自身成为国际大厂并且与其他国际大厂进行良性竞争，共同为全球半导体产业贡献解决方案。

过去很多半导体设备技术都是国外发明的，如今中国已经有实力做原始创新，也可以完成原始创新设备的验证，比如盛美的世界领先的 TEBO 清洗设备及 Tahoe 高温硫酸清洗设备就是在华力微电子完成首台验证的。也就是说中国半导体产业链已经可以实现初步产业协同。所以，除了完成备用性的国产替代，中国还可以放眼全球，为全球半导体业提供解决方案，体现技术实力，这也是人类命运共同体的关键所在。

王晖是这么说的也是这么做的。2017 年，盛美登陆纳斯达克交易所，成为国内首家赴美上市的半导体设备企业。当被问及为什么选择到纳斯达克上市时，王晖说："第一，我认为半导体设备属于全球化的一部分，为了我们未来全球化的战略，到美国上市比较适合。第二，美国投资者对半导体设备比较了解。"截至 2020 年 4 月 23 日 16 时，盛美纳斯达克报价 35.83 美元，与发行价 5.6 美元相比，上涨 6.4 倍，市值达 6.5 亿美元。

王晖表示，下一个目标就是进军科创板，使盛美更加深植于中国市场，与中国半导体业共同成长，未来也会保持在中美双边的上市架构，服务好中国及全球客户，为科创板及纳斯达克的盛美股民创造价值。

在技术方面，盛美已经掌握 SAPS、TEBO、Tahoe、无应力铜抛光、局部镀铜等全球领先技术，并做了全球专利布局。目前，除了已经进入海力士、中芯国际、华虹、华力等企业的清洗设备之外，其镀铜设备也已进入产业链前道和后道，抛光设备已进入后道，未来会切入前道，并继续向 5 纳米、3 纳米等先进制程工艺探索。与此同时，王晖还规划由湿法设备切入干法设备，且已有成果问世。他表示，盛美刚刚发布了一款干法设备——立式 LPCVD 炉管设备。

展望未来，王晖认为，中国半导体设备行业同一种设备保持两到三家企业是理想状态，既可以保持竞争，又不会形成资源浪费。在此基础上，通过国内市场把国产技术培育做大，进而进军国际市场。他表示，盛美将继续依托国内市场，坚持系统化创新，走差异化道路，不断服务好国内外客户，积极向全球市场扩张。

天道酬勤，厚积薄发，从踏进清华园至今，匆匆 40 余载，王晖每一步都走得异常扎实，扎根半导体设备大半生方成就今日的盛美。而在半导体这个"慢"行业，显然中国还需要更多如王晖一般兢兢业业开拓创新的行业深耕者。

胡胜发

从2G时代走来的物联网创业者，坚守行业二十余年

文/刘俊霞

胡胜发（见图21），广州安凯微电子股份有限公司（以下简称"安凯微"）董事长。1980年考入清华自动化系，先后取得工学学士、硕士、博士学位。毕业后赴美攻读社会学博士。其间，在美国硅谷 Sigma Designs 等多家公司担任工程师，硬件、软件、算法等相关工作均有涉猎。2000年，在硅谷成立安凯微，从事应用处理器研发。此后10余年，带领安凯微经历国内学习机、MP4、功能手机等市场的先后爆发，并成为时代洪流下的佼佼者。如今，他依然活跃在"中国芯"事业的前沿，带领公司致力于为物联网智能硬件提供核心芯片。

图21 胡胜发

世纪之交，随着 Fabless（无工厂芯片供应商）模式的兴起和国务院"18号文"的出台，中国半导体产业首次呈现集中爆发之势，第一批"中国芯"企业于焉诞生。这些企业在随后的20余年中，或主动、或被动地随行业律动浮沉，有的顽强生存，有的破茧成蝶，更多的早已消逝在漫长的岁月中。柳传志曾说"20年的中国企业剩下的已经不多了"，这句话放在国内半导体语境下同样适用。从2000年存活至今的本土民营芯片设计公司少之又少，而存活下来的无一例外都是一时之杰。

胡胜发　　从 2G 时代走来的物联网创业者，坚守行业二十余年

胡胜发便是坚守至今的首批"中国芯"创业者之一。

从点读机、MP4、功能机，到智能机及物联网终端，20 余年间，国内终端市场从无到有、从小到大，产品亦随科技一次次更新换代。而胡胜发便是这幅跌宕起伏历史画卷的见证者。学习机、点读机市场爆发期，胡胜发带领公司占据了该市场 60% 的市场份额。当国产 MP4 崛起之时，纽曼、爱国者等均是安凯微的客户。功能机向智能机过渡时期，国内第一款指纹加密技术手机所搭载芯片同样是胡胜发团队的成果……从智能机爆发前的应用处理器供应商，到物联网时代智能硬件核心芯片供应商，胡胜发始终活跃在中国"芯"创新创业第一线，年近耳顺依然享受着活力不减的人生。

从工学博士到社会学博士

1962 年出生于浙江省永康市的胡胜发，初中毕业那年正赶上恢复高考。相比那个年代的大多数人，他无疑是幸运的。据国家统计局数据，当时全国初中毕业升学率仅 40% 左右，高考录取率更是在 10% 以下，能够通过高考进入大学是实实在在的万里挑一。而胡胜发在担任小学校长的父亲的教导和督促下，从小成绩优异，各阶段升学都非常顺利。到 18 岁那年，他更是一举考入清华自动化系，开始了长达 10 余年的清华园求学生涯。

作为国内最高学府之一，清华带给胡胜发的是直通科技前沿的开阔眼界。20 世纪 80 年代，胡胜发已经开始涉猎自动化工厂乃至无人工厂。20 世纪 90 年代，胡胜发读博士期间的研究课题则是神经元网络、人工智能。这些课题即便放在今天都是产业前沿。彼时，PC 时代的大幕刚刚拉开，全球最先进的巨型机计算能力刚刚攀上万亿次，计算机算力远不足以支撑人工智能的研究。胡胜发回忆说："我做博士论文的时候（用计算机）对一个比较简单的问题进行算法应用的仿真验证，算一次大概要一个月。那时候大家都觉得用计算方法做人工智能是不可行的。"

于是，胡胜发的一位研究认知科学的指导老师便建议他到国外了解一些社会科学的研究方法。时任麻省理工学院社会学教授的导师原计划在麻省理工学院指导胡胜发的社会学研究。但不久后，这位导师转去了科罗拉多大学，胡胜发便随之进入科罗拉多大学攻读社会学，从此开始了长达 7 年的在美留学、工

作生涯。

1993年国家外汇储备规模仅200多亿美元，对个人购汇限制严格，胡胜发当时出国留学只能兑换100美元，加上亲友帮助，手中现金也不过两三百美元。对一个拖家带口在美国生活的人来说，这些钱不过杯水车薪。虽然他的导师资助了他两年学费，但财务紧张依然伴随着刚出国的胡胜发。

生活所迫，胡胜发读书的同时也必须工作，那段时间成为他一生中最辛苦的阶段之一。硅谷的工作强度本就大，胡胜发还要兼顾家庭和学业，繁忙程度可想而知。那时，他的小儿子刚刚出生，晚上照顾婴儿吃喝拉撒，白天加班加点工作，留给他的休息时间很短，美国又没有午休的习惯，胡胜发只能抽空休息，一有空就闭眼小憩片刻。

恰恰是这段繁忙的生活为他日后的创业打下了坚实的基础，尽管那时的他从未想过创业。

在美国的7年中，从硬件电路板设计到软件开发及至算法，他均有涉猎。到美国后的第一个暑假，胡胜发就曾到美国商务部海洋与大气管理局旗下的实验室参与大气监控系统的建立。到归国前，他已经在数字电视领域一家著名公司Sigma Designs做到了部门经理的职位。

意料之外的创业

创业，对胡胜发来说是个意料之外的选择。彼时，他事业小有所成、生活渐渐步入正轨，闲暇时间则会参加一些清华校友的聚会。20世纪90年代，元禾璞华投资决策委员会主席陈大同、北极光创投（以下简称"北极光"）创始人邓锋等10余位在硅谷创业的清华校友经常组织聚会，这就是清华企业家协会（TEEC）的前身。胡胜发当时虽然不是创业者，却也是这些聚会邀请的常客。

他在清华的10余年间，曾担任学生科学技术协会会长，组织了第二、第三届清华学生课外科技活动作品竞赛展览，他本人也曾不止一次参与竞赛并获奖（见图22）。而且他在任期间曾向北京市学联提交建议推广该赛事，此后这一清华校内赛事成为全国大学生挑战杯。而硅谷创业的清华人不少都曾是该赛事的骨干力量。胡胜发自然成为这些人聚会的座上宾。

胡胜发　从 2G 时代走来的物联网创业者，坚守行业二十余年

图22　胡胜发荣获"第二届清华大学学生课外科技活动作品竞赛展览"二等奖

图 23 为清华 IT 校友峰会上的胡胜发。

图23　2006年清华IT校友峰会上的胡胜发

作为一群创业者中唯一的职业经理人，其他校友很自然地开始鼓动他加入创业之列，特别是那时不少校友创办的公司已取得相当出色的成绩。正是在他们的鼓动和帮助下，胡胜发正式踏上了创业之路。2000 年国务院出台了《鼓励软件产业和集成电路产业发展的若干政策》（国发〔2000〕18 号），国内半导体产业真正进入商业化发展阶段。但芯片公司的融资环境尚未发展起来，所以胡胜发选择在硅谷融资，产品面向国内市场。2000 年，安凯微在美国成立，次年，中国

广州公司成立。

关于芯片设计领域的创业，一位企业家曾有个生动的比喻："做 IC 设计就像拿枪瞄准一只两年后的兔子，等两年后扣动扳机的时候，那只兔子还在不在都不好说。"能否选对创业方向是每个芯片创业者必须迈过的坎，胡胜发也不例外。

世纪之交，正是通信技术从 2G 过渡到 2.5G、3G 的关键时期。就在 1999 年，芬兰以招标的方式发放了全球第一张 3G 许可证，2000 年 5 月国际电信联盟（ITU）确定三大主流无线接口标准。3G 似乎已经喷薄欲出，武平、陈大同等人便是在这种契机下归国创办了定位于 3G 手机基带芯片的展讯。几乎同时创办安凯微的胡胜发也因此将创业方向确定为手持终端设备所需的应用处理器。

胡胜发判断，从 2.5G 开启数据时代到 3G 全方位步入移动数据服务领域，日益丰富的媒体与应用功能要求应用处理器不断升级，应用处理器将成为手持终端架构中的主角。日后数十年全球科技市场的发展证明了胡胜发这一判断的正确性。但对市场来说，这一判断太超前了。要知道真正将世界带入 3G 时代的跨时代的产品 iPhone 要到 2007 年才会出现，而中国的 3G 元年更是远在 2009 年才会到来。

这种超前给同年创办的展讯和安凯微都带来不少坎坷。初始定位于 3G 手机核心芯片的展讯，靠"快鱼吃慢鱼"战术，在 2G 手机领域站稳脚跟，并间接成就了中国山寨手机市场。而面临同样困境的安凯微则靠紧贴当地市场得以生存。

从手机到物联网

手机多媒体化、智能化的潜在市场规模巨大，远不是初创公司可以染指的，特别是在相关生态远未培育成熟的国内市场。"设计一颗芯片，从建立概念到研发成功，再等到成熟能卖，可能要两三年的时间，距离真正的盈利还得等待更长的时间。即便在这两三年里研发成功了，很快也会被那些拥有庞大资产和研发投入的大公司所超越。"胡胜发曾如此坦言。

因此，他最初并没有"死磕"手机应用处理器，在学习机、点读机、MP4等这些不会引起大公司关注的"小众市场"也布了局。这种策略成功帮助他在市场一次又一次的大浪淘沙中存活至今并发展壮大。

作为国内最早倡导移动多媒体应用处理器的芯片设计企业，在手机智能化大

胡胜发　从 2G 时代走来的物联网创业者，坚守行业二十余年

潮真正到来前，胡胜发的安凯微单月净利润一度达到 1000 万元人民币，新闻联播结束后黄金时段的广告全是搭载其公司芯片的终端产品，学习机、点读机市场的 60% 被安凯微占据。2007 年，中电通信（CECT）赴美上市，推出了国内第一款指纹手机，其中搭载的芯片与系统就是胡胜发团队的成果。而真正将指纹识别技术推向普及的 iPhone 5S 要 6 年后才正式问世。

在此过程中，胡胜发在硅谷打工时练就的软件、硬件、算法全套技术发挥了至关重要的作用。国内没有相关生态，他就领导团队一力承担从硬件芯片设计，到软件操作系统代码，乃至短信等 44 款必备应用（App）的研发设计，几乎以一己之力覆盖了一整条产业链。

2010 年，清科集团创始人、董事长倪正东在美国组织了一场活动，邀请胡胜发前往，向美国人介绍国内产业发展状况。这次活动还组织了参观学习。就在这次参观学习中，胡胜发找到了公司转型的方向。

当时美国领先企业如 IBM 已经提出了 IoT（物联网）的概念，胡胜发敏锐地意识到物联网是一个不同于手机的机会，规模不亚于智能手机却更加碎片化，适合中小企业群雄逐鹿而非国际巨头割据。当然，彼时国内由于 3G 刚刚起步，物联网还在想象之外，不过移动互联网发展已见端倪。以此为契机，胡胜发决定围绕移动互联网及至未来的物联网，进行战略调整，主做移动互联网周边设备的核心芯片。

这一决策无疑是正确的。时至今日，安凯微的芯片产品在以无线连接、云存储为两个主要特征的物联网摄像机、支持指纹／人脸识别的智能门锁、门禁等终端产品市场中占据领先地位。2019 年，该公司获得元禾璞华、长江小米基金投资；2020 年，获广东省集成电路产业基金投资。2021 年年初，这家公司获得业内颇有影响力的中国 IC 风云榜"年度最佳中国市场表现奖"。

享受创业人生

自硅谷创业至今，20 余年如白驹过隙，胡胜发也已年届耳顺。时至今日，他仍然保持着充实自律的生活习惯：每天早上 6 点左右起床，跑步约 1 个小时，然后冲凉吃饭，9 点左右到公司开始工作，晚上 10 点前后下班回家，12 点上床睡觉。从大学起养成的运动习惯数十年如一日伴随着他。得益于此，他总是精力

充沛，在繁忙的日程中游刃有余。他甚至设定了一个"运动KPI"：每个月跑步300千米，平均每天跑10千米左右。在2021年4月举行的厦门马拉松赛上，胡胜发用时3小时30分41秒完成了比赛。这是一个达不到专业水准，但在业余跑者中足够优秀的成绩。研究表明近年来全球男性跑者马拉松平均完赛时间近4小时30分（见图24）。

图24　胡胜发用时3小时30分41秒完赛2021年厦门马拉松

创业20余年，有过太多曲折坎坷，其间辛苦不可胜数。最初的几年，胡胜发需要中国、美国两头跑，每次都是来去匆匆，跟当时还在硅谷的家人相处不了几天。有一次，胡胜发准备回国的时候，他的小儿子忍不住说："美国和中国要是能搬到一起就好了，这样爸爸就不用走了。"

最艰难的时候，胡胜发也曾有过放弃的念头。但每每被问及"如果时光倒流，是否还会选择创业"的问题时，他的答案都是肯定的。创业之前，胡胜发已经是硅谷一家颇有影响力的公司的部门经理，月薪1万美元，手中还持有股票。毫无疑问，留在硅谷继续工作，他至少会是一个收入稳定、生活富足的中产阶层，生活简单纯粹，没有太多烦恼。

跨出创业的一步，就必须面对一个工程师向一个创业者蜕变的一切挑战，从此安稳不再，眼前铺开的是另一重跌宕起伏而瑰丽无比的风景。胡胜发说："我

胡胜发　从 2G 时代走来的物联网创业者，坚守行业二十余年

还是很享受现在这种生活。每天可以见到很多合作伙伴，大家在一起一定会讨论要创造什么东西。都是新的东西，讨论起来就很兴奋。"

朴实的语言道尽心声。创业之初便选择了许多国际大公司都在竞逐的前沿领域，其后又成为国内最早入局物联网的公司之一，发自内心的对创新的热情也许是胡胜发埋藏在骨子里的最深沉的 DNA，也是支持他一路走来的原动力。而这也恰是无数懂技术、爱行业的芯片领域的实干家们共同执着坚守的。正是在这些人的默默坚守和不懈努力下，"中国芯"事业才得以稳步向前。

王礼宾

什么是天命？我想那就是使命！

文/李晓延

王礼宾（见图25），芯华章科技股份有限公司（以下简称"芯华章"）创始人、董事长兼CEO。王礼宾拥有30余年电子行业、国际领先EDA企业的技术开发及公司运营管理经验，曾带领团队为深圳市海思半导体有限公司（以下简称"华为海思"）、中兴、紫光展锐科技有限公司（以下简称"展锐"）、北京智芯微电子科技有限公司（以下简称"智芯微"）、大唐电信科技股份有限公司（以下简称"大唐"）、飞腾信息技术有限公司（以下简称"飞腾"）、大疆等行业领军公司提供全方位技术服务和产业支持。王礼宾集成行业尖端技术与多元化的专业人才成立芯华章，致力于EDA智能软件和系统的研发、销售和技术服务，助力集成电路、5G、人工智能、云服务和超级计算等多领域高科技的发展。

图25　王礼宾

EDA工具对于芯片设计工程师，就像乐器对于乐手一样。只有精雕细琢的乐器，才能让乐手尽情挥洒灵感，奏出华丽的乐章，也只有强大、高效的EDA工具，才能将设计工程师的创意变成精巧强大的芯片。

如同打造顶级乐器一样，做出顶级的EDA工具，也需要多年积累的功力和

王礼宾　什么是天命？我想那就是使命！

耐心做事的心态。本文的主人公王礼宾就在从事着这项艰巨的事业。他在 EDA 行业沉浸 20 余年，见证了芯片产业的技术变迁和国内芯片行业的成长。如今，他正带领着团队，将多年的经验与新一代前沿技术相融合，致力于打造自主研发的 EDA 验证软件和系统，提高芯片研发和创新效率，全面支持中国芯片产业与高科技领域发展。

军校岁月是事业的起点

回顾自己的经历，王礼宾将人的事业周期划分成三个 20 年：第一个 20 年是个人成长期，寻找事业发展方向；中间的 20 年年富力强，充分发挥创造力；后面的 20 年是个人的升华期，厚积薄发，实现人生的价值。

他的第一个 20 年是在军营中度过的，实现了从学生到军人的转变。军队对纪律的重视，使王礼宾养成了严格认真的工作习惯。"现在我对团队的很多要求，比如严格遵守开会的时间、按时上报材料报表等，都是军人特有的风格。"

加入解放军是王礼宾年少时的一个梦想。1981 年，王礼宾如愿考上解放军信息工程大学（当时的解放军信息工程学院），就读于通信专业。这个选择也与他少年时代的兴趣相关。上初中的时候，他就参加了无线电测向培训。在代课老师的指导下，他自己制作了一台测向机，在这个过程中就迷上了无线电技术。

进入解放军信息工程大学，让王礼宾得以接受严格系统的理论培训。他最深的感受是，学校对专业课程的设置非常完整，使学生打下了很扎实的基础。"如果你在军校上学，就会完完整整把 4 年的课程全部学完，即使到了大四下半年，也不会影响课业。"王礼宾说。

当时，重点军校的硬件配置非常领先。在很多地方大学还没有计算机的时候，王礼宾的学校已经配备了多台计算机，这让他很早就接触了最前沿的 IT 技术。

经过 4 年的刻苦学习，王礼宾以优异成绩完成学业，也因此得以留校工作。从那时起直到 2000 年，他在军校从事教学和科研工作 10 余年，也完成了从通信到半导体领域的转变。

"刚开始并不做半导体，但随着技术钻研越深，涉及面越广，我开始接触半导体。"在学校做通信科研项目时，因为要设计系统，王礼宾开始接触一些芯片 [包括现场可编程门阵列（FPGA）] 的二次开发，最后又用上了 EDA 工具。

正是与 EDA 的结缘奠定了他今后一生事业的舵标与航向。

在军校的这段岁月，王礼宾参与了很多重大项目，但最宝贵的财富还是军旅生涯塑造了他扎实严谨的人生态度与做事风格，这成为他今后事业最重要的基础。

全情投入EDA行业

2000 年左右，国内技术的快速发展促进了经济繁荣，中兴和华为已经初具规模，很多技术型公司不断涌现，拥有一技之长的知识分子成了弄潮儿。

王礼宾也决定离开学校，去外面闯荡一番。但做这个决定并不容易，特别是学校已经准备给他评高级职称了。他说："那个时候，我已经 36 岁了，如果留在学校，人生后半段的轨迹基本都能预料到了。"王礼宾不想人生之路就这样延续下去，他还有自己的理想。

机会总是青睐有缘人。自 2000 年开始，国内的半导体已经开始起步了，不少海归人士创办了芯片设计公司。嗅到市场商机的国外 EDA 公司开始扩大在中国的业务。当时业界第一的 Cadence 决定在深圳设立办公室，听到这个消息的王礼宾立刻投递了简历。对方看到他的背景之后，也非常希望他加入。双方一拍即合，王礼宾随即只身南下深圳，开始了自己的 EDA 生涯。

其间有个小插曲，王礼宾最初想做工程师，但 Cadence 只有销售的职位。巧的是，原来要做工程师的同事想做销售，于是两人就做了一个对调。不过两年之后，王礼宾还是从工程师岗位转到了销售岗位。

"以前对销售有误解，认为就是搞关系，吃吃喝喝，在做了两年的工程师以后，发现情况并非如此。"王礼宾看到的更多是销售与客户在探讨技术，分析行业布局，这些都非常锻炼个人的能力。希望全方位提高的王礼宾，在老板提出希望他转销售的要求后，很快就同意了。

不论是做工程师还是做销售，学习都是非常重要的。王礼宾从初识 EDA，到熟悉一条产品线，再到对公司全部的产品线都了如指掌，并掌握了高科技产品的营销方法，这其中投入了多少心血，只有他自己才能算清楚。

在拼搏奋斗的过程中，运气也站在了他这边。王礼宾至今难忘自己成功售出的第一笔大单。那是个很有戏剧性的故事。当时，他与对方在广州的一家宾馆初次会面。一群看着很不"正式"的人，张口就要采购 100 多万美元的软件。这让

> 王礼宾　什么是天命？我想那就是使命！

王礼宾心生怀疑，但凭着职业素养，还是尽职与对方联系。不过，与客户第二次的会面，完全颠覆了他先前的想法。他发现客户不但精通技术，而且是真心要做芯片。这单生意随后顺利签下，带给 Cadence 中国区 80 万美元的收入，王礼宾自己的销售事业也从此走上正轨。

对于在 EDA 生涯中遇到的每个客户，王礼宾都倾注了极大的热情和耐心。领导就曾经调侃他，说他对待客户跟对自己家人一样用心。正因为这种投入，他的事业一直在进步。从 2000 年加入 Cadence，到 2015 年加入 Synopsys，从工程师到销售，再到销售经理，最后到中国区副总经理，王礼宾先后为华为海思、中兴、展锐、智芯微、大唐、飞腾、大疆等国内芯片业领军公司提供了全方位的技术支持和服务。他对产业技术的国际化认识与视野、对客户需求的敏锐洞察力以及对公司运营管理的专业能力受到了国内半导体行业的同行们的广泛尊重和认可。

在国外 EDA 公司的 20 年，王礼宾对 EDA 行业和芯片设计有了深刻的认识，并学习了先进的管理理念，心中更是蓄积了一个宏大的理想。

带着使命感来创业

在国人的观念中，50 岁乃知天命之年，意味着到了功成身退的时候。

王礼宾有着不同的看法："什么是天命？我想那就是使命！投身到民族的事业中，做中国的 EDA。"

在 Cadence 和 Synopsys 工作的 20 年，王礼宾亲眼见证了中国半导体行业的发展壮大，也观察到了行业的缺失。因为我国 EDA 技术的落后，使得这个行业命门始终无法掌握在国人手中。

不过，这种局面终于开始得以改变。在国家把半导体行业提升到更高的战略地位，并给予财政等多方面支持后，中国 EDA 的黄金时期来临了。

"中国芯片行业正处在高速发展期，各种技术空白逐一被填补，基带、AI 等高端芯片已站在了世界前列，这就要求中国自己的 EDA 也必须是世界一流的。"经过这番深入思考，王礼宾决定实现自己的理想，用前几十年的所学、所思和所得推动中国 EDA 技术的全面进步。

2020 年 3 月，与一群志同道合的伙伴一起，王礼宾正式创办了芯华章，并确定了"不忘初心、不辱使命、不负韶华"的核心价值观。

王礼宾展示了芯华章的公司 logo，上面有两个交织在一起的圆环，寓意芯华章连接在物理世界和数字世界之间，形成了一个强大的智能科技生态系统，为芯片事业开启崭新的华丽篇章。"logo 的颜色是蓝色至青色的过渡，我们希望芯华章作为 EDA 领域的后浪，能够青出于蓝而胜于蓝。"王礼宾解释了公司 logo 的另一层含义。

想青出于蓝，就要志存高远。王礼宾认为要把 EDA 和未来的智慧生态结合起来，只有这样才能有更远大的志向。他说"我们公司的愿景就是'从芯'定义智慧未来。"

具体而言，就是用最先进的人工智能算法和机器学习及云计算，突破当前 EDA 技术和生态圈壁垒，重构集成电路设计的底层逻辑架构，提升 EDA 的智能化水平，大幅度提高芯片研发和创新效率。

王礼宾的首要目标是建立完整的高端芯片综合性仿真验证 EDA 平台，彻底填补国内验证 EDA 工具的空白。

整个 EDA 工具的链条非常长，为什么要聚焦在验证方向？王礼宾对此有三个方面的考量。

一是，当代的芯片设计越来越复杂，验证的重要性也越来越突出。在整个项目研发过程中，有 70% 的时间花在验证上，如果验证不充分或者没有能力找出 bug，就可能造成数亿美元起的损失。特别是芯片设计进入高度精密的先进工艺时期，验证就更加重要。

二是，我国在 EDA 的布局，大部分集中在模拟电路的细分领域，数字验证一直是空白。

三是，验证市场这几年的增速非常快，使得未来市场有更大的发展空间和活力。这也是芯华章非常有信心去做验证的一个重要因素。

不过，王礼宾的芯华章在 EDA 行业只是一个后起之秀，就如何才能在这条充满竞争的赛道上实现超越这个问题，王礼宾认为答案在两个方面：技术起点和技术宽度。

"以世界上最优秀的硬件仿真器为例，这个产品已经做了很多年，每次新推出一个标准、一种语言，都要去支持，这就造成了很大的冗余包袱。"王礼宾认为，芯华章没有这种历史包袱，可以利用核心团队 20 年的研发经验和技术积累，在当前最先进的软件工程方法学及高性能硬件架构的基础上，充分融合云计算、

> 王礼宾　什么是天命？我想那就是使命！

AI 等新一代技术，通过新路径对 EDA 进行研发。

"在技术宽度上，我们的做法与传统企业完全不一样。"王礼宾表示，"从 EDA 行业的市场需求出发，我们规划了部分产品开源的策略和布局，将启动开源 EDA 生态项目，逐步有计划地开源部分关键自研点技术。"按照他的设想，芯华章将逐步实现芯片设计验证 EDA 工具的开源，大幅降低 EDA 工具的使用门槛和研发门槛，提高芯片创新的效率，更能增强 EDA 研发的创新力。

开源之举是一个表态，王礼宾发出呼吁："中国 EDA 企业要群策群力，各司所长，紧密合作，改变 EDA 产业链不完整的现状，为中国 EDA 技术的加速突围而努力。"

EDA创新之道在于人才

对任何行业来说，人才都是核心，EDA 行业尤其如此。

因为服务过国内芯片公司 20 年，王礼宾最清楚行业的需求所在："现在的芯片设计公司，最需要的是服务，买工具的潜台词就是买服务。"因此，提供高质量的服务是王礼宾为芯华章制定的核心策略之一。

他深知国外的 EDA 公司在此中胜出的诀窍，就是聚集一批优秀的尖端人才，为客户提供全面、细致的指导，与客户携手互信、共同促进。同样，要实现高水平的 EDA 工具研发，也应该以尖端人才为基石。

遗憾的是，优质人才缺乏是国内 EDA 行业最大的痛点。在半导体行业人才整体匮乏的前提下，EDA 相关人才更显稀缺。

在 EDA 行业工作 20 年，王礼宾最清楚 EDA 人才的特殊性："EDA 人才是复合型人才，不是说学微电子的做 EDA 就一定合适。作为一种跨学科的专业领域，EDA 涉及数学、物理、计算机科学及电子工程等多种学科。开发 EDA 工具的工程师不仅需要传统计算机科学的基础知识，如算法、数据结构、编译原理等，更需要 EDA 和芯片设计领域的一些特定知识。"

为培养和储备人才，王礼宾和管理团队经过仔细论证制定了三大策略。

首先，在 EDA 和高相关度行业招揽核心的研发人员。"芯华章与众不同的一点是，核心人才不仅来自 EDA 公司，还来自人工智能行业，以及互联网行业。"王礼宾特别强调，"我们会扎根中国，并同时在全球延揽高端的人才。"短短数月，芯华章的骨干团队已从 10 余人迅速成长到 60 余人，其中技术研发人员 40 余人，均来自国际领先 EDA、集成电路设计、软件以及人工智能企业，且在各自专业领域工作超过 15 年，拥有丰富的产品研发经验。

其次，通过建立生态圈，以开源生态社区的形式，吸引有兴趣的人才加盟。

最后，建立与院校的合作。目前他们已经与北大、清华、复旦、上海交通大学、东南大学等院校在产教融合平台上进行合作并达成共识，联合培养顶级行业人才。

此外，王礼宾还有一项非常重要的举措，聘请国内外有丰富 EDA 研发经验的专家和学者，合作定制面向新生代工程师开设的 EDA 工程师培训课程体系，并通过一些甄选的生态项目实现技术攻坚，同时设立项目创新激励计划、专利申请激励计划等。

"我们会像黄埔军校那样一期期来办。每期学生进来之后，都将会有 3 个月的完全脱产期，接受国外 EDA 专家、教授的系统培训。"王礼宾坦言，"这些人才不全是为芯华章培养的，很大一部分将是为国家培养的，日后会成为 EDA 行业的主力，这是我们能为祖国芯片产业所做的一点微薄贡献。"

生活中的王礼宾是一个具有丰富的精神世界和坚韧内心的人。他喜爱运动、热爱探索，多年来始终坚持每个假期都徒步穿越偏远的地方，背着包一天行走几十千米，以摄影师的视角观察世界各个角落。对于他来说，能在 50 多岁的时候不惧压力，挑战艰险，开始创业，这也许就是动力的源泉。

贾红

蛰伏近10年，无数挑战的背后是自我的较劲

文/李映

贾红（见图26），西安智多晶微电子有限公司（以下简称"智多晶"）董事长兼总经理。清华学士，纽约州克拉克森大学（Clarkson University）硕士。精通电路设计及相关工具，主持开发多款先进的可编程逻辑器件。曾先后担任美国泰鼎微系统（Trident Microsystem）项目经理、美国博通公司（Broadcom）资深工程师、美国Octillion公司设计经理和美国Lattice公司资深设计经理。2012年，带领团队回国创办智多晶。其创业团队由国务院侨办授予"重点华侨华人创业团队"。贾红个人获得中国侨联授予的"第五届中国侨界贡献奖——创新人才奖"；荣获工信部"2017年度中国信息技术服务产业风云人物奖"。

图26 贾红

人生的很多选择，都像是选择是否穿过黑暗玻璃，走到未知中去。

因而，不能低估这种选择的挑战性。而贾红以在高中时选择两年制而不是三年制为发端，逐步开启了在出国留学、首次创业、二次创业等诸多人生关键节点处不断面对挑战的历程。他也不曾想到，在兜兜转转之后，二次创业成立的智多晶会赶上国产化替代的浪潮，跻身于中国FPGA行业并成为排头兵。

正所谓"虽有智慧，不如乘势，虽有镃基，不如待时！"

清华的历练

而每一步的选择都难免烙上时代的印迹。

尽管斗志昂扬的贾红在高中时期选了两年制，但毕竟时间紧迫，这也让贾红不得不"挑灯夜战"。彼时正处于 20 世纪 80 年代初，莘莘学子推崇的是杨振宁、陈景润等大师级的科学家，当时有报道称陈景润耗去了几麻袋演算草稿纸，攻克了世界级数学难题。贾红也在心中憋着一股劲儿，分秒必争地学习，最终所用的草稿纸也累积了一小麻袋。

这一小麻袋草稿纸的战果，让奋战的贾红以数学 116 分的优异成绩圆梦清华核物理系。贾红还记得，当时报考的是清华和国防科技大学，如果清华没有录取，就去国防科技大学当兵，而命运首次垂青，让贾红进入了心目中的首选院校。

现今在国内半导体产业圈，清华系可谓将帅云集，无出其右。但在当年，清华并没有半导体专业（直到 1985 年，清华才正式设立半导体专业）。因而，在多年之后，贾红才有机会与后来进入半导体专业的"先锋"队员产生了更多的交集。

20 世纪 80 年代的一切都是欣欣向荣的，莘莘学子也在追求更加多元化的体验。在清华埋首苦读 5 年之后，贾红也锁定了下一个目标：出国深造。贾红还记得，当时物理系的同学 90% 都计划出国，贾红也心向往之。图 27 是贾红 1987 年在清华实验室。

图27　在清华实验室（1987年）

贾红　蛰伏近 10 年，无数挑战的背后是自我的较劲

当时的国家政策要求大学生毕业后必须工作满 5 年才能申请出国。如果刚毕业就出国深造，则需要向国家支付 5 万元补偿金，这在 20 世纪 80 年代末可是一笔巨款。

在北京大院长大的贾红首选了工作。在工作之余，他仍坚持勤学英语，为出国做准备。尽管 5 年后其月薪处于中高水平，生活也过得比较安逸，但一直想出国深造的贾红，仍毅然前往美国，攻读更高的学位。

边读书边入职场

贾红最初的想法，是攻读到获得博士学位。

但在攻读硕士学位期间，贾红发现所学专业的应用比较狭窄。以前同一专业的同学们都在找机会转换专业，其中就涉及半导体和金融。在那个时期，硅谷的半导体创业潮风起云涌，不断爆出新的创业"神话"，无数热血青年都涌入硅谷淘金。贾红清华系的校友，以及相熟的朋友，也纷纷投身其中。

在攻读学位一年之后，一位在硅谷的朋友为贾红介绍了一份工作。经过深思熟虑，贾红决定申请退学，以便争取这个难得的机会。幸运的是，贾红当时的导师是时任美国总统的科学顾问之一，思想非常开明。一般的研究生导师，需要学生帮忙进行项目开发，是不会轻易让研究生中断学业去工作的。但贾红的导师认为，贾红的学分已经能够达到硕士学位水平，于是在导师的"通融"之下，贾红得以边工作边完成硕士论文。

就这样，贾红顺利地进入了硅谷的 Trident 公司，并在一年之后成功取得了硕士学位。在取得学位的同时，贾红也在 Trident 积累了一年工作经验，并相识了许多日后国内 IC 业的风云人物，可以说这段时间开启了贾红与未来中国半导体产业的缘分。

说起 Trident，可能现在罕有人知，但在 20 世纪 90 年代，其可谓风头正劲，可与目前的英伟达相媲美。"因为它是知名的显卡芯片设计公司，1992 年在美国纳斯达克上市。当时 Trident 在硅谷的高科技公司中，一向以技术创新著称，具有强劲的研发实力，能迅速推出业界领先的新产品。基本上，当时市场上的大部分计算机，一开机屏幕上显示的都是"Powered by Trident"。"追忆往昔的峥嵘岁月，贾红仍无限感慨。

而贾红能进入当时如日中天的 Trident，也从侧面证实了他的实力。在 Trident 一直从事技术开发的贾红虽然顺风顺水，但在 5 年之后，也遇上了职业"天花板"。为寻求更大的舞台，贾红于 1999 年进入了博通。

此时的博通在通信领域的产品十分多元化。贾红就职于通信高速接口的开发部门。那一年，美国股票全面疯涨，股市泡沫化严重。2000 年，互联网泡沫破裂，引发股价断崖式下跌，全球经济遭受重创。这也给贾红上了一课，觉得还是要靠自己的努力踏实做事，而不能依靠股票实现财富的增长。

曾有人总结，硅谷创业的秘诀是宽容、多元化和拒绝平庸。尤其是最后一点，即"不能跟随、不断创新"。在博通蛰伏一年之后，贾红在泡沫破灭的危机中看到了"生机"。很快与朋友合作，成立了第一家创业公司。正是这家公司开启了贾红与 FPGA 的"不解之缘"。

首次创业结缘FPGA

通信市场可谓 FPGA 的主战场，此时 SerDes 快速接口已被广泛应用，而依托在博通的开发经验，贾红意识到这一接口 IP 将在 FPGA 产品中大量集成，有望成为一大热点。

创业目标锁定之后，便开始了一系列的研发工作。贾红回忆，当时公司的想法十分明确，就是在开发出这一接口 IP 之后，就择机出售。

如此前瞻又如此定位精准！新公司在一年多之后就将 IP 开发成功，而且很快被世界第三大 FPGA 厂商 Lattice "收纳"，这也意味着创业公司不到两年即成功"出手"。

新公司的"易手"，也让贾红顺势站在了 Lattice 的高起点上，开启了新的事业。

之后，贾红一直在 Lattice 从事技术开发工作。在贾红看似波澜不惊的职业生涯中，一丝丝不甘心的"涟漪"在他心中层层荡漾。

以 2000 年为分界点，中国半导体产业进入一个新的发展阶段。

在 Lattice 从事技术研发期间，贾红常有机会回国，他感受到了国内日新月异的变化。特别是贾红在硅谷相识的许多朋友，纷纷选择回国创业，并在日后不断"显山露水"。

贾红　蛰伏近10年，无数挑战的背后是自我的较劲

虽然，其间出现的汉芯造假事件对中国科技界的信誉造成了重创，也对方兴未艾的国产芯片领域造成了巨大的负面影响，但也就是在21世纪的前10年，无数半导体企业相继涌现，无论是展讯，还是兆易创新、上海韦尔半导体股份有限公司（以下简称"韦尔"）、芯原微电子（上海）股份有限公司（以下简称"芯原"）等，均将在日后中国半导体产业的蓝图上添加浓墨重彩的一笔。

所谓"时也势也"，对贾红而言，直接的驱动力既简单亦深刻。

2012年互联网与高科技的高速发展让贾红感触颇深：一是高速的发展离不开祖国的强大和市场的兴盛，没有大势就难成气候；二是创业的成功都离不开朋友的相助。图28是工作中的贾红。

图28　工作中的贾红

于是，2012年贾红下定决心带领团队回国创办了智多晶。时值十八大召开，无论是与政府打交道的效率，还是市场竞争的活力，都让贾红的"重新出发"与时代的节拍同步。

尽管也遭受了某些质疑，但已经错过了第一个中国经济发展的"黄金10年"的贾红决心不再错过第二个"黄金10年"。而一些国内朋友的激励和帮助，也让贾红吃了定心丸。"洄游"回来的贾红开启了与中国半导体产业产生交集的新篇章。这10年，也是中国半导体产业发展的黄金10年。

选择在FPGA领域创业，亦与贾红的积累与大势相关。当时，中国FPGA市场基本被美国巨头垄断，国内少有能实现正向研发的FPGA公司。而正是类似

贾红这批拥有数十年的技术经验积累以及人脉资源的资深海归人才，才有可能将国外的经验与国内市场结合在一起，从而开启国产FPGA突围的新篇章。

走过的弯路

智多晶的第一站选择落户于西安。

西安从人力成本上相对来说比北上广深更适合初创企业，而且西安的高等院校资源丰厚，人才资源充足。此外，2012年4月三星电子选址西安建设存储器基地，当时陕西省政府包括西安市政府出台了诸多政策，大力推进半导体上下游企业协同发展。几重考量之后，智多晶终于落户西安。

但回国创业伊始，并不如第一次那么顺风顺水。贾红深有感触地说："最开始智多晶走了一段弯路，觉得只要产品好、技术好肯定就能找到客户，因而第一颗开发的FPGA没有进行仔细的市场调研，就贸然上马。"

而现实很快就回了一记"闷棍"。如贾红所言，产品很成功，但市场不成功，销售不成功，公司的士气也大受打击。但这也让贾红明白了：一定要做出由市场驱动、是市场真正需要的产品；产品的研发，必须和市场紧密结合。

"知行合一"，智多晶在开发第二款产品时，就以市场为主导，瞄准了LED屏幕的接收卡应用领域，进行产品应用研发。

由于LED显示对于刷新率要求非常高，通常需要控制芯片满负荷运转。因而，针对LED显示控制领域的需求，在各项参数和性能有保障的前提下，智多晶在资源调用方面进行了有针对性的优化，最终在资源利用率上超过了95%。当时这一效率连国外同类型产品都难以达到。也因此，智多晶的第二款产品在推出之后开始大卖，从根本上解决了创业公司生存的问题。

经此一役，智多晶在业内打响了名气，随即与多家知名企业建立了合作关系，智多晶也开始在工业控制、图像处理、仪器设备、高端医疗、人工智能等应用领域大展拳脚。

与此同时，国内也开始出现多家FPGA厂商，与智多晶同台竞技。对于智多晶的差异化优势，贾红分析，一是团队的骨干每人都具有25年以上的芯片研发和市场经验，在国内已申请了几十项发明专利；在硬件层面，继55纳米的Sealion 2000系列FPGA量产之后，28纳米工艺高密度FPGA于2020年年底正

贾红　蛰伏近 10 年，无数挑战的背后是自我的较劲

式量产上市，成功突破 28 纳米这一分水岭，达到国内一线技术水准。二是软件，智多晶通过并购北京飘石科技有限公司——国内通用平台化 FPGA 软件解决方案的开创者，使得智多晶进一步完善了软件布局，真正意义上实现了"软硬兼施"。

而智多晶的稳扎稳打不仅是自身技术实力、管理、团队战斗力的成功，也是时势造英雄的成功。随着中美之间科技对抗的不确定性加大，国产替代浪潮兴起，国家在政策、资金、人才层面不断加码，国内企业对国产 FPGA 更加包容和开放，智多晶 FPGA 也迎来了好时光。

成立 8 年，智多晶先后进行多轮融资，特别是 2019 年 9 月再获长江小米基金千万元级战略投资。长江小米基金成为智多晶第三大股东。这让智多晶在国内 FPGA 界大放光彩。而在同期，智多晶也获得厦门联和集成电路产业股权投资基金的上千万元投资，而这支基金背后，是全球晶圆代工厂商龙头企业联华电子股份有限公司（以下简称"联电"）。

借此，智多晶扎实构筑了"护城河"：一是和小米的深度战略合作，拓宽了下游的应用；二是从上游与联电绑定合作，在晶圆产能吃紧的形势下，智多晶的 FPGA 产能得到有力的保障，为未来的发展奠定了全新的基石。

未来的"庆功"

尽管与巨头相比，国内 FPGA 业还存在诸多挑战，但差距正在逐步缩小。

从整体对比来看，贾红认为，10 年前国内 FPGA 业基本一无所有，工艺水平相差 4 代，但到目前约相差两代——国外 FPGA 工艺进阶到 7 纳米，而国内一些厂商已在倾力量产 28 纳米。

而且，产业的变局在不断发酵。贾红提及，伴随着美国超威半导体公司（AMD）收购赛灵思公司、异构计算趋势以及国产替代浪潮的兴起引发的变局，都将为国内 FPGA 厂商缔造新的机会。国内厂商应在产品线的丰富程度、软件工具的支撑能力以及生态层面不断发力。

经历过 8 年"抗战"的智多晶，如今估值已逾 10 亿元。对于智多晶的下一站，贾红也心有丘壑，期待营收突破数亿元，并上市科创板。贾红期待，借助资本市场的力量进军行业高端市场，打破国外企业的垄断局面，加速 FPGA 的国产化进程。

尽管一心向往"百年老店",但贾红的着力点仍在于"日拱一卒"。贾红的想法既朴素又有担当,他想给一起拼搏8年的兄弟们一个交代,给投资人提供好的回报。他强调,以公司员工百人加上家人来估算,至少有几百人的喜怒哀乐与公司的发展息息相关,将这一事情做好做成,才对得起团队,亦对得起社会。

正如有分析说,一个企业要想健康存在,首先基因里需包含能"长寿"的那些因素,包括创始人的智力和心力,正确的使命、愿景、价值观;其次要懂得外部环境,且分析透彻;最后来决定企业的行为模式,对行为模式要不断校正。只有不时地从这三个方面来检讨自省,企业才能够活得长久一点,才能有更多担当去兼济天下。

显然,智多晶也正在担当的路上不断求索。贾红对此笑言:"虽然真正经历的时候千难万险,但仍要保持乐观向上的精神。这样在庆功宴上时,吃过的苦掉过的泪,都将成为饭桌上的笑谈。问题是,一定要坚持,坚持,再坚持,只有这样才能迎来庆功的喜宴。"

秦岭

亲历中国手机芯片的奇迹，立志再攀汽车芯片的险峰

文/李晓延

秦岭（见图29），博士，上海琪埔维半导体有限公司（以下简称"琪埔维"）创始人、总经理，西安电子科技大学微电子学院特聘教授，工信部"国家智能网联汽车技术路线图"专家。近30多年来长期致力于电子信息领域的研究开发，具有丰富的无线电半导体行业经验，两次获得"国家科学技术进步奖一等奖"，2001—2010年是展讯创业团队核心成员，历任展讯执行副总裁/首席运营官，2007年与团队一起成功领导展讯在美国纳斯达克上市。2015年，回国创建琪埔维，专注汽车半导体核心芯片设计研发；目前，车规级霍尔传感器和MCU均已经成功量产并率先应用在前装车身产品上，在汽车电子车身控制领域取得了领先优势。

图29 秦岭

汽车电子的内里绝对不如表面这般五彩缤纷。想在这个领域中生存并壮大，每一个企业都要经受难以想象的考验。特别对于初创企业来说，如果没有深厚的汽车行业背景，生存并壮大的难度更堪比"征服珠峰"。但是，这样的挑战并没有使一位二次创业的企业家退却。他正带领着团队在这条路上披荆斩棘，坚定地走向自己的目标。

为祖国海疆筑起"电子长城"

1990年4月3日的山东威海，我国第一台对海地波超视距雷达的实验正在紧张地进行当中。当目标出现在屏幕上的一刹那，研究团队的成员们都难掩泪水。这项由哈工大刘永坦院士（"2018年度国家最高科学技术奖"获得者、两院院士）领导，历经10年艰苦研发的重要项目终于宣告成功。从此，我国海岸警戒线的距离由10海里[①]延伸到了165海里，对拥有18 000千米海疆的中国来说，相当于筑起了一道电子的"长城"。

已经在哈工大任教的秦岭也是团队一员，成功的喜悦和奋斗的艰辛都刻在他的记忆深处。为了这一刻，他和同事乘着绿皮火车，坐着硬座，在哈尔滨和威海之间不知往返了多少回。每次来到威海的时候，不是寒冬就是酷暑，每天要在地处偏远的雷达站奋战十几个小时，然后才顶着满天的星光，深一脚、浅一脚地走回住地。

秦岭毕业以后就加入了这个项目，一干就是10年，从来没有叫过苦。"那时候人都很单纯，就是希望能把难题攻克，心里获得满足。"秦岭铭记着跟随着刘院士的这段时光，他今后的事业也在那时定下了基调。

1991年，该项目荣获国家科学技术进步奖一等奖。作为团队的主力，秦岭在1993年被破格评为副教授。随后，他又被国家教委选派去国外攻读博士。

从此，一番新天地对秦岭打开了。

从巴黎求学到硅谷创业

20世纪90年代初，被国家公派去国外深造的人凤毛麟角。秦岭凭借自己的贡献和学术能力获得了这个宝贵的机会。按照当时的规定，去美国的条件是必须35岁以上。年轻的秦岭就选择了去法国国立科学技术与管理学院（CNAM）学习，师从国际信号处理大师Bellanger攻读博士/博士后。他的导师Bellanger是这个专业的泰斗，有着法国国家科学院院士、IEEE信号处理协会主席、欧洲信号处理协会主席、IEEE终生院士多个闪亮的头衔。

谈起这位导师，秦岭敬佩万分："他让我看到了大咖是怎么炼成的。"

[①] 1海里=1.852千米。

秦岭　亲历中国手机芯片的奇迹，立志再攀汽车芯片的险峰

这位导师出身于法国贵族家庭，毕业于法国最好的学校，每天最早来实验室，最晚离开。资质如此高，又如此勤奋，怎能不成就一番事业？秦岭对导师工作中的一个细节终生难忘："搞信号处理要进行滤波器计算，每次我把结果给他的时候，他都会用公式重新推导一遍，把小数点后4位的系数都算出来。"这个故事，秦岭现在还经常用来激励自己的员工。

更令人称道的是，Bellanger先生出身名门，格局很大，也看淡名利。但他在工作上非常注重过程，不管做什么，都把计划放在第一位，强调步骤的分解和执行，这一点也让秦岭受益匪浅，直到今日。

1994—1998年，秦岭在导师指导下完成了学业。因为Bellanger在工业界大名鼎鼎，是飞利浦半导体的创始人之一（CTO），秦岭得以接触了很多工业界的前沿项目，比如给汤姆森完成一个自适应处理器，后来又参与摩托罗拉的一个通信项目。因为这些丰富的经验，等他即将毕业时，已经接到了来自硅谷的一家公司的聘书。

巴黎风景虽好，秦岭还是决定去美国硅谷闯荡一番。毕竟，那里是电子行业的"圣殿"。秦岭首先在WiLAN通信系统公司担任ADSL科学家，这家公司很快被Metricom收购，于是他又开始担任Metricom公司无线DSP设计高级总理。

Metricom当时在硅谷风头正劲，其出资人就是保罗·艾伦——比尔·盖茨的合伙人，微软的创立者之一。该公司的风格非常激进，想建立一个类似于今天4G一样的无线接入网络，让用户在一些主要的城市通过便携式电脑和手持设备连接上网。该公司的无线数据传输技术也非常领先，在1996年就达到了128KB，比2004年的GPRS还要快。Metricom在纽约、旧金山、洛杉矶和硅谷都建立了很好的网络，出行人员拿着U盾一样的设备就可以移动上网。由于这个概念太超前，投入又非常大，最终难以为继。

不过，在Metricom的工作还是锻炼了秦岭，特别是与TI合作做双模芯片的芯片架构师，让他对芯片系统有了更深刻的理解。加之他在欧洲的时候就涉猎过GSM体系，所以很快就收到新的橄榄枝。

对他发出邀请的就是武平。2001年，武平和陈大同开始创建展讯，秦岭也在第一时间就加入了。

那时，秦岭还不知道，他参与创立的公司将在中国芯片史上留下多么浓重的一笔。

展讯中国手机芯岁月

展讯是中国芯片史上最重要的公司之一，它创造了一个市场奇迹，不仅成就了中国山寨手机市场，还开发出了全球首颗 TD-SCDMA（中国 3G 标准）核心芯片，也为中国手机业的大发展奠定了重要的基础，促进了中国通信产业的发展。

创业之初，展讯就在硅谷和上海同时建立了研发团队，把硅谷半导体行业的最新科技与中国人力资源相结合，优势互补。一加入展讯的秦岭，就往返于中美两地，带领底层软件团队投入高强度的芯片研发当中。

2003 年，展讯开发出了世界上首颗 GSM/GPRS（2.5G）多媒体基带一体化单芯片 SC6600B。谈起这颗芯片，秦岭认为这是大家拼出来的成果。"当时，有两个同事跟我在一起工作，大家每天只睡三四个小时，连续坚持了 40 多天，直到电话打通为止。"

整个团队近乎忘我的投入，让展讯的研发创造了速度奇迹，这枚 2.5 G 芯片只用了 24 个月就开始量产。展讯也因此拿到第二笔风险投资。但是，接下来更大的考验就是如何把芯片销售出去。

因为公司的需要，也是性格使然，秦岭又接下了市场和销售任务，开始为公司开疆拓土。

那时候，展讯的产品刚诞生不久，还没有得到市场的验证，本身又是业界新军，很难获得顶级厂商的信任。秦岭临危受命，带领同事开始去开拓市场。

宁波波导股份有限公司（以下简称"波导"）是展讯的第一个重大客户，为了这个单子，秦岭和同事一年之内拜访了波导 18 次，从基层谈到中层再谈到高层。凭借着诚意和韧劲，波导终于给展讯下了一笔两万台的订单。从此，展讯的局面完全打开。

"公司前三个手机客户都是我谈下的。"秦岭说。谈及从研发到市场销售的顺利转行，秦岭认为除了有赖于自己学习能力强，还有两个重要原因：一是他有很好的人脉资源。无论在欧洲还是在美国，他都是社团活动的积极分子。在欧洲他曾担任中国大巴黎及全法留学生主席。二是他有愿意接受各种挑战、从来不服输的个性。在学生时代，他就不是只会死抠书本的文弱书生，校田径队、足球队等，都活跃着他的身影。对体育的热爱，也塑造出了他愿意迎难而上的坚韧性格。

2003—2007 年，展讯每年营收增长 2～3 倍，2007 年达到近 10 亿元，并在美国纳斯达克成功上市。

伴随着展讯的发展，秦岭在公司的角色也不断转变，从市场、销售转变到公司运营。担任展讯 COO 期间，他还负责了公司的 3 个战略收购（尤其是付出近 4 年的努力，用 7700 万美元收购位于圣地亚哥的美国射频芯片公司 Quorum Systems，不仅解决了公司射频的问题，更为日后打入三星手机奠定了坚实基础），创造利润近亿美元。"从研发、市场销售，到公司运营，我经历了太多，视野完全拓宽了，思维模式也更加成熟。"

不过，展讯岁月留给秦岭最为难忘的，还是与同事一起为事业拼搏的历程。"我们这些人都感谢国家的培养，希望把在国外所学毫无保留地贡献出来。"秦岭坦诚地说，"我们就是一心想把这事做好，没有其他任何杂念。"

2010 年，秦岭从展讯功成身退。可是，本该享受退休生活的他，又有了新的目标。

攻坚汽车中国芯

由于特斯拉的横空出世，汽车电子化的速度完全加快，最激动人心的技术创新即将出现。

秦岭开始思考市场的新机会。他发现人们一直在思考电视、电脑和手机之后的"第四块屏幕"是什么。凭借着对通信难点及发展史的了解，他认为"第四块屏幕"来自汽车。

秦岭立刻物色伙伴开展汽车半导体核心芯片及 V2X 芯片的研发。这一做就是 4 年的时光。产品终于研发完成，也有了硅谷和国内的客户，但在这个过程中，他发现国内的汽车半导体竟然那么落后。于是，一个想法在心头萌生："回国去创业，填补国内汽车半导体的空白！"

2015 年，秦岭再次回到了祖国，带领团队开始第二次创业。

新公司取名为 Chipways（芯路），谐音为琪埔维。秦岭的解释是，跑在道路上的"芯片"，寓意就是汽车半导体。

公司团队成员有来自美国的汽车半导体专家，还有不少秦岭在展讯的老同事。"有些人放弃其他公司近百万高薪加入进来，也有些人为了公司的快速发展自愿放弃年终奖，这让我很感动。"秦岭理解并感谢大家的心意，"我们都是一起拼搏过的，想再现展讯的神话。"

想容易、快速地复制消费电子领域的经验到汽车领域是行不通的，汽车电子之路远比消费电子之路艰巨漫长，国产汽车半导体之路更犹如珠峰北坡般险峻。

"首先，汽车电子很看重产品的可靠性和安全性。芯片用在汽车上，要经过多道严格的可靠性测试。有的测试一次就要 3000 小时，很多公司在这一点上就扛不过去。此外，车规级芯片针对安全性也有很多独特的设计要求，这些都需要花时间精心打磨、验证，没法快速复制。"秦岭总结道，"还有一个关键问题就是汽车生态圈相对封闭，国内传统的半导体公司是很难打进来的。领导者必须有绝对的耐心，团队必须有非常坚韧和死磕的精神，才可能熬到上车的那一天。"

在这个漫长的过程中，秦岭和他的团队也对自身的定位有了更明确的认识。占据市场的国际大厂都是 IDM 模式，直接与之竞争是没有胜算的。于是，秦岭就把公司最初做的 V2X 芯片积累的汽车半导体设计技术点进行逐一分解，并开始研究传统汽车芯片，发现汽车传感和控制芯片大有市场机会。就从这点开始一步步做，终于把芯片做上了汽车。"这花了 3 年时间，你能想象到这条路有多艰难。"秦岭说。

经过几年的潜心研发和布局，秦岭带领琪埔维一步一个脚印，每步都走得非常扎实，现已掌握车用传感器芯片、车规级微控制单元（MCU）芯片、车联网 V2X 通信芯片以及汽车电池管理控制（BMS）芯片等一系列汽车智能传感和控制芯片的关键核心技术，并获得多项专利。

同时也取得了诸多成绩：2014 年国内首家汽车 V2X 基带芯片（基于 DSRC 技术），2016 年国内首家通过 AEC-Q100 测试的车规级传感器芯片（量产），2017 年国内首家通过 AEC-Q100 测试的车规级微控制单元芯片，2018 年国内首家集成 CAN FD 功能的车规级微控制单元芯片（量产），2019 年国内首家集成度最高的车规级 BMS 电池组监控芯片。

走在这条芯路上，遇到的挑战远不止这些。这几年国内市场风口不断变换，给公司带来了很多诱惑。大疆成功后，有人建议转无人机电机芯片方向；矿机火热后，又有人提出要做矿机芯片。但是，秦岭都没有为之所动："我和我们的核心团队心态坚定平和，能沉下心来，不会有个风吹草动就受影响。"

更为难得的是，公司核心的几位与秦岭年纪相仿的博士，更加以身作则，像导师一样带领和引导公司的年轻人，耐心打磨技术和产品。

秦岭　亲历中国手机芯片的奇迹，立志再攀汽车芯片的险峰

这份定力也带给了秦岭丰硕的成果，公司研发的产品现已成功量产并打入汽车前装市场，并获得多个奖项：2017年6月，荣获科技部举办的"2017中国科技创业大赛（汽车产业专场）最具投资价值项目奖"（近百家企业参加决赛，公司以全票荣获第一名）；2018年12月，荣获上海张江895创业营"创业之辉奖"；2019年5月入选上海市优秀创业企业，荣获"2019年度汽车电子创新企业与产品奖"，11月又在"第八届中国创新创业大赛"中获得优胜奖。

某种程度上可以说，琪埔维的成长也是中国汽车电子从初始的青涩走向成熟的缩影。特别是近几年，随着国家战略的推进、政策层面的大力支持、资本市场的开发，中国芯片行业已经开始了百花齐放的局面，做汽车半导体芯片的国产厂商也逐渐增多。

"大家都意识到汽车半导体重要，我觉得是非常好的一件事。"在为行业发展欣喜的同时，秦岭也坦露了对未来的心态，"如果我们能够把这条路打通，那么对所有人都是个激励。即便我们失败了，也会给大家留下一项宝贵的财富！"

正所谓"老骥伏枥，志在千里"！正是因为有了秦岭这样一批芯片业老兵，中国半导体行业才能在面向未来时，有更加从容和自信的心态。

张鹏飞
打造中国A股首家无线连接芯片上市公司

文/慕容素娟　王丽英

张鹏飞（见图30），博通集成电路（上海）股份有限公司（以下简称"博通集成"）创始人、董事长兼CEO，在清华半导体专业从本科一直读到博士毕业，博士后就读于UCLA加州大学洛杉矶分校。曾在硅谷创立Resonext Communications，推出全球首款2.4 GHz/5.8 GHz双频全集成Wi-Fi芯片；2005年创办博通集成（国内首家在A股上市的无线连接芯片公司）。曾获中国半导体创新产品和技术奖、上海市科技进步奖、归国创业精英和优秀技术带头人等荣誉。

图30　张鹏飞

20世纪80年代，在一堂中学物理课上，老师讲解了集成电路、半导体的知识，告诉学生们集成电路能把成百上千个电子元器件做在一起，其中一个学生对这个"奇迹"萌生了极大的好奇心，憧憬着将来要做一个见证奇迹的科学家。这个学生就是张鹏飞。带着这样的志向，他加倍勤奋学习，一路过关斩将，考上了清华的半导体专业，并一口气在清华读到博士毕业。

一个偶然的机会，张鹏飞跟随导师参与了国内最早的半导体生产设备的研发

张鹏飞 打造中国 Ａ 股首家无线连接芯片上市公司

和产业化，在这个过程中需要综合应用各学科的知识及技能，系统解决跨领域的实际问题。这使他真切地感受到，把理论转化为产品，把高科技转化为用户体验，才是他真正的兴趣所在。

"知之者不如好之者"，找到自己的兴趣所在，是生命中的幸运。难得的经历，种下了创业的种子，使张鹏飞走上了创业的道路；兴趣的驱使，使他付出了常人不愿付出的努力。于是，在国外做完博士后研究之后，人生从学界转向产业，他在硅谷走上创业之路，把首次创立的公司打造成行业里数一数二的企业。2005年接受祖国召唤，回到上海再次创业，多年征战之后，在参与和见证了中国半导体产业起飞的同时，将公司做成了国内最大的无线连接芯片企业，并在 2019 年作为第一家无线连接芯片公司成功登陆 A 股主板。

清华：发现自我

怀着立志成为一名科学家的梦想，张鹏飞在 1983 年考入清华半导体专业后，将一门心思全放在学习上。从学士、硕士一直读到博士，坚守着一分汗水一分收获的信念，跟当时众多的同龄人一样，被中国女排的拼搏精神所激励。他想的是用勤奋去一步步地实现自己成为科学家的理想，为此，他把全部的时间都要用来学习和研究，对他来说，追求其他的兴趣是一种奢侈，甚至是一种不务正业。

读博士期间，张鹏飞师从微电子大师钱佩信教授，因为撰写论文的原因，深度参与了钱教授主持的清华华兴科技公司的公司创立和产品研发。华兴公司是国内最早开展半导体生产工艺装备研发的公司，主要核心技术是采用红外辐射的精确加热技术。在半导体生产工艺中，均匀精确加热技术在多个工艺步骤中至关重要，例如：氧化、淀积、刻蚀和退火等。产品研发涉及的领域很广，包括高频电磁场感应、石英加工、石墨加工、红外测温、电机驱动和控制系统等。通过一个个地解决不同领域的不同问题，公司成功研发了业内第一台半导体快速热处理设备 RTP-100，并被顺利应用到了当时的晶圆代工厂产线上。这个项目不仅获得了商业上的成功，在技术上也取得了突破，获得了当年的国家发明奖和中国专利金奖（见图 31）。

芯人物——致中国强芯路上的奋斗者（第二册）

图31　张鹏飞在清华实验室工作，旁边的设备是他们研发的国内第一台半导体快速热处理设备RTP-100

博士毕业时，张鹏飞获得了清华优秀博士的荣誉，但他觉得更大的收获是参与创立华兴科技公司的经历，因为这段经历让他真正找到了自己的兴趣所在。张鹏飞意识到，自己真正的兴趣并非做纯学术研究，创业能够综合自己所学的知识研发造福人类的高科技产品，将理论知识转化成用户体验，获得这样的感受是自己最大的动力。正是这段经历给他埋下了创业的种子，从此走上创业的道路；并因兴趣的驱使，付出了比别人更多的努力。

硅谷：启动创业

人生的每一个阶段都是为下一个阶段做储备的。博士毕业后，1994年张鹏飞来到了美国UCLA做博士后研究，而心中的创业种子在这个阶段开始发芽（见图32）。

向前辈创业者学习也许是走上创业道路为数不多的"捷径"。一到美国，他很快就去了斯坦福图书馆，因为他听说一个叫Rob Walker的人主办了一个口述硅谷历史的项目：硅的创世纪（silicon genesis），通过采访制作和收集大量的业界大咖的音像资料，记录硅谷历史，记录硅谷人的创业史，这些收藏在斯坦福图书馆的档案资料包括了几乎所有硅谷主要公司的主要创办人对自己创业过程的回忆和对产业的展望。

张鹏飞　打造中国 A 股首家无线连接芯片上市公司

图32　张鹏飞在硅谷的实验室，身边是当时参与开发的2.4GHz/5.8GHz双频Wi-Fi芯片

这些珍贵的史料让人能够全面而具体地了解半导体作为一个产业从创世纪到发展壮大的过程，讲到当时的感受，张鹏飞感触最深的有两点：一个是感觉硅谷创世纪的时候遍地都是创业机会，离开肖克莱的 8 个人找到了创业机会成立了仙童，离开仙童的人找到了创业机会成立了 Intel、AMD、LSI、National 和其他上百个取得了巨大成功的半导体公司。当年的硅谷，做一个运放芯片成就一个公司，做一个电子表芯片成就一个公司，做一个计算器芯片成就一个公司，真是创业的天堂。另一个强烈的感受是聚集专注并深入挖掘某一技术领域对一个公司的做大做强起着决定性的作用。比如业界龙头 Intel，就是聚集专注的典型，从 20 世纪 70 年代初刚接触 CPU 领域，尽管拿到的订单仅来自一个籍籍无名的日本计算器公司，但很快就把包括 SRAM 在内的所有其他业务关停，全力以赴地深耕 CPU 领域。而同时期的另一家企业 Intersil，更早地启动了 CPU 项目，拿到的订单是来自日本的知名电子品牌 Omron，并且先于 Intel 做出了世界第一个 8 位 CPU 芯片，却舍不得放弃其包括运算放大器、电子表、内存和电源管理等在内的上百个其他产品。发展到今天，Intel 成了家喻户晓的超级大品牌，年销售额近千亿美元；Intersil 则多次被卖出、并购、重组，今天只是瑞萨的一个事业部，年销售额仅 5 亿多美元。

于是，张鹏飞决定今后的创业方向要专注在一个特定领域中。那么，该在哪个领域发力呢？他开启了探寻之路。

在 UCLA 的博士后研究工作中，他越来越感受到自己过去在半导体工艺和器件物理领域的知识和技术积累限制了独立创业的商业领域。20 世纪 90 年代，芯片设计是硅谷创业最热门的题材。于是他在斯坦福和 UCLA 选修了几门芯片设计的课程，准备在设计技术上"恶补"一下。一接触电路设计的课程，特别是 UCLA 的 Razavi 教授的授课，他发现了一个非常独特的机会，那就是射频集成电路 RF-CMOS。传统上，射频电路只能采用 PCB 将多个分立的射频元器件，比如混频器、频率综合器和射频功率放大器等搭建起来。这些射频元器件没有办法集成到一个芯片上，一个主要的原因是电感无法集成。另外，由于工艺不够先进，晶体管的工作速度也无法满足射频电路的高频需求。但随着半导体工艺和晶体管器件技术的进步，射频集成电路在 20 世纪 90 年代末成为可能，而射频集成电路的设计既需要电路理论又需要器件物理，甚至需要对半导体工艺有深入的了解。只懂工艺和物理的人不能设计电路，而不懂工艺和物理的人则做不好射频电路。这种技术的边缘交叉形成了其独特性和稀缺性。特别是结合市场需求，张鹏飞敏锐地意识到射频集成电路领域的市场机会不可限量。日常生活中无线连接的东西越来越大，对射频芯片的需求一定会越来越大。张鹏飞认识到射频集成电路设计是一门新兴的技术，其产业化将会成就一个体量巨大的市场。

于是，张鹏飞果断地抓住射频集成电路发展的风口，1998 年与合作伙伴在硅谷成立了 Resonext Communications。经过日夜奋战，张鹏飞带领团队只用了一年的时间就成功研发出双频 2.4 GHz/5.8 GHz 全集成 Wi-Fi 芯片，这是世界上第一款双频全集成 Wi-Fi 芯片。极具竞争力的产品使得 Resonext 的发展势头极为迅猛，除了硅谷的研发中心，很快还在比利时、俄罗斯设立了基带团队和软件团队，成为一个国际化的公司。在当时的硅谷，Resonext Communications 在这一领域独占鳌头。

上海：回国创业

2000 年，国务院出台《鼓励软件产业和集成电路产业发展的若干政策》（国发〔2000〕18 号），国内的半导体商业化发展开始起步。中芯国际已经建成并在加速发力（成立 4 年后成功上市），展讯开发出全球首颗 TD-SCDMA（中国 3G

张鹏飞　打造中国 A 股首家无线连接芯片上市公司

标准）核心芯片。

受到了国内政策和产业环境的感召，张鹏飞萌生出回国创业的想法："要想对产业做出真正的贡献，必须回国。我们已有一定的技术储备，这些也正是国家需要的，能为国家的半导体产业发展尽一己之力，责无旁贷。"

促使张鹏飞回国创业的关键人物，是高秉强教授。高秉强是伯克利大学的知名教授，香港科技大学的创校教授，他在伯克利领导建立的 CMOS 器件的晶体管模型（BSIM Model）至今仍是工业界的金标准，可以说没有 BSIM Model 就没有今天的集成电路产业。"我去 UCLA 做博士后研究也是高教授推荐的。"张鹏飞回忆说。

2000 年前后看到国内半导体发展的强大生命力，高秉强教授选择离开学界，开始全力在国内投资半导体。在高秉强教授的带动下，2002 年、2003 年张鹏飞多次回国在北京、上海、深圳等地深入考察国内半导体产业的创业机会。清华大学学长武平（展讯创始人之一）也鼓励张鹏飞尽快回国，并在创业经验和产业合作等方面毫无保留地提供支持，这使张鹏飞更明确了归国创业的决心。

2002 年，Resonext Communications 以 1.3 亿美元被当时的射频功率放大器巨头 RFMD 公司收购（2015 年 RFMD 与 Triquint 合并，后改名为 Qorvo）。2005 年，带着硅谷的成功经验和核心团队，张鹏飞在上海成立博通集成。高秉强教授是博通集成最初的投资人，张鹏飞在硅谷创业时的投资方也继续投资了博通集成。

公司创立初期，张鹏飞及其团队将产品定位为无绳电话芯片设计。当时，无绳电话就像后来普及的手机一样，是移动通信的主力产品。凭借之前在国外无线通信领域技术、市场、渠道等方面的积累，无绳电话产品为他们赢得了丰厚的利润，也为下一步的产品开发提供了研发经费。凭借在射频集成电路设计领域的雄厚技术积累以及强大的人才团队，公司成立第二年就实现了盈利。张鹏飞指出："这要得益于我们正确的产品定位和我们团队强大的执行力。"

一炮打响之后，他们的多元化之路也在步步为营。在产品规划上，与国内的产业相结合，真正解决国计民生中的现实需求，这是张鹏飞对于公司产品定位的另一指导思想。目前，公司在聚焦无线传输技术领域的基础上重点服务全屋智能和智慧高速两个应用方向。其中全屋智能应用，博通集成建立了蓝牙和 Wi-Fi 两条产品线，为国内市场提供品类极为齐全的蓝牙系列产品，在 IoT Wi-Fi 产品线上已做到了国内出货量最大。而在智慧高速应用上，早在 2007 年，公司就深度参与国家智慧高速的标准制定中，目前博通集成已成为国内智慧高速 ETC 领域最大的供应商，形成了围绕智慧高速的一整套产品方案，包括集成 CAN 总线的蓝牙芯片、ETC 芯片、5.8 GHz 收发器、低功耗 MCU、加密芯片、读卡器芯片等。在汽车应用领域，他们的车规级芯片已经进入宝马、奔驰等一线车企供应链。

凭借强大的研发能力、出色的产品性能以及广泛的市场认可，2019 年 4 月，也就是张鹏飞回国创业第 14 个年头，博通集成在 A 股主板挂牌上市，成为 A 股首家无线传输芯片公司（见图 33）。

图33　2019年4月博通集成在A股主板挂牌上市

人生信条：Don't stop!

2015 年，在"中国芯"从小到大起步时，张鹏飞果断地回到国内，全力参与进来；现在，在"中国芯"从大到强迈步时，他仍矢志不渝地坚持着。

见证和参与"中国芯"的从小到大，张鹏飞坦言："过去二三十年来国内半导体行业的发展是非常显著的，中国的半导体产业从来没有像今天这样充满机会。作为从业者，我们都可以为过去的付出感到欣慰，也更应该对行业的将来充满信心。"

关于当前"中国芯""卡脖子"的问题，张鹏飞说："我们现在有脖子可以给

张鹏飞　　打造中国 Ａ 股首家无线连接芯片上市公司

人家卡，是对我们过去 30 年全行业一起努力的一种'认可'。30 年前我们不需要担心'卡脖子'，因为那时候我们几乎什么都没有。"

对于如何走出当前的困境，他说："过去我们的产业危机感不强，市场对于国产芯片其实是排斥的。有些产品我们自己已经完成开发，但因为进入市场太难，没有跟客户和应用一起迭代的机会，产品比较不容易提升，与国外产品的差距越来越大。今天整个产业上下游大家都意识到了产业链安全的重要性，国产芯片能够得到和国外芯片同样的应用机会，大多数的产品实现国产化都是没问题的。这也是我们国产芯片的好机会。"

"当然我们也必须认识到任务的艰巨，毕竟国内半导体产业与国外仍有很大的差距。也许我们行业的一些短板没有办法在短时间补齐，我们整个行业和政府都要有充分的思想准备，需要长期持续地大力度地投入，要有长期作战的准备。同时，我们也不能只盯着我们的短板，对于我们国内产业的优势领域，比如跟基础设施和基础建设相关的领域，我们更应该大力发展，利用我们的某些局部领域的产业优势和长板，在国际竞争中形成我们的反制手段。"

"最后，半导体是一个全球化的产业，我们既要全力以赴地提升半导体产业链的安全，同时也不要主动脱钩，仍然要保持全球化开放合作的态度，如果美国硬要脱钩，我们仍要努力保持与美国之外的其他国家和地区的开放合作。"

从清华的本硕博到美国做博士后研究，再到在硅谷组建世界上数一数二的设计团队，再到回国创业两年内实现盈利，将企业做到国内最大的无线连接芯片企业，并成功上市。这些斐然的成就，与张鹏飞的精进、勤奋分不开，也与他做事讲究方法、讲究逻辑密切相关。

同时，张鹏飞也是一个崇尚单纯的人。一路走来，他接触过很多优秀的人，其中有诺贝尔奖得主、顶尖大学教授等。在与这些人的接触中，他发现优秀的人有一个共性，他们都"目光纯净，逻辑单纯"。为此，他体悟道："大道至简，人生是一个由简入繁再由繁入简的过程。真正把生活理解得很深入很透彻的人，都是非常单纯的人，这些单纯的人才能有大成就。"

张鹏飞喜欢书法和跑步，两个爱好一静一动，张弛有度，也许他所追求的"单纯"就寄托在这两种爱好中（见图 34 ～ 图 35）。

绝虑凝神，心正气和，书法为他提供了一片宁静超然、清雅安适的心灵空间，他在一笔一画中体悟人生的真谛、书写人生的快意。

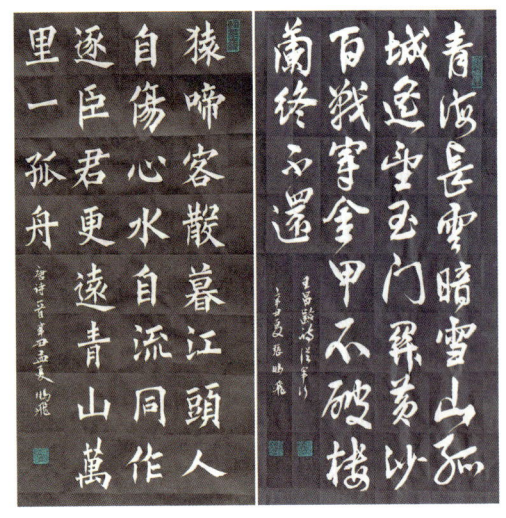

图34 张鹏飞的书法作品

图35 马拉松比赛中的张鹏飞

在生命的奔跑中，他不仅享受到了挥汗如雨的畅快，也强化了行动力，排除一切干扰，心中只有一个目标——终点。

耐克创始人菲尔·奈特有一句话"Whatever comes, just don't stop."（不管发生什么，都不要停下来。）张鹏飞特别赞赏这句话，他说："跑步、做企业和人生一样，不同的阶段会面临不同的挑战，我们所要做的就是不断去解决这些挑战。Just do it, don't stop!"

单记章

横跨AI、智驾和芯片三个风口,唯执着者才能"芝麻开花——节节高"

文/李晓延

单记章(见图36),黑芝麻智能科技有限公司(以下简称"黑芝麻")创始人兼CEO。毕业于清华无线电系,曾在全球顶尖的CMOS图像传感器公司担任研发部副总裁,专注图像处理和视觉感知研究长达20年。作为100多项相关专利的拥有者,其主导研发的产品被广泛应用于汽车、手机和安防等多个领域。2016年创建了黑芝麻并任董事长兼CEO,致力于打造智能网联汽车的计算平台,提供车规级SoC、传感器融合和视觉感知算法。2019年8月成功推出中国首款车规级ADAS芯片,2020年6月推出中国首款L3级自动驾驶芯片,并与全球多家著名企业缔结战略合作伙伴关系。

图36　单记章

AI、自动驾驶和半导体是三条高光科技赛道。一家科技公司跻身其中任何一条赛道,都会拥有值得夸耀的资本。很难想象,如果一家公司同时处于三条赛道当中,那么这家公司该多受时代的眷顾!

不过,真有这样一家横跨三条赛道的公司,虽然集市场的万千关注于一身,依旧淡然处之，稳步前行。因为该公司的创始人相信，无论身处怎样的风口，如果不能持之以恒，一切终将成为泡影。

这位创始人就是黑芝麻的 CEO 单记章，他用自己 20 多年的职业生涯证明了执着是多么宝贵的品质。

三年磨剑

2019 年 8 月 27 号，"华山一号"国产车规级自动驾驶芯片在沪正式发布（见图 37）。在算力、能效比和算力利用率等关键性能指标上，"华山一号"已经超越业内头部企业以色列的芯片公司 Mobileye 的 EyeQ4。

图37　"华山一号"国产车规级自动驾驶芯片在沪正式发布

这枚芯片是黑芝麻历经 36 个月的努力后孕育的结晶。"一次流片成功，只花了 6 个星期的时间，就让芯片运行起来，工具链以及所有的软件也全部运行正常。"公司创始人兼 CEO 单记章接受采访时，话语中透着一丝自豪。

这位芯片界的老兵在 2016 年离开工作了 20 多年的豪威科技（OmniVision Technologies），与高中时期结识的老友刘卫红共同创办了黑芝麻。他们的目标是利用在视觉感知领域的技术专长，以 AI 技术为基础，为自动驾驶提供完整的解决方案。

此时，自动驾驶早已在大洋彼岸的美国喧嚣了多年。谷歌的自动驾驶项目研发已进行到了第 7 年，行业隐形冠军 Mobileye 也准备推出第 5 代产品，风格激进的特斯拉更是早在 2014 年就发布了 Autopilot 自动驾驶系统，2016 年 2 月则启

单记章　横跨 AI、智驾和芯片三个风口，唯执着者才能"芝麻开花——节节高"

动了自研 FSD（完全自动驾驶）芯片的开发。

在国内，自动驾驶事业方兴未艾，专注于相关算法和平台的公司已有不少，可几乎没有公司涉足自动驾驶芯片的开发，其难度之大可见一斑。而黑芝麻与特斯拉几乎同时开始自动驾驶芯片的研发，不但创了国内的先河，也应了"英雄所见略同"那句话。"我们思路非常接近，叫不谋而合也好，大家对自动驾驶的理解其实是一致的，但真能理解到这个程度的人并不多。"单记章说。

黑芝麻的核心团队均来自英伟达、微软、高通、安霸、Marvell、ARM 等芯片巨擘，有着丰富的芯片设计经验。但是在设计这一颗史无前例的芯片之初，不少人还是心里没底。有人问单记章："咱们真的要做这样一颗芯片吗？"还有人因此选择离开。单记章对此不为所动，因为认准的方向就一定要坚持走下去。L3 及以上的自动驾驶芯片都被国外几家芯片公司垄断，黑芝麻决心要为国产自动化驾驶事业打开一个缺口。

不能像财大气粗的特斯拉那样豪掷千金，黑芝麻毕竟是资源有限的初创公司，单记章就和团队选择了另外一条道路，"我们先从核心 IP 做起，这也是硅谷的文化所在，要在技术上领先就要从核心技术入手，要建一个跟别人不一样的技术体系，筑起自己的护城河"。

在建立起核心技术的同时，靠着出售算法、IP 和解决方案，黑芝麻一直保有稳定的现金流，这也是单记章给公司设定的底线，自动驾驶毕竟是个漫长的赛道，能坚持下去才是王道。

"我们花了很长时间来打磨核心 IP，这是我们的做事方式，先打造核心技术，当你把这些东西准备好了，实际上就能自己掌控节奏了。"潜心研发三年，单记章带领团队以扎实和务实的风格低调前行，终于迎来产品大爆发的时刻。

2019 年，"华山一号"问世；2020 年，"华山二号"A1000 和"华山二号"A1000L 推出，同年，"华山一号"正式实现量产。上汽、一汽、比亚迪等国内头部企业都向黑芝麻抛来橄榄枝，产品落地已提上日程。

在知天命的年龄开始创业的单记章，已经走出了坚实的第一步。

求学之路

这种一步一个脚印、"咬定青山不放松"的行事风格，是源于先天的性格，还是后天的磨炼，单记章自己也很难判定。

单记章的家乡是湖北省黄梅县，南隔长江与江西九江相望，据说是黄梅戏的发源地。从小学到初中，在农村学校宽松的环境下，单记章玩着就学过来了。长江边留下了很多他戏耍的身影，挖螃蟹、游泳，还曾和大孩子一起游过长江。

无拘无束，醉心玩耍的时光一直延续到初二，他转去了黄冈市的一所中学。在那里，学习的压力迎面而来，头次英语摸底考试只考了40分。这"当头一棒"也让单记章开始沉下心来，在长兄的督促和帮助下，学习成绩很快就上来了，一年以后就成了班里的第一名。做老师的长兄对单记章一生的影响很大，长兄做事严谨认真，对单记章既关心又严厉，潜移默化中塑造了单记章的做事风格。

高中时，单记章考进了声名赫赫的黄冈中学。这所中学在中国高中界曾是"神话"一样的存在，长时间保持98%以上的升学率和75%左右的重点大学的录取率，60余次取得全省文理科第一的成绩。据单记章回忆，他高考那年全湖北省有120个600分以上的考生，黄冈中学就占了一半。

在长兄的激励下，单记章也于1986年顺利考入清华。只不过，在招生老师的劝说下，他把志愿由最初的物理系改为了无线电电子学系。

进入清华园之后，单记章一下有了鱼跃大海的感觉，他感觉学习状态比在黄冈中学时还要好。"我跟很多人不一样，喜欢自学，只要自己好好看书，就能把东西弄明白。"宽松的大学氛围让单记章的自学能力得以充分发挥，不但本专业成绩名列前茅，还能投入很多精力去学习感兴趣的计算机编程。

彼时，信息化的大潮在神州大地初现，由于地处潮头中关村，很多清华北大学子得以最先参与其中。一位北京同学牵线，单记章为一家煤矿企业编写了一个MIS（信息管理）系统。项目本身不大，但是让他得到了很好的实践机会。

享受着自学带来的快乐，本科时光一晃而过，单记章以优异的成绩保送直博。在攻读硕士期间，他开始接触到人工智能，做了当时很前沿的模糊逻辑、神经网络的相关研究，同时也做了一些芯片的设计工作，这些都为他今后的职业生涯打下了坚实的基础。

等到研究生毕业的时候，芯片世界就在向他招手了。由在美华人专家创办的豪威科技开始在国内招人，公司的四位创始人中有两位来自清华，所以希望多揽得几位清华学子。

单记章得到了这个机会，决心一试身手。只是此时他还不知道，自己今后的

单记章　横跨 AI、智驾和芯片三个风口，唯执着者才能"芝麻开花——节节高"

20 多年职业生涯都将融入这家公司。

豪威生涯

图像传感器是一种将光信号转换为电信号并使之成像的传感器件，连接了光影和电子两个世界。按照工艺区分，主要有两种技术类型：CCD 和 CMOS。CCD 在早期如日中天，基本为日本厂商所垄断。成立于 1995 年的豪威科技选择以 CMOS 技术为切入点，成功推出产品，以体积小、功耗低，成本低的优势，击败了日本厂商，席卷了当时的相机市场。

单记章刚入豪威的时候，公司刚创立不久，他的工号并不在前 10 名之内，但公司实际的员工也就 10 人左右。很快，他和另外两个同事就被委以重任——做一颗图像处理芯片（ISP）。

豪威已经做出了 CMOS 图像传感器（CIS），但是很多客户还不知道怎样去用。于是，就需要这样一个 ASIC（定制化芯片）做配合。

时间紧、任务重，年轻的单记章和同事们靠着一股拼劲，通宵加班苦战一个多月，每天从早上 9 点一直工作到第二天早上的 5 点，睡几个小时后接着再干。

芯片终于做出来了，可后续的问题又来了。他们把传感器和芯片做成了一块电路板，但是这块电路板要连接到电脑上才能使用，还需要驱动程序。

单记章自学的编程技术这时发挥了作用，他一个人不但把驱动程序全部写好，还帮客户写好了界面。客户只要填上自己公司的名字，再加上一张图片，马上就可以上市。

对于研发这款产品的细节，单记章印象最深的就是在最后测试代码的时候，公司创始人洪筱英先生就坐在他的身后，紧紧盯着电脑的屏幕。"洪先生 50 多岁开始创业，跟我创业时的岁数相当，身上的压力很大，但我无暇紧张，因为一旦开始做事，就会全神投入。"单记章笑着回忆，最后看到结果顺利，洪先生才松了一口气。

接下来，公司另一位创始人 Raymond Wu 带着单记章和同事去参加了当时 IT 业界最著名的 Comdex 电脑展。这次参展非常成功，很多台湾的客户采用了豪威公司的软硬一体设计，新产品大受欢迎，一个月就实现了量产。

以此为基础，仅用了 4 年多的时间，豪威公司于 2000 年在纳斯达克成功上市。之后，豪威不但成功抢下传统相机及手机相机等照相机市场，在2007年苹果推出iPhone时，其也打入苹果供应链，直到2011年，豪威的CIS芯片出货量一直稳居全球第一。

单记章也随着公司一同成长，从一个研发人员成长为公司图像处理部门的负责人。让他引以为傲的是，带领团队做出了车用的高动态图像处理芯片，结合公司的CIS，基本打败了所有竞争对手，占领了欧洲90%的车用市场。随后，又与上海世界博览会合作，为中国馆和世博轴提供了人流控制方案，这是全球第一次大规模采用以人工智能为基础的视觉监控方案。"当时预期有90%的准确率就好了，我们最后做到了98%。"单记章说。

在单记章的领导下，图像处理IP成了公司的核心产品，除了高通和MTK（联发科技）之外，其他公司都采用了他们的方案。

除了领导研发之外，单记章也开始接手商务工作。"做一个项目会遇到什么困难，怎么解决，我能把技术上面的事分析表述得非常清楚。"他这样分析自己的长项。

机会很快就来了。华为开始做智能手机时，豪威决定去支持华为。可是国内的销售与华为的商谈没有进展，就搬来单记章做救兵。

单记章回忆道："我晚上10点下飞机来到华为在新金桥的办公室，里面已经坐了20多个华为海思的人，而我们这边只有我和销售。我一个人跟他们讨论了5个小时，差不多到凌晨三四点钟的时候讨论终于结束。"这一次会议后，华为决定跟豪威在图像处理方面进行合作。

思维清晰，表述精准，说服别人时很有耐心，这次会谈让单记章在处理商务问题上的潜力得以显露。从此，他也从一个技术专家开始向公司的管理者全面转型。

到2016年离开豪威公司时，单记章已经是公司的技术副总，管理着图像处理和软件开发两大部门，带领着分布在世界各地的200多人的团队。

也是在那一年，一件事改变了科技发展的走向，也决定了单记章今后的事业方向。

创业岁月

2016年，一个名为阿尔法狗（AlphaGo）的AI算法打败了人类顶尖棋手李

单记章　　横跨AI、智驾和芯片三个风口，唯执着者才能"芝麻开花——节节高"

世石，在科技界引爆了一颗"氢弹"。以前看似遥远又神秘的AI技术，终于走到世人面前。

与AI密不可分的自动驾驶受到了新技术的鼓舞，进而开始策马狂奔，沃尔沃、奔驰、福特等传统车厂放弃了以前四平八稳的姿态，纷纷高调宣布开展自动驾驶项目，谷歌和特斯拉更是尝试将新技术融入项目开发中。

单记章此前与车厂已有很深的接触，经过长时间的观察和思考，他终于决定进入这个充满朝气的赛道。

为此，单记章找来老友刘卫红加盟。时任博世底盘制动事业部亚太区总裁的刘卫红是单记章在黄冈中学的同学，也是在清华读的研究生。当单记章去上海出差的时候，两人经常围绕汽车进行交流。

以前的汽车都是以机械的东西为主，前途不大，AI能带给汽车新生。怀着同样的认识，单记章提出创业的想法和思路后，两人一拍即合，黑芝麻由此而生。

为了组建一个战斗力强的核心团队，单记章亲自从业内招贤揽才，公司主管以上的干部都是他亲自面谈招聘的。至今，这些人没有一个离开公司。"大家都认同公司的愿景，并发自内心地认为是在做一件很令人自豪的事情。"单记章也非常感谢团队的支持。

搭建起团队只是第一步，接下来让团队运行顺畅，进而完善公司的组织架构。此外，还要在技术上做最终决策，为融资去面对不同的投资人。单记章像所有技术创业者一样，要应对形形色色的新课题。

"我一直对公司同事说，只有教训，没有经验。每天都要面对新的教训，所以每件事都要非常谨慎地去对待。"这是单记章创业以来最大的感受。

不过，在忙忙碌碌之中，单记章依然对研发非常钟情。虽然也会像当年洪先生那样坐在年轻工程师的身后，但单记章不会给他们施加压力。"我会跟他们探讨技术细节，给出自己的建议。"单记章告诉记者，公司很多专利都是讨论出来的，如果大家都觉得一个点子很好，他就让工程师立刻去写专利申请。这种捕获灵感的好办法，让黑芝麻一直在专利方面领先于对手。

从2016年创业至今，黑芝麻已走过了4年的时光，目前公司发展的节奏都与单记章的预期相符。有人认为他们的运气不错，初创的时候赶上AI热潮，随后是国内自动驾驶的热潮，现在则是半导体的热潮。对此，单记章有自己的看法。

"这不仅是运气的问题。运气要靠自己把握，时间对所有人都是公平的。如果你没有坚持，就有可能错过那个点。"单记章认为运气与坚持是相辅相成的，胜利者从不属于那些不停地追逐风口的人，"我们对业界或产业的发展时间节点有很深的认识，能抓住主题，直奔主战场，然后坚持下来，这才是关键。"

创业前的20年职场生涯，他都是在豪威度过的，这在盛行跳槽文化的硅谷中极为少见。"因为这是我喜欢的事业，不管中间有多少波折，我都不会放弃。"

正是这份执着和坚守，让单记章攻克了一个个难关，有了今日的从容和自信。"给公司的主要产品取名'华山'，就是为了鞭策自己必须成功，不留余地。"单记章表示。

在硅谷多年，单记章最欣赏的就是那些踏踏实实做技术的公司。"硅谷很多公司确实挺坚持自己的一些东西，虽然也会有偏差。能坚持自己的理念还是很让人尊敬的。"

如今，他也把这份坚持注入公司的文化中，让公司具有了一股韧劲。在充满竞争和变数的赛道上，单记章带领的团队正在成为一颗光彩夺目的"新星"。

杨承晋

机会面前偶然性与必然性交织，以"霸蛮"精神征服汽车芯片

文/李映

杨承晋（见图38），成都电子科技大学（以下简称"成电"）电子工程系电子工程专业学士，曾供职于深圳赛格集团有限公司（以下简称"赛格"）、罗姆、台湾华邦电子股份有限公司（以下简称"华邦电子"）、联发科、国科微电子股份有限公司（以下简称"国科微"）等企业，2015年参与创立芯片设计企业深圳市森国科科技股份有限公司（以下简称"森国科"），担任董事长及总经理。担任教育部万名创新创业导师、电子科技大学科技成果转化办副主任、电子科技大学深圳校友会副会长、电子科技大学车联网校友会副秘书长、工信部集成电路中小企业领军人才、工信部汽车行业中小企业领军人才。

图38　杨承晋

湖南方言中的"巴蛮"被湖南作家周立波在其著作《山乡巨变》中误写为"霸蛮"并广泛传播。"霸蛮"的语义之一即坚韧和执拗，在困难中吃得苦，也即高度执着，认定方向就永不回头。将"霸蛮"融入骨子里的湖南人，是半导体业征伐故事中不可或缺的一分子。杨承晋就是其中的代表之一。

峥嵘岁月

多年前的 8 月末，还是青涩少年的杨承晋搭乘 30 多个小时的火车从岳阳故里抵达蓉城成都，正式踏上求学成电之路。人生的一扇新窗口就此打开。

一切都是欣欣向荣的，一切皆可从容挥毫。也正是从这个时候起，电子工程成为他人生中不可磨灭的一个标签。

提及那段求学时光，杨承晋至今还记忆犹新：受成电严谨的学风、刻苦钻研技术的风气的影响，他大量时间泡在图书馆、实验室、电脑机房，如饥似渴地吸收着电子电路、计算机的知识。到了周末，则经常去成都著名的电子旧货市场城隍庙淘宝，主要是淘便宜的拆机电子零件，拿回学校设计各种电路，比如自己动手设计制作了收录音机、对讲机，以及用于小型舞会的音响等。在杨承晋的"发动"下，最后寝室的同学还以众筹的方式设计制作了一台 17 英寸的黑白电视机，至今他还记得同学们围在寝室看连续剧《新白娘子传奇》的"传奇"画面。

此外，因为共同的爱好，加之学友们的动手能力出色，杨承晋和同系同届的 10 名同学一起创立了电子科技大学电信科协。彼时科协"风头正劲"，也得到了电子工程学院在场地、仪器设备方面的支持，协会成立半年后，迎来了高光时刻。9 名同学分成 3 个组参加第一届全国大学生电子杯设计竞赛，为学校捧回了 3 个全国一等奖，电子科技大学也成为当年那次赛事拿一等奖最多的大学。

激情与汗水写就的 4 年的峥嵘岁月，却是拜杨承晋高中数学老师的"指点"所赐。

杨承晋的父亲在离家 100 多千米的岳阳石油化工厂工作，母亲带着杨承晋和他的两个弟弟在农村生活。当时的岳阳石化是有着"铁饭碗"之称的大型石化联合企业，其子弟在选择大学专业时很多都会自然而然地选择化工类学院或专业，本来杨承晋也将走上"化工"之路，并且看好当时成都科技大学排名领先的化工专业。但数学老师为他推荐了在电子行业非常著名的成电，并描绘了电子行业的广阔前景，而从小喜欢鼓捣电器的杨承晋，就这么"转向"并投身于成电的电子工程专业。

在这一岔路口的不经意的"选择"，让杨承晋的职业生涯以此为轴心徐徐展开。

杨承晋　机会面前偶然性与必然性交织，以"霸蛮"精神征服汽车芯片

职业打桩

转眼到了 1995 年，已有实习经验的杨承晋早已做好打算，要到信息电子的前沿高地——深圳一试身手。

杨承晋最初进入深圳国企赛格的一家 A 股上市公司任电子工程师，当时这一公司主要生产音响系统、黑胶唱机、CD 机、VCD 等产品。尽管只做了一年时间，但杨承晋回想起这段工作经历，仍觉十分宝贵。杨承晋直言："几乎在工厂的每一个工位干过，包括产线的每一个工序、售后维修、工艺设计等，在国企的这一段历练，为后来的职业规划开了一个好头。"

1996 年，杨承晋加入日本知名半导体企业罗姆（ROHM），正式开启了杨承晋的芯片生涯。

走通了赛格工厂全流程的杨承晋正在思考下一步何去何从时，某个周末他偶然在华强北的报栏中发现日本半导体企业罗姆正在招聘一名电子工程师，于是报名应试。杨承晋在大学期间都在钻研半导体的各类知识，为此还辅修了日文，目的是能看懂日文资料。于是，唯一的这个职位就很幸运地被杨承晋得到了。机会总是留给有准备的人。

罗姆严谨的管理，也逐渐培养了杨承晋事无巨细、尽善尽美的做事风格。但日企论资排辈的文化让杨承晋觉得才华难以施展，于是华邦电子成为杨承晋的下一站。

在华邦电子，杨承晋得到了独自从零开始建设一支研发队伍的机会，于是放手大干，并从中经历不断学习如何带技术团队、如何做市场及如何做产品规划等的"洗礼"，从而实现了从一个电子工程师到管理者的成功转变。

在经过流程、研发、管理等不同职业的磨炼之后，杨承晋迎来了一个更广阔的平台，那就是当时还不显山不露水、日后却大放异彩的联发科。

彼时，成立了三年的联发科决定单纯从电脑光驱的 Servo 控制芯片进入 DVD 多媒体产业，需要在深圳建立第一个据点。之前在华邦电子的老板走马上任，杨承晋与他一起开启了在联发科的新篇章，成了深圳据点的第一个员工。他们从租房子、买家具到招人马，建立了联发科第一个办事处。

杨承晋不仅亲身参与了 DVD 芯片产业、电视芯片产业、汽车电子芯片产业从山寨到品牌的过程，并在 12 年的打拼生涯中，与团队一起杀征讨伐，将联发

科的胜绩锁定在了 DVD 芯片市场占有率超 70%、电视芯片市场占有率超 40%、汽车多媒体导航芯片后装市场占有率 60% 的榜单之上。联发科的灵活性以及交钥匙一站式方案等利器也让杨承晋受益良多，在解决一个又一个麻烦之后，获得的技能也越来越多，懂运营、懂市场、懂销售。

"性格决定命运"。回首这 10 多年的职业生涯，贯穿其中的是一种敢打敢拼和跳出舒适圈的精神。如果说勤劳善良的母亲给予了杨承晋勤劳有担当的性格，那么在 20 世纪 60 年代末参与了抗美援越战争，且在石化工作中以身作则、吃苦耐劳的父亲，则使杨承晋形成了湖南人身上特有的"霸蛮"精神。这种"霸蛮"精神在其 10 多年的职业生涯中，一次次地驱使着他迎难而上。

过去的每一个选择、行动塑造了杨承晋。在 2013 年，他迎来了人生的新关口。

创业抉择

所谓"明者因时而变，知者随世而制"。

在进入不惑之年以后，已经历练多年的杨承晋更加了然自己的能力与时势，认为是时候躬身入局创业、开启人生下半场了。在对行业趋势和市场需求做出精准判断之后，他选择了从 ADAS 芯片入局。

杨承晋提及入局的背景时说，2015 年中国的汽车总产销量已达到 2500 万辆左右，本土品牌占有率达到了 40%，中国汽车蓝皮书也首次提出了"汽车四化"趋势的分析报告。基于这个大背景和趋势判断，杨承晋创办了森国科，投入了 Vision-ADAS 芯片及系统方案的开发，并采用了行业领先的异构多核设计思想。

凭借杨承晋的丰富实战经验和资源，公司在成立之初获得了诸多投资方的"背书"。特别值得一提的是，北京汽车集团产业投资有限公司作为国有资本，杨承晋的森国科是其唯一投资的汽车电子芯片企业。此外，还收获了业内知名的深圳顺络电子股份有限公司、长沙群欣投资咨询有限公司以及国科微等各方的"赞助"。它们对森国科的看好和对杨承晋的认可可见一斑。

在资金到位后，经过两年的攻坚，杨承晋团队顺利推出了集成 ISP、GPU、CPU、CODEC 及丰富外设接口的 Vision-ADAS 单芯片。杨承晋看准了汽车智能化是一个长周期产业，Vision-ADAS 也不例外，他将从工业级的后装入手先形成

杨承晋　机会面前偶然性与必然性交织，以"霸蛮"精神征服汽车芯片

正现金流，之后精进进入车规级的准前装市场，而后小步快跑进入前装。

远见卓识并不是一蹴而就的，机会总是留给有准备的人。在求学期间，为了更好地提高个人综合能力，杨承晋在攻读电子工程专业的同时，还同时辅修了公共管理专业的48门课程，这也为他的创业和带领公司向前冲奠定了基石。

创业维艰，随时会有不可预知的风险，需要全身心地应对，有备才能无患。杨承晋直言这要感谢他的爱人。她不仅在他投身于半导体工作的日子里挑起了家庭的重担，一边工作，一边抚养两个儿子。还从财务风险和公司治理方面，为杨承晋提出了很多经营上的建议——他的爱人是商业世家出身，也在世界500强企业担任过多年的外企高管，拥有会计、律师资质。森国科也一直稳扎稳打，力求持续拥有"健康"的现金流，在抗风险方面更具前瞻性和韧性。

虽然在ADAS市场告捷，但毕竟后装的"池子"太浅，路线规划还需辅以时间和耐心。要想进一步让公司发展壮大，必须开辟新的"战场"。在一番深思熟虑之后，杨承晋选择了在无刷电机驱动领域和碳化硅领域"扎寨"。

这背后折射的是杨承晋的焦虑。他提及原因时说："当时中国汽车产量增速首次放缓，连续10年的高增长已经显出疲态，意味着汽车产业会进入一个向下的调整周期，汽车芯片及相关产业链也不能例外。而且2018年年初中兴受美制裁，制裁的大棒就是断供芯片，这意味着全球半导体产业会迎来一个动荡的时代。"

面对危机，杨承晋和团队迎难而上，经过和公司主要股东及董事、高管团队的多次讨论，决定加大投入，在保持Vision-ADAS持续投入的前提下再开辟两条赛道，进入"特色工艺"+"进口替代"为特点的产业赛道，在2017年年底选择了无刷电机驱动这一产业方向，同时在新能源汽车拉动功率半导体市场大势之下，看准碳化硅将成为新能源领域市场竞争中"杀手中的杀手"，于是选择了具有前瞻性和高成长性的碳化硅器件作为公司的第三个产品线。

无刷电机驱动的是设计与算法，不仅代表着未来趋势，亦是没有巨头占据绝对优势的价值"洼地"。杨承晋谋定而后动，通过ASIC驱动芯片和驱动控制算法的"互为犄角"，经过两年的拼杀，如今无刷电机驱动已经在业界崭露头角。

在碳化硅器件作为典型的进口替代赛道上，美国的Cree排名第一。杨承晋在分析Cree的作战思路时说："我们是一家芯片设计公司，擅长低成本创新设计，如果要参与国际竞争，拿下进口替代的市场份额，就需要高起点构建技术及

供应链能力。"因而，杨承晋结合全球顶尖的 6 寸碳化硅代工线及国内顶级功率器件封测线，经过两年多反复多次的研发和试制，最终打造并形成了自己的碳化硅特色工艺技术，并基于该工艺技术推出了肖特基二极管。经测试，肖特基二极管的各项性能都达到了国际一流水平，可以实现全面替代。

下一征途

如今，国内半导体产业在国际施压和国产替代浪潮之下，迎来了政策支持、资金助力、人才蜂拥而来的高光时刻，相关赛道的机遇迎来了新的局面。

杨承晋信心满怀地说："集成电路（国发〔2020〕8 号）的发布，表明了国家支持半导体发展的决心，这有助于降低企业的运营成本，有助于促进优秀人才和资金流向这个领域。而新基建的七大领域，都会大量用到碳化硅器件和无刷电机驱动芯片，这必将给公司带来高增长的发展机会。"

对于国内的进口替代潮，杨承晋表示其公司的核心能力是"低成本创新设计能力"。杨承晋认为："如果做不到低成本创新，进口替代也不会获得市场和经济上的成功的。"

每个赛道虽有机会，但竞争无疑会在更高层面展开，比拼的不只是实力，更是耐力，对团队的领导力、管理力、研发力等均提出了更多有形或无形的挑战。

杨承晋也直言，在推进过程中，非常注重现金流的管理。立项之前做好预算，之后严格执行预算，确保项目不会因为资金问题而被迫放弃。杨承晋把大部分精力放在打造合适的团队上，他提及："每一个新技术团队建立的时候都会亲自招人面试，首先要看新人是否符合公司价值观，其次才是能力是否匹配。"

目前，杨承晋的三条产品线呈现出齐头并进的态势。此外，他还将着力把三条产品线从工业级"升级"到车规级，在设计、可靠性验证、晶圆厂、标准四个维度共同精进，为国内汽车电子产业贡献绵薄之力。

在国内半导体企业迎来百年不遇的发展机遇之际，杨承晋经常用这 16 个字和团队共勉：生命不息战斗不止，战斗不止生命不息。杨承晋希望团队只争朝夕，和时间赛跑，和自己赛跑，并将抓住科创板和创业板注册制的 IPO（首次公开募股）机会，在"体质"上更上一层楼，并在未来将企业打造成国际一流的半导体设计企业。

杨承晋　　机会面前偶然性与必然性交织，以"霸蛮"精神征服汽车芯片

杨承晋还记得年轻时，师父半开玩笑半警示地说半导体产业的成功靠的是"肉体"。经过 20 多年的沙场征战，杨承晋已经在用行动证明这是至理名言：半导体产业是一个劳动密集型、知识密集型、资金密集型、技术密集型的产业，而且市场化程度非常高，没有夜以继日的工作作风，真的很难参与竞争，更加难以获得成功。

所有光芒，需要时间才能被看到；所有幸运，都是努力埋下的伏笔。

何云鹏

"家电老兵"的AI"芯"战场

文/张轶群

何云鹏（见图39），成都启英泰伦科技有限公司（以下简称"启英泰伦"）创始人、董事长兼CEO。电子科技大学微电子技术专业学士，中科院半导体所半导体物理与半导体器件物理专业硕士，新加坡国立大学电子工程专业硕士。先后担任海信信芯副部长至研发副总、四川虹微技术有限公司（以下简称"虹微"）的研发总监及长虹IC事业部总经理。2015年年底创建启英泰伦。启英泰伦是行业首家同时掌握人工智能语音算法、芯片设计、语音数据处理及训练引擎、软硬件产品应用方案开发全技术链的企业。

图39 何云鹏

整整一个下午，何云鹏没在自己的办公室待上10分钟。不是开会，就是穿行于偌大工作平面上的各个工位之间。

如此强度和节奏，在这个四川人看来"巴适"得很。他从20年前参加工作投身集成电路领域开始就是如此，他说他喜欢一直保持创业者的激情和心态，享受这种和团队紧密在一起拧成一股绳向前冲的感觉。

凭借这股劲头，经历5年的创业时光，何云鹏的启英泰伦如今已成为国内知名的 AI 语音芯片厂商。相信自己、敢想敢干、明知不可为而为之，何云鹏和他的团队，在走出一条特色鲜明的创业之路的同时，也走出了中国半导体创业人的一股精气神。

一字之缘投身半导体

1972 年，何云鹏出生在四川省南充市西充县的一个小乡村，那时物质匮乏，生存条件艰苦。

小时候的何云鹏身体羸弱，饱受病痛困扰。那时候的状态与后来经常加班、通宵熬夜同团队进行技术攻关相比形成了强烈的反差。

"初中的时候连路都走不稳，腿都是软的。跑 100 米要用 20 多秒，双杠也上不去，各种稀奇古怪的毛病不断找上我。"回看年少时的经历，何云鹏笑言颇有几分"苦其心志，劳其筋骨，饿其体肤"般修炼的味道。

读书与探索自然是何云鹏小时候的两个最大的爱好，他说这能让他忘记苦痛，只留下愉悦。

何云鹏爱读书，经常挑着煤油灯读至深夜，夏天南方的墨蚊特别凶，一叮一个包，但因读书太专注，很久才注意到胳膊上的几十个黑点，一抹一片血。小时候常干农活，何云鹏一边牵着牛一边读古诗。当时作为乡村教师的父亲也没少给何云鹏提供条件，甚至到了高中还经常给在县城读书的他寄书，何云鹏每周日也会到县城唯一的图书馆去读上一天。

何云鹏说他很早就对光、镜面反射等产生兴趣，甚至会观察水面的波纹。西充植被资源丰富，是知名的草药之乡，何云鹏小时候还特别愿意"尝百草"，只为体验各种草药的味道，有好几次因为误食草药而不省人事。

在何云鹏看来，小时候对于知识的渴望以及冲动似乎能够让"脑壳"和身体分离，这种最为朴素的探索世界的行为所带来的快乐以及精神慰藉足以让他忘记生活和身体的苦痛。

"读书时如此，走上工作岗位和现在创业做公司也是如此，没有人可以跟我比意志力。"何云鹏说。

如果不是因为身体原因，何云鹏可能会是清华或者北大出身。一直学习成绩优异的他高考时第一、第二志愿填的就是这两个最知名的学府。

偏偏造化弄人，因为体质差，何云鹏的体育成绩一直拖后腿。

最严重的一次发生在高考前的半年，也就是在高考的冲刺阶段，何云鹏不得不花两个月的时间休学修养身体，再用两个月的时间把落下的课程学完，好在最后高考体育成绩勉强达标，"跟跟跄跄"地迈进了成都电子科技大学的校门。

那个年代，能够考上大学已非常不易，而对于所选专业和未来规划，何云鹏坦言并无太多考虑，只是觉得微电子专业中的"微"字太神秘。

"后来才知道是半导体。上学那年爆发了海湾战争，学校都在说半导体的重要性。而且集成电路能够把很多功能器件集合到一个小块上，当时感觉蛮有意思。"何云鹏说。

凭借浓厚的兴趣和钻研精神，何云鹏一头扎进了半导体微观世界的海洋。读完4年的本科之后，何云鹏又考取了中科院半导体所"半导体物理与半导体器件物理"专业、新加坡国立大学"电子工程"专业的硕士。

和许多人读书专心听课不同，何云鹏说他会用大量时间思考底层的东西，读了许多哲学、物理学方面的名家著作，名家们深入浅出的解析以及严谨而富有逻辑的论述给了他很大的启发，知识面和思考的深度也在不断拓展。这让他对未来的人生和工作目标有了较为明确的规划。

为中国彩电注入"信芯"

2000年中芯国际成立，2001年国务院《关于鼓励软件产业和集成电路产业发展的若干政策》（国发〔2000〕18号）发布，中国集成电路产业的发展热潮在世纪之初开始涌现，何云鹏认为应当学以致用，报效祖国。

彼时，功能手机刚刚开始普及，中国的手机厂商还未像如今这般大行其道，但彩电业却已锋芒毕露，海尔、海信、长虹、TCL、康佳、创维等众多知名企业开始崭露头角。

但一个令人尴尬的问题是，作为全球最大的彩电生产基地，我国企业生产的电视机中所有的核心视频处理芯片均为进口的，在缺乏核心技术支撑下，国内彩电企业只能沦为利润微薄的加工商，不得不面对低成本的残酷竞争。

在这样的背景下，国内家电企业纷纷加入自研芯片的行列。2001年何云鹏回国后便加入了刚刚成立不久的海信专用集成电路设计中心，参与海信自主研发

何云鹏　　"家电老兵"的AI"芯"战场

高清电视主控芯片的团队筹建和研发工作。

经过4年的研发和攻关，2004年，何云鹏及其团队终于开发出国内首款高清晰高画质数字视频媒体处理芯片——海信"信芯"（hiview），采用当时国际先进的0.18微米工艺，且一次流片成功。2005年5月，海信正式举办发布会，宣告该款芯片在海信彩色电视全线量产应用。

国产电视主控芯片的问世，打破了国外芯片在中国市场的垄断地位，使同类进口芯片价格从每款13美元降到5美元，标志着国内彩电业终于有了自己的"中国芯"。这一突破在当时引发了非常高的关注，当时的党和国家领导人等为此还分别做出指示和批示，高度评价海信这一创新成果。

此后的几年间，何云鹏又在海信参与了数代"信芯"产品的研发工作。"信芯"的战略意义不仅是解决了自主生产和自主应用的企业难题，更重要的是它给中国电视制造业带来了生存发展的空间和信心，给中国消费者带来了真正的实惠。

2011年11月至2016年年初，何云鹏担任虹微的研发总监及长虹IC事业部总经理，带领团队实现两代高清等离子显示控制芯片的量产（2012及2014年）。

15年的家电业经历让何云鹏声名鹊起，也在集成电路应用领域打下了扎实的技术功底和丰富的研发管理能力。他善于管控技术开发中的各项流程和风险，所负责开发的芯片全部一次流片成功并都能量产。

在何云鹏看来，自从参加工作以来，他就一直抱着创业的心态，很多时候，都是明知不可为而为之。在海信时，何云鹏的团队每天都加班至深夜，整座楼都熄灯了才摸黑下楼；在长虹时，大年三十那天还在和团队同事沟通项目进度。何云鹏说他带的团队都很拼。

谈到这样做的原因，何云鹏说："因为有使命感，不能虚度时光，要做出让自己觉得自豪的东西。"

踏上AI"芯战场"

作为在家电业"服役"15年的"老兵"，何云鹏见证了中国家电业的崛起，对其有着深厚的感情。虽然成就傍身，但多年来的从业经历也让何云鹏深刻意识到，这个以制造业为特征的领域，当以智能化为代表的高科技浪潮袭来时表现得很"无力"。

在何云鹏看来，最根本的原因是以生产制造为中心的家电企业文化与集成电路这类深度研发型的文化很难匹配，强调成本控制和 KPI 作为考核目标，与强调高投入、不断试错的 IC 设计文化并不兼容。

"这与家电行业本身一直处于低成本激烈竞争的环境有关，也和体制机制和文化理念有关，没有办法容错，但搞高强度研发要有灵活的机制，能够保证低成本试错，从错误中吸取经验教训并快速成长，这与家电企业制订的严格目标规划存在一定冲突，而 KPI 导向更加剧了这样的矛盾。"何云鹏坦言。

何云鹏很早便注意到了这个问题，也曾试图进行调和，但协调争取各种资源让其疲惫不堪，精力过度消耗，有种有力使不出的感觉。

"家电企业并不适合进军芯片领域，适合芯片研发的这套文化没有真正建立起来，高度研发不能完全依靠 KPI 考核，还是要通过充分的合作，交给芯片企业去做。"何云鹏说得很直接。

2015 年年底，何云鹏决定创业，做一家芯片设计企业。一方面，他在芯片设计领域具有多年经历，也形成了一套高科技企业研发管理的独到经验。另一方面，选择为家电企业做配套，在家电智能化升级浪潮中为其进行赋能，也具有广阔的市场前景和空间。

但何云鹏并没有选择熟悉的显示芯片领域，而是选择了 AI 语音芯片。对此，何云鹏表示，主要是因为图像 AI 芯片对于初创企业而言前期投入较大，而 AI 语音芯片更适合目前家电行业智能化升级的需求，家电智能化升级主要解决交互的问题，而目前看到最好的方式就是语音。

应该说何云鹏选择了一个非常好的创业时点，《国家集成电路产业发展纲要》刚刚颁布，产业热度升温，人工智能领域也受到广泛关注，创新创业的浪潮在全国涌现。何云鹏的启英泰伦是最早的一批聚焦 AI 语音芯片赛道的创业企业。

何云鹏说，企业的名称"启英泰伦"是"chip intelligent"（智能芯片）的音译，而且"启英泰伦"这四个字在中国都含有吉祥之意，何云鹏希望这个名字能给公司带来好运。

何云鹏特别强调企业文化的建设，比如严令禁止拉帮结派，强调"拼搏、奋斗、创新，敢担责任不怕犯错"。

"某种意义上我算是比较傻的人，四十好几的人才明白'大势不可争，还是要顺从'的道理，不断磨砺之后锻炼出来，自己创业时就懂得很多道理，能够清

何云鹏　"家电老兵"的AI"芯"战场

晰地看到哪些文化是对创业有影响的，过去栽过的很多跟头就成为现在建设公司文化的基础。"何云鹏坦言。

创业路上的"生死时速"

回忆起创业伊始的经历，何云鹏云淡风轻，但实际上迈出的每一步都充满艰辛，有两次令他记忆尤其深刻。

一次是在样片投片阶段，为了赶上中芯国际的生产周期，当时只有十几个人的初创团队加班加点，要在几天内解决前后端设计环节存在的大量问题。何云鹏下了死命令，必须成功。

"那几天，为了抢时间争分夺秒，团队都是带着铺盖到公司，都处于一天工作20小时无休的状态。"何云鹏回忆道。

如果赶不上中芯国际的这趟"班车"，意味着样片要数月之后才能出来，第一笔融资也要推迟，这可能会对这个创业公司的未来生存造成影响。

但因为工作量实在巨大，在中芯国际的截止日，还有大概20小时的工作任务没有完成。

"我们在中芯国际负责对接的同事都急哭了。"何云鹏说。

谁知，第二天中芯国际突然停电，等于又多出一天的时间，何云鹏和他的团队终于赶上了这趟末班车。

多年来的研发经历让何云鹏经历了太多这样在技术攻关上的"生死时速"。尽人事，听天命，他相信努力的人会受到命运的眷顾。

2016年第四季度样片顺利出片，第一笔融资也顺利谈下，但当何云鹏拿着样片找算法公司进行合作时，又遇到了困难，没有算法公司能够或者愿意配合，如果产品不能如期推向市场量产，意味着企业很快会倒闭。

何云鹏还记得2016年圣诞节的当天，在四处寻求合作碰壁之后空手而归在机场时的彷徨。

求人不如求己，自己干！他立刻打电话回公司要求组建团队，自己带队开始进行关于算法方面的研究。

可以说这又是一条明知不可为而为之的道路。因为AI语音交互算法在"个性"上非常强势，本身掌握已实属不易。同时，芯片端在做适配与设计开发时通

131

常需要考虑更多的因素，当时对于只有芯片研发设计相关经验的启英泰伦团队无疑挑战巨大。甚至有专家说，算法领域水很深，实现商业化更难，现学根本来不及，至少需要几年积累才有希望。

但何云鹏偏偏不信邪，带领团队一点点"啃"算法方面的知识，逐渐让团队对于该算法的理解不断深入，慢慢了解底层的知识并灵活掌握。2017年的春节，何云鹏的团队都没有放假，经过两个多月的钻研豁然开朗，熟悉了算法以及与芯片适配的各个关键环节。用何云鹏的话说，那段时间整个团队的"小宇宙"都爆发了。

2017年3月，启英泰伦开发出首个智能算法引擎，随即签下了第一个大客户美的。此后经过不断完善，达到了行业领先的语音识别效果，也在行业中率先建立起"芯片+算法+应用方案全技术链"的独特模式以及核心竞争力。

何云鹏说他的意志力强，带的团队都很拼，那么如何做到让团队和他具有一样的意志力和持续向前冲的动力？

何云鹏认为，人性是共通的，在管理上要抓住人性本质的东西，就是追求成就，挑战自我，要不断设定挑战目标，并持续给予鼓励和信心。

"创业路上没有循规蹈矩，永远是在未知中前行。不仅做企业如此，人生也是如此，这个过程中，充满不确定和艰辛，只有相信自己，才能做出最棒的事！"何云鹏说。

做智能家电的"赋能者"

实际上，家电行业出身的何云鹏对于行业需求非常清楚，也对家电智能化的方向和路径较为熟悉，同时深知行业痛点，这让其在创业选择赛道的时候能够精准切入。

比如家电智能化是必然趋势，语音交互是重要入口，端侧智能是主要形态，"NPU+MCU"是架构方向，同时，家电厂商等终端客户特别看重开发周期、成本、功耗等多种指标。

基于这些判断，2016年何云鹏的团队便发布了基于DNN处理器内核的全球首款离线语音AI芯片CI1006，之后，还陆续推出了内置CI1006芯片的双/单麦克风智能语音识别应用方案，功耗仅分别为0.4瓦、0.1瓦，约为同类应用处理

何云鹏　"家电老兵"的AI"芯"战场

器功耗的 1/10。

2019 年 9 月,启英泰伦发布了二代语音 AI 芯片 CI110X 系列（CI1102/CI1103）该系列在提升产品性能的同时极大地降低了产品的功耗和成本。

据了解,通常情况下,终端客户实现语音交互功能需要通过软件算法商基于普通芯片定制开发语音识别模组,算法商需要从芯片原厂选定芯片,将云端算法移植到芯片上,并进行调试。然后还需要底层的硬件开发公司将整体方案做成模组板卡,提供给终端客户。对于终端客户而言,除了链条环节较多,周期较长,还要支付开发费用和授权费用,成本较高。

而目前启英泰伦已经实现了包括芯片设计、算法平台、语音引擎以及开发工具在内的软硬件一体的整体解决方案,能够极大缩短终端客户开发相关产品的周期和降低成本,客户只需要将方案和原有系统进行对接即可。

何云鹏说,启英泰伦要做智能家电的赋能者,要"make AI real",简而言之,就是让设备不依赖网络,不需要下载 App,就可以准确听懂人话,让更多的消费者享受到智能生活的便利。

AI 语音芯片在智能家电中的应用存在很多挑战,需要长期在该领域深耕,除了要掌握芯片和算法,还要面对如应用场景碎片化、产品推广场景不适合、方言种类繁多等问题。

也正因为如此,这个领域在一开始便少有玩家介入,以至于曾经何云鹏去寻找投资时,有行业专家以没有先例可循而婉拒。

但在何云鹏看来,路在自己的脚下,要敢于探索并寻求突破。经过几年的摸着石头过河,在 AI 语音芯片这条路上,启英泰伦走得愈发扎实稳健。

近年来,启英泰伦大力投入研发进行技术攻关,克服应用方面的各种困难。目前公司研发团队人数占公司总人数的 75% 以上,在神经网络处理器、语音处理、语音检测、语音降噪等领域申请专利 100 余项,相关技术处于国内领先水平。

目前,启英泰伦的客户已达 1000 多家,成功落地的产品达 500 多个,包括家居、家电、照明、音箱和玩具等多个智能家居场景,在智慧家电领域覆盖了国内超过 90% 的家电厂商,包括美的、海尔、海信、苏宁等龙头企业,也牢牢占据了该领域第一的市场份额。

向智能语音之外挺进

过去几年，家电企业、互联网企业都在争夺智能家庭的入口，从最开始的智能手机、路由器到智能音箱，再到智能电视，等等。而何云鹏认为，人，才是智能家庭的核心，所有的智能终端都要以人为中心，必须有一双耳朵去接收人的信息，而解决这样的交互，语音是最好的途径。

在何云鹏看来，语音家电市场容量庞大，如果每个产品都装上语音芯片，那每年大约需要二三十亿颗语音芯片，市场空间广阔。

如今，启英泰伦的智能语音芯片业务正迎来收获期。虽然 2020 年上半年受到疫情影响，经历了开工延迟、订单减少、元器件涨价等困难，但在何云鹏看来，市场需求只是延迟，并没有消失，随着疫情的有效控制，下半年市场需求转旺，也进一步带动了启英泰伦产品的销量。

据何云鹏透露，2020 年 9 月启英泰伦的芯片订单量首次突破 50 万颗，2021 年月销量将会达到 100 万颗。

当前，启英泰伦的语音识别方案应用的主战场还在智能家居领域，如电冰箱、空调、微波炉、晾衣架、油烟机等，但何云鹏认为，启英泰伦的目标是终端侧的智能，并不局限于语音，语音智能终端也不一定局限在家居领域。

在夯实语音芯片业务的基础上，对于未来何云鹏有着清晰的规划，他透露启英泰伦的第三代芯片产品将会加入图像处理模块，向智能家居外的市场开拓。

机器人将是启英泰伦选择的方向之一。何云鹏认为，智能机器人落地首先会在商业场景，随后会进入家庭，解决陪伴、教育等服务和情感需求。按照规划，启英泰伦将在 2022 年推出机器人 AI 芯片。

回首创业路，何云鹏说公司发展的步调基本与他当初制定的规划保持一致。他说对未来的方向想得很细，但每一步都要夯实了往前走，包括技术团队实力的提升、市场的进一步培育、客户应用的深入挖掘，等等。

何云鹏说他从小受到的教育就是要去改变世界，如今，他和他的启英泰伦，正秉持着初心，在人工智能的"芯赛道"上踏浪前行。这位"家电老兵"的创业故事，是中国千千万万半导体行业创业者的缩影，也为中国集成电路产业未来登上全球科技高地注入了更多的能量和信心。

李梦雄
忙着活，或忙着做芯片

文/朱秩磊

李梦雄（见图40），珵捷电子科技有限公司（以下简称"珵捷"）创始人、CEO，复旦电子工程系学士、硕士，英国诺丁汉大学微电子学博士。回国前在Sequans、Sensata汽车传感芯片事业部有10多年管理工作经验，是年出货量近亿颗的汽车级传感芯片的核心设计者和项目领导者，也是业界第一块单芯片WiMax产品解决方案的项目负责人；2007年在加州圣何塞的国际光学工程学会年会上报道了业界第一颗带宽超过5 GHz的单片集成CMOS光接收器芯片，而这正是他的博士论文的研究成果。

图40　李梦雄

在国外生活多年，回国创业做芯片，李梦雄已经度过了两种截然不同的人生。2015年回国创业之前，他在英国Reading（雷丁）已经定居多年，工作稳定，生活简单轻松。然而，在英国西南小镇寂静的夜色下，有一颗无处安放的、激情燃烧的心。2013年前后，因为项目管理的关系，李梦雄往返英中两地的次数越来越频繁，他敏锐地意识到，在崛起的国产自主品牌汽车的带领下，欧洲的汽车产业链已经开始向中国迁移，中国智能手机产业的故事大概率会再次在汽车产业上演。与此同时，2014 年《国家集成电路产业发展推进纲要》出台，国内的集成电路行业正在经历着千载难逢的机遇和巨变，一些熟悉的汽车产业的朋友也鼓动他回国创业，这使李梦雄坚定了自己的想法，要回国去开创属于自己的汽车芯片事业。

校园生活

李梦雄 1977 年出生于湖北黄冈下面的小县城黄梅县，从小学到初中一路披荆斩棘，高中考入全国闻名的黄冈中学，进入了人生中"最暗无天日的三年"。他笑着这样描述高中生活。

"一个班上 50 来个同学，都是从黄冈地区下面七个县市择优录取的尖子生，最后考上清华、北大、复旦、交大等名校的大概有十五六个，考上一本、双一流大学的大概 30 多个，都是非常优秀的人才。"李梦雄回忆说。不过，他有更多感触："高中的这种军事化的应试学习方法，使我们把一生最美好的青春时光，都花在了上课下课、做题这些近乎机械的事情上，一个个鲜衣怒马的青春少年都变成了一个模子里刻出来的流水线上的产品，很容易造成人的逆反心理。"

高考结束进入复旦的李梦雄一下子如脱缰的野马一般，放飞了自我。回到 20 世纪 90 年代的校园生活，似乎一切都是美好的。"我花了很多时间在理科图书馆里看电影，然后花了更多时间在足球场上，足球从此成了我从年少时代开始一生都不舍不弃的'情人'。"李梦雄回想到大学时的校园生活，"现在想起来，那时候是空心的，一个自由而无用的灵魂。"

李梦雄在复旦的时候本科念的是电子工程系，研究生念的是微电子专业。复旦的文科很强，其实复旦的微电子专业也是顶尖的，"原本爱好文科，我却懵懂进了电子工程系，大三实习的时候，在几位老师的影响下，我对微电子产生了兴趣，选择了微电子专业方向，真正进入了芯片的世界"。

在复旦的校园里，李梦雄遇到了洪志良教授。洪志良教授是新中国第一位归国博士后，在瑞士苏黎世大学获得博士学位，1985 年回国后，在复旦从事博士后工作，师从谢希德。作为国内模拟电路芯片设计的先驱和领军导师，从归国到现在，洪志良教授培养了数百名芯片设计方面的硕士和博士，其中的很多如今都

李梦雄　忙着活，或忙着做芯片

成了国内外芯片公司的栋梁之材。桃李满天下、德高望重的洪志良教授也非常喜欢运动，足球、篮球、围棋、扑克都是洪老师擅长和喜欢的项目。"学习锻炼两不误，洪老师以身作则，不仅教我们如何设计电路，也教我们如何生活，如何平衡工作和家庭。研究生时期，我们有一个足球队就叫'洪先生队'，洪老师也跟着我们一起上场比赛，还连续拿了三届复旦研究生联赛的冠军。两次我都是球队队长，我们'洪先生队'是当时当之无愧的明星球队。"李梦雄说道，"这是一段值得回忆的幸福时光，在这个时期与老师和同学建立的深厚感情，对我后来回国创业也起到了不少作用。"

求职新加坡、留学英国，领悟"勤奋"的真正含义

2001年研究生毕业后，李梦雄来到新加坡OKI研发中心任职，进行射频芯片、蓝牙、ADC、DAC等模拟技术的研究。"当时半导体产业对新加坡非常重要，新加坡也非常重视人才引进，从中国花大力气引进了很多优秀的半导体人才。最近几年国内的发展日新月异，反过来出现了人才回流现象。"李梦雄表示，"我在新加坡待的时间不长，不到两年时间。"问起对新加坡的印象，李梦雄说："新加坡的国父李光耀深深地影响了我。他倾注了他所有的热情、专注、勇敢和智慧建设新加坡。在我看来，李光耀是20世纪最杰出的华人之一，他强烈的目标感和使命感启发了我。从经营公司的角度来学习李光耀，我认为最重要的就是他的使命感和努力勤奋。真正的勤奋，不是被迫的重复性的机械劳动，也不是自我感动式的日夜无休，更不是因为拖延症导致的最后一刻的效率爆发，而是来自于一个人的内心深处，对那些无法获得即刻回报的事情，仍然能够保持数十年如一日的专注和热情。"

2003年，李梦雄进入英国诺丁汉大学攻读博士学位，并在三年内完成了博士的学业。2006年读博期间，李梦雄就进入Sequans公司英国分公司，边读书边工作以获得更多行业经验。

2009年，李梦雄加入Sensata汽车传感芯片事业部，专门负责汽车无线传感芯片的设计与开发。在此期间，他带领团队负责年出货量近亿颗的汽车传感芯片的设计、客户导入、支持与量产。这几款汽车传感芯片的终端客户基本覆盖了所有知名的整车厂商，如宝马、奔驰、通用、福特、大众、丰田等。"在项目开发

过程中我也学习和积累了全面的汽车芯片行业管理经验。"

洞察汽车产业链变迁，决定回国"造芯"

  Sensata 汽车传感芯片事业部坐落在英国西南部小镇 Reading 旁边。Reading 是英国英格兰东南区域伯克郡一个重要城镇和交通枢纽，距离希斯罗机场不到半小时车程。2014 年前后，Sensata 重点开拓中国市场，李梦雄频繁往返希斯罗机场和浦东国际机场之间，"岁月静好"中的他逐渐意识到，随着中国汽车市场逐年扩大，汽车产业链已经快速地从欧美转向中国。20 世纪 70 年代以来，随着日、韩和欧洲汽车业的兴起，美国汽车产业江河日下，汽车城底特律逐步走向衰退，成为人们纷纷逃离的"鬼城"。虽然欧洲有德系车这条"大腿"，依然养活着恩智浦、英飞凌等众多半导体公司，但是汽车产业正在发生深刻的变化。"过去 10 年，手机的发展史尤其是智能手机产业链的发展史带动了中国电子产业的空前发展与繁荣，这个产业的发展历程也是中国电子产业的一个新生的过程。我觉得这个故事大概率会在汽车产业再次上演。"李梦雄说，"所以我觉得再在欧洲待下去，这里可能在某一天就会成为下一个底特律，说不定 5 年、10 年后我就会失业。"

  随着比亚迪、吉利等中国自主品牌车企逐渐壮大，和欧美国际大厂的差距越来越小，汽车配套产业链的发展也日新月异，国产汽车芯片领域也迎来了曙光。"刚回来的时候我需要找钱、找人，让项目落地，像一个救火队员。"李梦雄说。后来在复旦微电子学院张卫教授、王鹏飞教授以及许多复旦校友的帮助下，临时借用了复旦张江校区的两间办公室，与李曙光、徐红如、温立等核心团队一起，搭起了琎捷这个平台。琎捷的第一款汽车传感芯片，也是在复旦张江校区的办公室里诞生的。

  "我们创始团队的主要成员都是复旦校友，包括公司的天使投资方也是我们复旦的校董。琎捷早期是在复旦校园里面孵化出来的，我们对复旦有特殊的感情，不仅因为她是我们的母校，也因为复旦和复旦微电子学院的老师们当年培养了我们，并且又在我们创业的时候给我们提供了巨大的帮助和支持，我们真心感恩。"

  至于公司定位的产品"突破口"，第一款芯片产品，团队非常明确：TPMS（轮胎压力监测系统）传感芯片。李梦雄解释，随着汽车市场日益扩大，安全事故也频频发生。有数据显示，汽车轮胎问题导致的事故占全体事故的 70% 左右。为此，各国都推出了 TPMS 强制安装时间表，中国在 2010 年就推出了国标胎压监测推荐性标准，虽然中间因为各种原因，正式强制标准一直迟迟未能落定，但是在 2014 年的时候，胎压强制标准已经是"山雨欲来""箭在弦上"了。2017 年 9 月 27 日，《乘用车轮胎气压监测系统的性能要求和试验方法》（GB 26149—2017）正式出台，其中规定从 2020 年 1 月 1 日起，在所有 M1 类车辆的新车中强制安装 TPMS。"因为有这个政策利好的驱动，每辆汽车需要 4～5 颗 TPMS 芯片，这将是一个巨大的市场机会。"

2015 年 3 月，琻捷正式成立。

李梦雄和他的创始团队前后花费了近 20 个月的时间，直到 2018 年通过车规 AEC-Q100 认证，成功量产国内首款 TPMS 传感芯片，并在 2019 年成功打入了汽车前装市场，实现前装量产出货。公司日志上清晰地记录了公司的每一个里程碑的时间节点：芯片原型设计花费 168 天，可靠性测试与认证花费了 586 天，并累计进行了 12 次底层固件更新。

随后，琻捷迅速迭代了 TPMS 传感芯片产品，进一步提升了现有产品的通信效率并降低功耗，还扩大了公司产品线。除 TPMS 传感芯片之外，车载通用传感芯片、电池压力传感芯片、车载无线传输芯片等也已量产或在客户送样阶段。

做汽车芯片的"三重境界"

"芯片是一个周期比较长的创业方向，而汽车芯片更是如此。"李梦雄表示，"首先是研发过程非常长；其次，车规认证、上车测试、导入、交付都非常耗费时间和精力。也正因如此，汽车芯片门槛高，对可靠性、质量要求更高。创业者需要反复捶打磨炼。"

在李梦雄看来，汽车芯片有三重境界。第一重境界是，在芯片的性能和可靠性上，要不输国际大厂，甚至在关键性能指标上要比国际大厂强，这是客户重点关注的。这需要专业的技术积累，选对正确的突破方向。只有在关键点上实现差异化，客户才会有替换意愿，甚至愿意溢价去尝试。第二重境界是，完成完整的车规级测试认证，实现客户端导入，包括：① 实现芯片功能安全等级划分和设计；② 完成芯片级别的可靠性认证；③ 完成客户端的导入和上车测试、道路测试。这里包括既要完成一级供应商比如模组厂商的测试和认证，也要完成 OE（原始设备）终端整车厂商的测试和认可，包括严苛的上车测试和道路测试。第三重境界是，实现规模化量产和交付。从实现交付工程样件到实现批量量产中间也需要做严格的工程管控、文档支持。产品生命周期内可追溯、零失效率、量产交付都需要技术积累和专业经验。

"无论是芯片设计周期还是客户的认证周期都非常长，我们必须静下心来，发挥本土化的供应链和人才优势，踏实把产业链做好，做好服务，做好产品。"李梦雄强调，"我们跟投资人也明确提出，投资汽车芯片一定要有一起艰苦奋斗的心理准备。"

如今珑捷团队经过几年齐心协力的奋斗，获得了不少主流客户包括一级供应商和OE终端整车厂商的认可。"首先是认可我们的专业能力，在汽车芯片领域，我们确实是国内不多的有专业汽车芯片背景的团队。其次，我们在对客户需求的快速响应、快速支持方面也获得了认可。"李梦雄强调，作为本土芯片供应商，更靠近市场、更靠近客户是相比国际大厂的一大优势。很多时候，成本、性价比对客户不一定是最重要的，最重要的一定是给客户提供的服务是不一样、最接地气的，有问题能得到最及时的响应。他进一步指出："我们的部分产品已经完成了国产替代，得到了客户的认可，我们目前正在做的事情是差异化，为客户提供更符合应用需求的新产品、新功能。在与客户的持续合作中，客户一定会产生新的需求，但是这个需求可能是一个模糊的概念，客户自己也并不清楚新的需求到了芯片层面怎么实现，或者用哪种技术实现。这就需要我们自己做判断，同时跟客户做充分的沟通，站在客户的角度来设计这个产品。"

最后，在新产品更新迭代方面，李梦雄认为本土芯片厂商贴近市场、贴近客户需求，反而比国际大厂走得更快，也更有意愿跟客户一起推动汽车智能化新需求、新应用的落地。"很多时候这种差异化可能只是一个比较小的微创新，但是这些微创新在应用层面上意义很大。"

"get busy living, or get busy 'dieing'"，这句话源自电影《肖申克的救赎》，主人公说："get busy living, or get busy dying（忙着活，或者忙着死）。""die"在半导体业是硅片中一个很小的单位，称为晶粒，李梦雄把"dying"改为"dieing"，作为芯片从业人员，他重新诠释了这句话的意思——忙着活，或者忙着做芯片。

今天珑捷已经进入发展快车道，李梦雄谈到创业的感受："创业是一个不断学习、不断进化的过程，越往前走，脚步越快，越有使命感，也越能感受到人才

李梦雄　忙着活，或忙着做芯片

的重要性。在创业过程中，我十分幸运找到了、遇到了创始团队里面这些优秀的团队成员，从琻捷创立至今，我们作为一个团队，一个整体，一路走来相互激励，团结一致，大家始终对公司未来的发展充满信心，一路相伴成长，彼此珍惜。这十分难得。这其中，彼此信任是一切的基础。人才一定是公司最核心的元素，我们希望把公司建设成一个舞台，希望有更优秀的人加入我们，希望我们这个舞台能给每个人展示自己能力的空间，发挥自己才华的机会。"

"因为相信，所以看见。"李梦雄谈道，"我们身处一个激动人心的汽车行业大变革时代：汽车在电气化、智能化、网联化、共享化的演进道路上一路向前，加速驶向未来。我们相信，这是一个属于智能汽车的时代，在未来的10年、20年，智能汽车将深刻地改变每一个人的生活，正如过去10年智能手机深刻地改变了每一个人的日常生活一样。我们走到一起，只为一个共同的愿景：把琻捷做成中国的'英飞凌'，这是我们的历史使命！"

向建军
立志撬动IC支点，点、线、面立体打造IP新蓝图

文/李映

向建军（见图41），成都锐成芯微科技股份有限公司（以下简称"锐成芯微"）创始人兼总经理，有20多年的半导体行业从业经历，成都本土半导体发展领军人物。从兰州大学微电子专业毕业之后，2003年他来到上海从事集成电路设计，先后在Diodes的前身新进半导体、芯原和四川南山之桥微电子有限公司（以下简称"南山之桥"）从事研发和项目管理工作。之后担任四川和芯微电子股份有限公司（以下简称"和芯微"）市场负责人，全程参与了从产品定义、开发到推广、销售的全过程，对运营和供应链管理有深刻的理解。2011年12月创立锐成芯微。

图41 向建军

"芯"之所至，能向往IP吗

如果有这么一个机会，有机构愿意投资几千万元，让你选择半导体项目，那

向建军　立志撬动 IC 支点，点、线、面立体打造 IP 新蓝图

无疑大多数人会选择 IC 产品设计，而处于产业链最上游的 IP 则大概率恐无人问津，因为做 IP 真的太难了。

如今的 IP 是一个被海外厂商高度垄断的市场，2019 年全球半导体 IP 市场总价值约为 39.4 亿美元，前十大 IP 供应商占据了高达 78.1% 市场份额，而其中 9 家是海外公司，大者恒大的局面依然如故。此外，IP 的难上加难还在于一是做 IP 太辛苦，需要不断为每次技术更新而重新投入研发，这是一个要下真功夫、花大气力、啃硬骨头的技术密集型行业。二是相较制造业来说产值不大，因而地方政府重视程度不足。同时国家在这一领域的投入也尚未能直接惠及 IP 公司。三是虽然 IP 技术含量很高，但是国内 IP 公司普遍体量较小，大都未及上市标准，难以获得投资机构的青睐。

这些因素让国内从事集成电路设计的团队大都对 IP 创业"望而却步"。但偏偏向建军却"反其道而行之"，在 IP 路上孜孜以求了将近 10 年，为何他能在"人迹罕至"的路上坚持 10 年不动摇？

因为他坚信，IP 才是芯片的"核"心，才是撬动半导体业成长的"支点"。

切入的"变局"

当时间回到 2011 年，已在 IC 领域历练了多年的向建军，做出了一个重要的决定：回成都创业，以低功耗技术为基点，探寻一条中国 IP 的突围之路。

向建军的这个决定并非一时冲动，而是基于从业多年的深刻思考。

出生于四川巴中的向建军有着四川人特有的直爽和吃苦耐劳的性格。从兰州大学微电子专业毕业之后，2003 年他来到上海从事集成电路设计，先后在 Diodes 的前身新进半导体、芯原和南山之桥从事研发和项目管理工作，从而积累了丰富的集成电路设计经验。之后他来到和芯微任职市场负责人，全程参与了从产品定义、开发到推广、销售的全过程，对运营和供应链管理有着深刻的理解。

一切看似水到渠成。向建军分析，国内集成电路技术突破发展多年但仍步履维艰，其根本原因之一在于核心 IP 技术的缺失。只有国内 IP 厂商成长了，才能有力地解决这一问题，从而真正地实现"中国芯"。

选择了 IP 之路后，首要任务是在格局初定、强敌环伺的环境下找准定位。

向建军剖析，因 IP 业在海外已发展多年，在产业初期，很多公司靠某个细

分领域的技术突破，一招鲜吃遍天。但随着产业的发展和设计生态的成熟，这一发展思路已无法适应当今的市场。

随着设计日趋复杂，IC 设计厂商已不仅需要一个 IP，更需要一整套解决方案，以缩短产品设计周期，降低成本投入和风险。同时，IC 设计公司也期待 IP 厂商可以更先于自己去探索和布局未来的技术方向，更早地完成 IP 验证，从而提供更为成熟的产品方案。而且在设计环节，不仅是提供 IP，同时也能够提供设计相关的服务，协助优化产品设计，降低设计风险，并在出现问题时可协同快速定位和解决。

因而，向建军从一开始就确定了公司由点及线、由线及面、由面而立体的"升维"发展思路。

升维的"进阶"

从一开始涉入，向建军就朝着"全垒打"进军。

向建军介绍，所谓点，就是要由一个核心技术作为突破口，以实现公司的初期发展；所谓线，就是通过拓展关联性技术，实现多点出击，稳固公司发展；所谓面，就是跳脱单一 IP 解决方案的思想桎梏，将所拥有的技术磨砺成为面向各个应用领域的完整平台解决方案；而所谓立体，就是基于这一平台解决方案来联合更多的技术、团队、公司，以形成产业集群。

可以看出，起步的这个"点"是整个发展设想的核心所在，不容有闪失。基于多年的行业思考和观察，几经考虑，最终向建军选定了低功耗模拟技术作为公司初期的技术研发方向，并确立物联网为未来市场的重心。

正所谓知易行难。在创业初期，由于公司没什么名气，发展之路可谓异常艰辛。向建军持续着力寻求单"点"突破，渐渐地，凭借着产品优异的低功耗特性和表现，锐成芯微赢得了国内客户的信任。2016 年，锐成芯微基于超低功耗技术一举推出面向 NB-IoT/IoT/MCU 的完整低功耗 IP 解决方案，实现了单芯片待机功耗低至 350 纳安，这一功耗指标仅为竞争对手的 1/10 ~ 1/3。凭借这一"点"的突破，锐成芯微在国内 IP 领域占据了一席之地。

但显然，单一技术产品还无法满足更广泛客户的需要，如何按照"点—线—面—立体"的这一战略规划稳步推进，实现多点共赢、由点及线，向建军始终不

向建军　立志撬动 IC 支点，点、线、面立体打造 IP 新蓝图

得要领。

经过对国内外客户市场的调研，向建军发现 eNVM（嵌入式非易失性存储器）是未来电子产品智能化、网络化的核心技术，而恰恰在这一技术领域，国内厂商仍高度依赖海外公司的 IP。

此时，一家远在美国的 eNVM 设计公司 Chip Memory Technology（CMT）进入向建军的视线。这家公司开发的 MTP（可多次编程）技术拥有业界领先的高可靠性，在 175℃高温下仍可稳定工作 10 年，同时该技术可大幅降低产品生产测试成本，并拥有 98% 以上的高良率，这些特性也使得其系列产品广泛应用于汽车电子、医疗电子、工业控制、智能电源等领域。向建军设想如果能将之结合锐成芯微现有的超低功耗模拟 IP 技术，即可构建一套数据采集和数据存储的 SoC 基础 IP 设计平台，大幅满足多重应用客户的需求。

基于这一判断，公司于 2016 年合并了 CMT 并推出全球领先的 LogicFlash（逻辑闪存）产品，不仅由此迅速跻身于提供全球汽车电子类芯片嵌入式存储器解决方案的公司的行列之一，同时还凭借此产品的抢眼表现，拓展了同国内大型设计公司的合作，并进一步拓宽了海外市场，公司的 IP 产品开始远销欧、美、日、韩等国家和地区。

连战连捷之后，向建军仍在"锐意进取"。随着物联网的飞速发展，数据经由采集、存储之后如何能够通过无线连接进行高效率、低能耗地稳定传输，成为业界关注的焦点。市场对于无线射频通信 IP 的需求也与日俱增。在掌握了超低功耗技术和高可靠性、低成本 eNVM 技术之后，向建军敏锐地观察到这一市场需求，即刻将目光投向了国内技术领先的蓝牙设计公司成都盛芯微科技有限公司（以下简称"盛芯微"）。当时公司所拥有的超低功耗蓝牙技术不仅能提供极佳的通信灵敏度，而且基于此设计的芯片面积较同类产品节省了 40%，有着极为明显的成本优势。在 2019 年，锐成芯微与盛芯微合并，一举补足了射频类 IP 产品线，为迎接物联网无线化趋势做了充足的准备。

经由这一系列并购举措，锐成芯微已从超低功耗技术这一"点"起步，逐步构建成超低功耗模拟 IP 和高可靠性、非易失性存储器 IP 的两点一线，并进而形成模拟 IP、存储器 IP 和射频 IP 的三足鼎立产品格局。因而，在市场上的表现势如破竹：先后与 18 家晶圆代工厂建立了合作伙伴关系，累计设计了 500 多个 IP，一举构建并完成了适用于物联网、汽车电子、医疗电子等各个方向的多个平

台化产品，并已被 300 多家客户的几百个产品使用，累积出货超过 300 万片晶圆。

可以说，这一由点及线再到面的战略已基本构建。

"为何平台化策略会成功？"向建军对此有着深入的思考。他认为，"成功不仅仅源自新技术的简单累加，这其中不能忽略的还有技术支持服务以及产品附加值创造。通常，客户会同多个 IP 供应商采购 IP，这一方式本身就带来了极大的沟通成本和协作风险，往往为了协调各 IP 间的特性和功能以满足芯片的要求，客户需投入大量的人力和时间去协调各方资源进行讨论和处理，或需要技术支持和调试排错。再则，零散的采购降低了客户的议价能力，采购成本要远高于集中化采购。而锐成芯微的平台化产品，为客户带来的不仅仅是上述成本投入和风险的降低，还可以基于自身对应用的深刻理解和同类型客户项目的经验累积，从规格定义到设计细节再到常见问题规避，都可为客户提供切实的技术协助，更重要的是为客户产品本身带来更高的附加值。"

"公司的低功耗、高可靠性特性，更具优势的低成本设计，更高的良率产出，面向特定应用的整体性能和功能优化，都在实打实地增强客户产品的竞争力。当客户进行芯片设计时可借由这些特性获取更高的利润，也自然乐于与我们分享这一收益。"向建军借由点、线、面的构建成就了公司的"三级跳"。

立体的"突破"

经过十年的锤炼，向建军已将公司打造成国内 IP 领域的生力军。

此时的锐成芯微，也不再只满足于打造这样一个"面"。向建军认为，下游的 IC 设计产业做大做强，才能带动产业内的企业同步成长。基于这一理念，近年来，他逐渐将目光转向技术合作和协同，希望通过各企业间的技术资源分享以及新技术团队孵化实现这一目标。

于是集成电路专业孵化器平台——"芯空间"于 2016 年应运而生。向建军希望凭借自身技术和市场能力来反哺半导体行业初创企业，进而推动整个设计产业的发展。

谈及孵化器创立的初心，向建军不无感慨地说："这一路走来，得到业界诸多帮助，觉得有义务和责任去帮助反哺半导体行业的初创企业。让有着很好技术能力的团队可以凭借此平台快速成长，为业界提供更优秀的产品设计。"向建军

向建军　立志撬动 IC 支点，点、线、面立体打造 IP 新蓝图

通过将公司开发的 IP 无偿开放给孵化器上的初创团队使用，解决了初创企业的资金难题。同时他自己也亲自担任"芯空间"创业导师，将多年积累的丰富的设计、运营、市场经验分享给孵化器上的团队。如今在孵团队中已有不少初获成功，如 MCU 产品研发公司——成都蓉芯微科技有限公司已成功从孵化器毕业并获得融资；而另一个令人印象深刻的是在孵可穿戴智能医疗项目"芯衣葆"，它的出现将让不少糖尿病、皮肤病患者的病情得到极大的缓解。

向建军与产业上下游之间的战略合作也在同步向纵深推进，以形成一个全新的"立体"式作战阵列：2019 年 8 月，锐成芯微与无锡华润上华科技有限公司双方联合推出基于后者的 110 纳米嵌入式闪存技术平台的低功耗物联网完整解决方案；2019 年 9 月，锐成芯微宣布加入 SiFive 的 DesignShare 生态系统；2020 年锐成芯微同国内一线 CPU 设计公司上海兆芯集成电路有限公司（以下简称"兆芯"）合作；等等。这些都是在产业共赢思路下结出的"硕果"。

特别是与兆芯的合作进展迅速，双方推出了一系列面向高端应用的高速高性能 IP 产品，包括 PCI-E 3.0、SATA 3.0、USB 3.1 Gen 1/Gen 2、DDR 3、DDR 4、DP/HDMI 及 EtherNet IP 等，且全套产品基于 16 纳米 FinFET 先进工艺设计，是国内为数不多的已在国产高性能 CPU 上大量量产的完整解决方案，性能已达到国际同类产品水平。除了应用于高性能 CPU，还可广泛应用于 AI 芯片、高速数据存储、高速音视频处理等领域，未来前景可期。

由点及面、由面到立体的发展战略使得向建军的步伐越来越稳，路越走越宽。

未来的"进取"

如今的 IP 市场也走到了分化的"拐点"。

伴随着半导体技术的日新月异、应用需求的推陈出新，市场在不断提出新的 IP 需求，传统的 IP 市场分类和格局也在随之生变。"由于物联网、5G、人工智能等新兴技术的发展，半导体产品生态将会更加丰富，同时设计规模和设计难度也将进一步加大，使得客户对于 IP 的种类、功能和性能都提出了更多、更个性化的需求。"向建军分析说。

从未来趋势来看，高速接口 IP 的重要性正在增长，其他诸如低功耗模拟

IP、存储器 IP、模拟和混合信号以及无线接口 IP 都将成为新的增长点。同时，市场正在从通用 IP 向更多特定应用的 IP 转变。变局仍在酝酿。

而随着 2020 年开局疫情的全面冲击，需求侧、供给侧以及应用链的波动持续加剧，对于国内的 IP 厂商而言，机遇与挑战并存。在国产化替代的大趋势下，半导体产业链这一具有技术战略威慑力的环节必然会被不断加强，而 IP 无疑是核心"锚点"之一，亦需更多普惠式的扶持。

"期待国家和地方政府进一步向设计业上游做资金和政策倾斜，降低 IP 设计行业的运营成本。鼓励国内 IC 设计公司加大国产化 IP 采购比例，支持半导体产业链上下游同本土 IP 公司更紧密地进行衔接。有序地使有技术、有资质、有潜力，满足市场需要，经历市场竞争检验过的 IP 企业更快上市，从而打造一支集成电路设计的技术中坚团队。"向建军建议道。

陈峰

结缘图像技术，踏上AI芯片快车道

文/邝伟钧

陈峰（见图42），亿智电子科技有限公司（以下简称"亿智"）创始人兼CEO，毕业于北京科技大学自动控制专业，有20余年的SoC系统设计与管理背景。1999年进入珠海亚力电子有限公司（以下简称"亚力"），后来参与创立珠海炬力集成电路设计有限公司（以下简称"炬力集成"），2007年参与创立珠海全志科技股份有限公司（以下简称"全志"），一直专注于图形图像与显示处理技术领域。曾主导设计的高清多屏图形与显示处理单元全球出货量超过3亿片。2015年离开全志，于2016年创立亿智。亿智是以AI机器视觉算法和SoC芯片设计为核心的系统方案供应商，专注于视像安防、汽车电子、智能硬件领域智能化。

图42 陈峰

2016年谷歌AlphaGo人工智能围棋程序与韩国围棋选手李世石进行了一场"世纪人机大战"，最终，AlphaGo以4∶1的总比分战胜李世石。AlphaGo人工智能围棋程序是第一个战胜围棋世界冠军的人工智能机器人，它是由谷歌研发的，主要工作原理就是深度学习。这个工作原理也就是人工智能AI的主要算法原理。

"自从AlphaGo下棋战胜了世界冠军，我觉得AI这项技术终于能够真正应用在一个实实在在的产品上或者领域里了。以往AI只存在于实验室，在这之后相信AI会有广泛的落地方向。"陈峰略带兴奋地在内心筹划着做一些"有趣"的事。

果然，依靠近20年在图形图像显示和处理技术领域的积累，加上SoC系统集成设计和管理的经验，陈峰于2016年在珠海创立了亿智，以AI的机器视觉算法赋能SoC芯片。

为何取名亿智？陈峰解释，他坚信未来亿万家庭万亿设备智能化必然是大趋势，而亿智在这一大潮中将扮演重要的角色。从2016年组建公司和团队以来，短短两年时间，亿智已经成功流片第一颗AI SoC芯片，并且陆续获得北极光、达泰等天使轮的投资，2019年初也获得英特尔战略投资并成功量产AI系统级别的芯片。

"幸运"踏进半导体芯片行业

1995年，陈峰高考获得全县第一名，他报考了北京科技大学的自动控制专业。与大多数学生埋头苦干专注自身专业不一样，陈峰除了学习自动控制的专业课外，同时也做起了网页软件系统设计和数据库搭建，此外还对图像算法和半导体芯片领域有着浓厚的兴趣。

正是对不同领域的知识的兴趣和热情，夯实了陈峰在大学阶段和进入半导体产业的知识基础。毕业前，他已经在IBM实习了一段时间。

"IBM当时给我培训Lotus Notes、Lotus Domino系统，我就用这个系统做了当时可以算是中国第一个电子商务网站的IBM PC。当时IBM的个人计算机是可以通过这个网站购买的，而这个网站前台页面、后台数据库、网站汉化都是我和大学同宿舍的另一个舍友完成的。"陈峰说起在IBM实习工作的成果时激动的心情溢于言表。

在校期间已经在IBM实习，一周上三天班，第一个月拿到手的实习工资足有2000多元，这在当时可是一笔"巨款"。由于在IBM实习期间表现优秀，1999年7月毕业时，IBM便给予了陈峰正式的工作机会。然而，陈峰并没有选择留下来。

陈峰　结缘图像技术，踏上 AI 芯片快车道

虽然在 1999 年大部分北京的高校毕业生都会继续攻读硕士或者留京工作，而陈峰也坚信以他在 IBM 实习期的表现肯定能够获得 IBM 的青睐并留京，但是当时学校并没有把留京指标给陈峰，因此他家人希望他到离家更近的深圳去。

"家人认为如果没有户口，在北京如同'打工黑户'，因此建议我到深圳去。"陈峰说。

为此，毕业前的陈峰来到深圳，打算签约进入深圳市公安局。一次偶然的机会，他在与老乡聊天中得知珠海有一家做半导体集成电路的公司。由于当时中国真正意义上做芯片设计的公司几乎没有，所以这个消息让陈峰内心有些按捺不住。

这家公司便是亚力，主要经营超大型集成电路设计测试、晶片生产、单晶硅薄片测试，属于完全市场型的台资芯片设计公司。"可以说，亚力是中国 SoC 芯片设计界的黄埔军校，培养了不少半导体人才。"陈峰说。

虽然陈峰已经拿到了深圳市公安局的录取通知，但由于对半导体芯片领域的兴趣和热爱，陈峰对这家公司一直"念念不忘"。

当时亚力早已结束了招聘，但陈峰不想就此错过这家公司。于是他在内心的指引下甚至有一些"莽撞"地来到亚力楼下，直接向前台表达了求职的意愿。"当时特别想进入这家公司，因此鼓起勇气就直接去了，希望能争取一下。"提起当时的情景，依然能感觉到陈峰在那一刻的急切和渴望。

"当时简历都没有准备，匆忙在楼下打印铺让老板按照招聘表的模板临时打印了一份简历，然后就冲到前台。"陈峰回忆，"当时前台帮我安排了系统研发部门的主管会面，对方没有拒绝我，并给了我一份试卷来做。"

凭借一定的软硬件开发经验和能力，一个半小时左右陈峰就把试卷做完了。"运气不错，大部分题目都懂。"陈峰谦虚地说。试卷完成后，系统研发部主管便找来面试负责人直接与陈峰面试，谈了约半个小时，陈峰十分顺利地得到了这个工作机会。

"对于软硬件开发来说，设计能力是基础，亚力的主管可能看到我身上对于这份工作或者行业的热情，加上交谈中并没有发现什么坏毛病，人还比较机灵吧。"陈峰说，"按照当时亚力招聘的人员来看，基本上都是清华、北大、复旦等一流院校的学生，我还是很幸运的！"

就这样，带着一份热情和兴趣，陈峰正式踏入半导体芯片行业，开启人生的下一阶段。

因"玩"游戏芯片而结缘图像技术

在进入亚力后，陈峰的好运气似乎仍然在延续。当时他被安排到公司的一个游戏机芯片项目上。"我对游戏机芯片还是很感兴趣的。"陈峰说。

在这个游戏机芯片项目中，要对当时在市场上正火热的第五代世嘉（Mega Drive）游戏机进行反向设计，就是要把世嘉游戏机里面的多个芯片的版图研究明白，再画出电路，然后再提升，合而为一，变为一个芯片。可以理解为现阶段的 SoC 系统芯片整合。

当时家用机游戏在国内已有 20 多年的历史，它曾孕育了中国最早的一批玩家。在这漫长的时间里面，世嘉游戏机与任天堂家用红白游戏机是很多生于 20 世纪 70—90 年代的人的美好回忆。20 世纪 80 年代，世嘉游戏机与同时期发布的任天堂红白机相比，无论是在游戏性方面还是在主机性能方面都更优秀。

1988 年世嘉第五代游戏机发布，这是第一台拥有 16 位处理能力的游戏机，搭载摩托罗拉 68000（16bit）的处理器，性能大幅领先对手，而且当时移植了不少优秀的街机游戏，是众多中高端游戏玩家的新玩物。

"世嘉游戏机价钱较贵，1999 年的时候要卖 1000 多元，一般家庭还是负担不起，主要流行于游戏机厅。"陈峰表示，"当时中国正向做一个游戏机基本是不可能的，因此反向设计游戏机芯片做整合这工作就是我来负责的，随后把芯片整合出来再卖给原厂。"

陈峰把游戏机芯片"玩"弄了一通，也正是在这个过程中累积了不少图像处理和芯片设计整合的经验。在芯片整合成功后，陈峰还把后续的游戏开发工具做了出来，并且教会了日本方面的编程人员基于这个芯片平台开发游戏。

据陈峰透露，从 1999 年做这个游戏机芯片项目开始，到真正实现 SoC 芯片整合，大约经历了两年的时间，而此时陈峰已经身处炬力。

炬力的前身实际就是亚力，在 2000 年互联网泡沫的大环境下，亚力在 2001 年前后缩减规模，不少人被裁员。"剩下来可能就二三十人，那时候基本全班人马直接转移到新公司，也就是炬力。"陈峰解释。

炬力成立后，在当时创始人和总经理赵广民的带领下，短短两年内研发的 MP3 多媒体主控芯片占据了全球 50% 以上的市场份额，这是一个了不起的成绩。炬力的营业收入在 MP3 芯片业务之前，主要是靠陈峰负责的游戏部门的游戏芯

陈峰　结缘图像技术，踏上 AI 芯片快车道

片撑起来的。

陈峰略带骄傲地说："MP3 芯片之前，我的游戏部门一年能够盈利至少 100 万～200 万美元，可以说前期是游戏部门养活了公司，使公司有资本去做 MP3 的芯片。"

由于一直在游戏部门工作，陈峰从开始负责整个芯片里显示与图像控制相关的代码撰写，到后来同时独自设计游戏芯片里的图形处理器。

除了积累软硬件开发能力，陈峰还接触市场，聆听市场和客户的需求。"最初工程师就几个人，而且当时并没有把市场、营销、技术分得那么细，因此我必须去接触市场和营销，这样才能把产品研发的效率提高。"陈峰回忆。

后来在全志期间，陈峰依然专注图形图像处理这一领域，包括图形处理器整合，图像图形显示、控制等相关技术的研发。

从亚力到炬力再到全志，陈峰在图形图像技术的开发和芯片设计方面的能力得到充分的锻炼，并获得提升，加上拥有市场和与客户打交道的经验，这一切都为陈峰未来创业奠定了基础。

瞄准 AI

"离开全志后并没有马上规划成立一家芯片设计公司，反而根据自己的技术和兴趣想做一些基于芯片的应用场景产品。"陈峰说。随后在与伙伴们讨论后，怀着热情，陈峰做起了工业自动化机器人。

对于陈峰和他的几个伙伴来说，不论是在炬力还是在全志期间，虽然他们并不是创始人，但是也算是第一批技术创始股东，因此他们拥有炬力和全志的流通股票，可以说他们具有一定的积累。

陈峰分析了这类工业自动化机器人的应用场景，认为会非常广泛，如地下管道的瓦斯检测、毒气检测、漏水检测，可以从事某些场景下会对人造成危险的工作。对于工业机器人的开发，陈峰倾尽所能，把当时最先进的软硬件都放进去，例如红外线和定位雷达，SLAM（同步定位与地图构建）算法和 UWB（无载波通信）室内定位技术。

"2015 年开始研发，用了不到一年的时间，到了 2016 年机器人就可以运行起来了，当时使用的技术在业内还是相对领先的。"陈峰颇为自豪地谈起。

从一个研发工程师的角度来看，产品功能各方面是优秀的，可是从市场需求、采购成本等方面来考虑，这款机器人的市场规模和空间是相对狭窄的。为此，这个创业项目遭遇了诸多挫折。

时间来到2016年，对于陈峰来说，转折在一场机器人与世界围棋冠军的比赛中出现了。

谷歌AlphaGo以4∶1的总比分战胜围棋世界冠军李世石，这使AI第一次获得世人关注。以往AI是存在于实验室里的东西，受限于运算能力和数据采集等条件，一直没能落地应用，而随着各方面条件的成熟，陈峰坚信AI在未来会有广泛的落地方向。

陈峰意识到了机遇，果断地放弃了此前的项目。"我和伙伴们商讨后，一致认为AI会是未来的一个大趋势。"陈峰笑着说。于是在2016年，亿智成立。陈峰转弯投身于AI的芯片领域。

在陈峰的理解中，AI的算力载体是芯片，而数据是应用场景，存在于大数据公司。因此不论是算法还是数据，芯片是两者的载体和运算中枢。

由于对芯片设计的兴趣和丰富的图像图形软硬件算法技术经验，陈峰毅然转入基于视觉的AI芯片的研发。

踏上AI的快车道

亿智目前是以AI机器视觉算法和SoC芯片设计为核心的系统方案供应商，分别设立了北京算法研究中心、珠海研发中心和深圳行销中心。

对于创业初期面临的困难，陈峰总结了两点。

首先是算法硬件化，或者说是芯片的编码具有不确定性。在这波AI大潮的发展初期，由于应用场景还没有明确的方向，AI算法IP化、芯片化需要花费两年左右的时间，这两年时间中，会否出现算法的根本迭代，这是具有不确定性的。假如花了大量时间把算法芯片做出来，可是不适合当时的应用场景，那会是无用功。"心里当时是非常忐忑的。"陈峰表示。

其次，人才建设也是亿智初期做AI视觉算法和芯片设计面临的困难。"创立公司的开始阶段，资金并不是我们首先担心的，我们更担心人才的问题。"陈峰坦言。

陈峰　结缘图像技术，踏上 AI 芯片快车道

陈峰认为 2016 年做基础算法的人和公司都很少，而且在南方没有真正做基础算法的公司，因此当时在北京设立算法研发中心也是为了更方便与北京高校合作，以获得更大的人才优势组建基础的人工智能算法团队。

可是毕竟亿智的研发总部在珠海，要想招揽更高端的人才便会显得困难重重。陈峰透露："相比较北上广深等一线大城市，珠海的高端人才吸引力并不足。加上从事芯片设计的人才全国范围内也较少，因此对于想拼搏的优秀人才来说，珠海并不会是他们的第一选择。"

虽然面临不少挑战和困难，但是陈峰在 AI 视觉图像芯片设计这条路上坚持了下来，而且开始不断突破。2017 年，亿智第一颗 SoC TestChip 成功流片；随后 2018 年获得北极光和达泰天使轮战略投资，同时第一颗 AI SoC TestChip 流片测试成功；2019 年，相继获得英特尔和中建投战略投资，并且实现了 AI 系统级芯片量产。

目前亿智的 SoC 芯片解决方案主要应用在安防、汽车后端市场、智能硬件 AIoT。按照陈峰的研判，未来所有的设备都会往智能化方向发展，而且配合上 AR（增强现实）、VR（虚拟现实）等视觉技术，它会延伸出许多以往实现不了的刚需应用产品，而亿智已经开始在如儿童成长记录仪和老人看护仪等图像检测消费领域布局。

对于亿智做 AI 图像视觉 SoC 系统方案，陈峰表示，交付给客户的除了一颗 SoC 芯片，还有相应的配套软件系统服务。谈到亿智 AI 芯片的优势，陈峰底气十足："我们的一颗芯片便可以解决特定应用场景的需求。并且可以在不联网的情况下，赋予终端设备足够的算力，通过算法结构化能在本地把图像图形视觉识别工作全部完成，里面包含了复杂的 AI 加速单元。"

现阶段的安防领域中，珠江三角洲区域内如门禁、考勤机、闸机等设备中已经有大量亿智芯片的搭载。

陈峰透露，亿智已经开始量产 AI 系统级别的芯片，从 2019 年 10 月规模出货给相关的客户，预计市场规模在中国能达到百亿级别。随着 AI 人工智能应用的方向越来越明确，同时，基于陈峰对于未来市场的预判和 AI 图形图像芯片的技术积累，公司正处于 AI 普及趋势的快车道上。

回过头来看陈峰的整个创业经历，资金、技术是他的基础，后续在经历方向、目标的挫折后迅速转投 AI 领域，获得了不俗的发展。而保持对图像图形和芯片

设计的热情，则是巨大的驱动力和成功的基因。

谈及未来，陈峰表示现阶段公司开始做大了，不能像公司刚成立的时候那么激进，毕竟他身上多了一份责任，那就是对于公司差不多 300 名员工及其家庭的保障。团队中超过百人拥有 10 年以上的技术经验，也正是他们一步一个脚印地陪伴亿智走到今天。

"我还是特别看好 AI 这一方向，如同'亿智'的名字一样，未来我们要为万亿的设备做智慧赋能。"对于亿智这一目标，陈峰依然坚定。

鲁勇

不受固有思维约束,剥开表象,探索未知境界

文/李映

鲁勇(见图43),清华物理系学士、电子系硕士、博士,具有20年芯片行业经验。曾在硅谷数模、Marvell等公司工作,是Marvell中国区研发负责人,曾同时管理中美两地研发工作,在通信、存储、消费类芯片等方面有丰富的产品设计和管理经验。鲁勇曾主导过多款亿元级芯片研发,其中HDMI(高清多媒体接口)芯片占中国电视80%的市场份额、硬盘芯片在全球市场占有率超过70%,年销售额超过15亿美元。2017年创办北京探境科技有限公司(以下简称"探境"),已成功流片三款AI芯片。

图43 鲁勇

2012年夏天的一个深夜,Marvell上海研发中心依旧灯火通明,鲁勇刚刚结束了一通漫长的越洋电话,正准备喝杯茶整理一下思绪。突然一个研发同事冲了过来,兴奋地告诉他两个字"成了!"鲁勇立马拨通越洋电话:"我们的芯片流片成功了。"回望当年研发闯关那一个个电光石火的瞬间,虽然离开Marvell已有经年,鲁勇仍然按捺激动之情。

自清华大学微电子学研究所算起,鲁勇已在芯片行业浸泡了20年。岁月荏

苒，鲁勇不仅成为拥有开发两款世界级应用芯片的专家，也因为从零开始组建并管理 Marvell 中国研发中心团队 10 年之久，累积了带团队、做管理、拼市场的实战经验，成就了他后来创立探境的信心和底气。

自 2017 年 7 月正式组建探境团队以来，仅两年多时间，探境已成功流片 3 款芯片，并实现一款芯片的量产，陆续获得了天使轮、A 轮、A+ 轮等多轮融资。这份亮眼的成绩单，是鲁勇积蓄了 20 年的能量的一次集中爆发。

较劲的"三清"博士

看看鲁勇的学业变迁经历：在清华本科读的是物理，硕士攻读的虽是微电子，但专业是 EDA，他自认为与芯片设计还有距离。于是到了博士阶段，鲁勇主动换到了芯片设计专业。

"最开始选择物理是因为高中老师让我对物理产生了浓厚的兴趣，5 年大学时光，物理也赋予了我一种剥开表象、从事物的本质出发思考问题的思维方式。但是我还是想去创造一些更具象的、日常生活中看得到、摸得着的产品，所以我转到了电子系。在研究生阶段接触到 EDA 之后，更希望深入产业链更中心的位置，因而在读博士时转到了芯片设计专业，因为芯片是在众多领域中都会被用到的。"鲁勇解读了连换专业的初衷。

如果说半导体设备是物理的世界，那么 EDA 则是芯片之母，是 IC 设计最上游的基石，而选择从芯片设计源头向下扎根，这些"转换"让鲁勇构建了芯片底层思考的体系。

"很多人大概率会选择在一个方向做到头，这样会有很深的积累，但接触面会比较单一，而我 10 年换了 3 个方向，这使得我不再畏惧一些没接触过的新事物，并培养了一种通感，很多东西表面看着很复杂，但其实内在的逻辑和方法论是共通的。这正如'治大国如烹小鲜'。"

彼时，顶着清华本硕博"三清"的光环，鲁勇毕业后选择的不是耳熟能详的大公司，而是来到初创公司——硅谷数模。硅谷数模是 2002 年一位清华学长在硅谷创立的 Fabless 模式的公司，也是美国芯片行业中最早愿意在中国建立研发团队的公司之一。

当时，硅谷数模的主营业务是高性能数模混合多媒体芯片，鲁勇负责专攻数

鲁勇　不受固有思维约束，剥开表象，探索未知境界

模混合产品线，这在当时既要具备模拟知识也要有数字经验，但鲁勇很享受这种挑战。而机会总是垂青有准备的人。

彼时电视机行业的高清需求正当红，通过机顶盒、数码摄像机的 HDMI 接口芯片连接到高清电视的需求走高，以使得画质更清晰，转换效果和动态效果更好。而当时正处于从模拟视频信号到数字信号过渡的阶段，需要在设计中克服诸多困难。然而鲁勇所在的团队却跳过了新开发的芯片需要来回调试排错的"陷阱"，一战全胜，彻底实现了"通关"，流片之时在全球也称得上是第二款 HDMI 芯片。

这一"开门红"为公司带来了巨大的收入，甚至可以说是其成立之后真正实现批量化收入的"起点"。在这一过程中，鲁勇的初心愈发清晰："我喜欢这种看得见摸得着的产品，以为大多数人创造价值。"

这次研发也让鲁勇有了新的体悟："不要迷信权威，不必受现有的思维约束，而是要找到问题的本质，'一箭穿心'。"

此后，鲁勇又接连负责开发了后继的 HDMI 迭代芯片以及 DisplayPort（高清数字显示接口标准）视频显示等芯片，对数模混合芯片的开发与设计亦有了更深的造诣。在硅谷数模历练 5 年之后，鲁勇的冒险精神再次涌动，而下一站的选择堪称"美满"。

"美满"的历练

一个偶然的机会，鲁勇与当时全球十大设计芯片厂商之一的 Marvell（美满）有所接触。Marvell 可谓业界响当当的华人之光，曾创造了半导体行业历史上最高的股价。得知 Marvell 有意在中国建立研发中心并正在寻找负责人后，鲁勇当仁不让地挑起了这副重担。

一个研发中心的设立，不仅需要有过硬的技术功底，还必须具备统筹全局的管理能力。对于自己如何从零开始招聘人才、组建团队，又如何和兄弟们一起进行市场调研，定义适合中国市场需求的芯片规格，鲁勇至今记忆犹新。除此之外，研发中心的工作还涉及与美国团队协作开发、开拓客户、技术支持等各类工作。鲁勇以特有的谨慎与缜密有条不紊地一步步向前推进着，使得 Marvell 中国研发中心逐渐成形并壮大起来。

当时，虽然许多国际知名 IC 设计公司在中国设立了研究中心，但多数只会

做一些售前售后服务或非核心的研发工作，但Marvell则将许多根植于本土化的芯片研发项目放在了上海。这意味着新的机会，也意味着新的锤炼。

鲁勇提及，Marvell在技术上比较领先，最初接触的是用数字信号处理的方法来解决模拟电路的问题，非常具有开创性和突破性，因而需要从芯片底层的体系思维开始构建，而不是仅关注产品的工程师思维。

"通过数字信号处理方法来构建算法，映射到电路设计中，解决信号处理的问题，这也相应地可以培养很多能力，如如何解决算法以及与硬件设计结合的问题。"鲁勇进一步指出，这为自己后来创立AI公司奠定了基础，因其与如何将算法在芯片上实现有异曲同工之处。

在Marvell中国研发中心的芯片研发中，鲁勇也经历了跃变，从一开始切入消费类IC试水成功之后，鲁勇承担了更大的责任和目标——将Marvell的看家本领即核心的存储控制芯片本地化。不知在经过多少个不眠之夜之后，最终这个获得全球市场占有率超过七成、销售额超15亿美元的产品系列也贴上了中国团队的标签。

这让鲁勇更加满怀激情，无处不在的硬盘让他体会到为业界创造美好价值的荣光。

而在Marvell推进管理的过程中，鲁勇亦逐渐培养了一种更全面、更系统的思维能力。时任Marvell CTO的是一位印尼华人，在他的身体力行中，鲁勇学到了不仅要从单一产品来分析和看待事物，还要站在更高的角度来看，比如技术演进、行业发展、全球视野，以更宏大的视角来解读和剖析。

10年转眼即过，职业生涯中的"之"字形发展路线，使鲁勇在通信、存储、消费类芯片等方面积累了丰富的产品设计和管理经验，同时在战略合作、商业拓展、跨文化技术团队管理等方面也拥有丰富的经验，从一个单纯的芯片专家蜕变成了"技术＋管理"的双重人才。

在AI风起云涌的时代召唤之下，鲁勇感受到了AI扑面而来的气息。

锚定AI芯片

在Marvell做研发的过程中，鲁勇也时常问自己：国内的产品、技术与世界上一流企业的差距有多大？中国的芯片有可能追上或者超过它们吗？

有可能！这个被鲁勇长久地搁置在心里的问题，终于有了答案，更有了行动。

鲁勇 不受固有思维约束，剥开表象，探索未知境界

之前虽然做过存储控制芯片、无线芯片等，但鲁勇认为已太过红海，虽然也看到了其他一些好的"芯片"苗子，但更多的是出自学术界。而 AI 芯片领域则不同，国内外也基本保持同步。

"目前的 AI 不仅在云端性能受限，在更广大的应用场景终端方面，不管是终端体验还是智能设备品类的扩充都受限于芯片，从而不能完美地展现 AI 的能力。所谓 AI 的'广谱赋能'能力，只有依托端侧芯片才能进一步落地，成为人们日常生活中触手可及的东西。"经过深思熟虑之后，鲁勇选择了端侧 AI 芯片赛道。

2017 年鲁勇正式创立了探境。这一名字来自其英文名"Intengine"，取意"Intelligence's Engine"，有"探索未来、探索未知境界"之意。鲁勇希望探境成为智能时代的"发动机"，推动 AI 普及落地。

而自 AI 被冠以国家发展战略的崇高定义后，老将新贵无不积极布局投身 AI 产业。在众多势力纷至沓来之际，如何在这一赛道上筑就自己的差异化竞争力，亦关乎初创企业的生存和发展之路。

是自研 AI 芯片架构，还是买 IP 攒一颗 SoC 芯片？鲁勇的回答是"当然要自己做"。他的逻辑是自研架构是 AI 芯片企业的核心竞争力，是技术的"护城河"。芯片的核心技术不在自己手中，算法应用上必然受制于人，这块硬骨头啃不下来，一切都是无本之木、空中楼阁。

目前 AI 工作多是数据密集型，需要大量的存储和各层次存储器间的数据搬移，而运算单元与内存之间的性能差距越来越大，内存子系统成为芯片整体处理能力提高的障碍，即"存储墙"问题成为 AI 芯片性能的最大瓶颈。"做研发要看本质，AI 芯片设计难点的本质是如何高效地将数据提供给计算单元，因此瓶颈在数据供给方面。"鲁勇找到了存储墙难题的症结所在。

为此，鲁勇带团队开发了特有的 SFA（存储优先）架构，以存储驱动计算，实现存储、计算、调度一体化，解决了与数据和存储相关的带宽、功耗瓶颈问题，还通过优化数据路径降低数据访问次数，实现了高能效比和强通用性。其功耗算力达 800 IPS/W，资源利用率高达 80%，其 SFA 以超高的 PPA（芯片最核心的一种设计指标），睥睨其他的 AI 芯片架构。

而就像福特 T 型车之于美国汽车行业、IBM 公司的 IBM-PC 之于全球计算机领域，从性能到落地，必须跨越价格这道门槛。鲁勇深知，AI 芯片产品想要

大范围地普及，需要不断降低成本，使之更便宜、更好用。SFA 架构自产品定义开始，就是工业级应用的产品，因其无须昂贵的 HBM（高宽带存储器）总线及大容量片上存储，仅依靠标准工艺单元设计也能获得超低功耗、超高性能的 AI 计算，成为其可大规模量产及极高性价比的保证。

目前 AI 芯片企业或基于硬件，或缘于算法，而鲁勇选择的是兼收并蓄。

"算法和芯片是 AI 芯片的两条腿，缺一不可，自主研发是达到算法与算力的最佳匹配的不二路径。"在进行深入的市场调研后，鲁勇决定首先进军语音领域，再选择性地进入图像领域，这是因为语音所面对的消费类产品的落地速度更快，能尽快地实现自我造血。

探境基于多重任务的端到端深度学习算法打通了语音"输入—降噪—识别—输出"的全部链条，精度更高，鲁棒性强。鲁勇提及："比如探境的高计算强度神经网络（HONN），参考计算机视觉里面的最新进展，模型复杂度高于业内普遍的深度神经网络（DNN）近 4 倍，能大幅度提高计算强度，提高模型的算力需求，而所需存储更低、识别率更准确。在公开语音识别模型测试中，识别准确率高达 99%。"

通过芯片 + 算法的"双轮驱动"，探境锻造了自己的差异化竞争力。

创业攻坚战

伴随着 AI 芯片竞争进入下半场，落地之战已全面打响。

继 2019 年年中语音芯片"音旋风 611"量产后，探境一举收获了包括美的、海尔在内的 50 多个合作伙伴，其工程能力和客户能力得到了充分验证，可谓初战告捷。

在落地过程中，鲁勇的感悟是要找到自己的瞄定点，定位自己在产业坐标轴中作为一个点的价值，这个价值不仅仅是企业本身的规模决定的，还要看其在整个坐标轴中的位置。

而全球蔓延的疫情"龙卷风"让 AI 芯片更有用武之地，对探境亦带来了新的商机。"自春节期间疫情加剧，探境就紧急启动了语音电梯的研发方案，这个方案推出后咨询电话非常多。以前也有构想在电梯中添加语音控制功能，但这一功能一直不温不火，而疫情让这一市场成为语音芯片研发的助推器。"据鲁勇介

鲁勇 不受固有思维约束，剥开表象，探索未知境界

绍，探境的语音电梯项目已经实现了在北京、上海、深圳、石家庄等多地的安装。

可见，AI 芯片研发不能只是单纯地考虑 PPA，更重要的是要找到社会情况、消费者需求、技术成熟度三者之间的重合点。而找到真实的客户最好的方法是"体验—迭代"法，面对最真实的问题，提供最踏实的解决方案，这样的方向才是最合适的方向。

鲁勇举例说，他们所研发的语音智能灯具方案可提供全屋智联的分布式入口的 Turn-Key 方案，这是指用户可以通过房间里任意的一个灯具控制其他灯具。"比如说你在卧室，突然想起来厨房的灯没关，不必走出卧室，只要对着卧室灯说一句关闭厨房灯，就可以实现了。"值得一提的是，他们的灯具智联方案完全依靠芯片本身实现，并不需要借助手机 App、遥控器这类辅助手段。

未来，鲁勇的打算是提供一个分布式的智能家居控制平台，未来能够通过任意一个智能家电实现全屋智联，即每个智能终端都可以自主分析语音或图像信息得到处理结果，所有的智能终端通过局域网共享处理数据，并通过共享算力进一步进行更高层次的 AI 计算，最终构建矩阵式智能家居入口，通过分布式资源更便捷地控制全屋智能电器。

在逆全球化＋疫情阴影的大形势下，针对每个企业的考验都在升级。"基于目前的规模和能力，探境仍需脚踏实地，根据 AI 落地的这些场景，仍然会一块骨头一块骨头地啃，以落地产生营业收入为正循环，逐渐从消费类升级到工业、汽车等应用场景。"鲁勇已然对探境的未来发展路径定好了基调。

范国强
创业探索新兴半导体运营模式

文/茅杨红

范国强（见图44），北京麦哲科技有限公司（以下简称"麦哲科技"）创始人。本科毕业于美国加州大学伯克利分校，主修计算机和微电子学，研究生毕业于美国康奈尔大学。曾就职于美国硅谷的 Sun Microsystems 和 Artisan 等公司，从事 EDA 算法软件开发和芯片设计等工作。2000 年回国加入创业公司北京中星微电子有限公司（以下简称"中星微"），该公司后来成功在美国纳斯达克上市，并成为中国首家在美国上市的芯片设计企业。在人工智能和深度学习等技术开始兴起之后，范国强再次创业组建麦哲科技。

图44 范国强

近年来，随着电子商务和云计算的发展，两种新兴模式的芯片设计企业开始出现：一种是系统公司主导的芯片设计公司，产品由最终客户的市场需求推动落地，但对以直接销售芯片获取利润的商业模式兴趣并不是很大，例如苹果公司；另一种则是由互联网公司主导的芯片设计公司，其产品是由数据和互联网应用推动落地，这类企业也不直接对外销售芯片，而是通过数据或服务获取利润，例如谷歌等公司。在此趋势下，麦哲科技所践行的方法也正属于这类新兴模式。作为一名二次创业的"老兵"，范国强希望借此在智能办公领域开辟出一条不同的道路。

在美国硅谷半工半读的快乐时光

范国强出生于山东，从小较为顽皮的他是长辈眼中能量过剩的"熊孩子"，在校期间惹是生非且偏科严重，数理化考满分但文科考全班倒数的事情时有发生。读完初中后，他就被家里"发配"去美国硅谷的一所高中就读。也就是从那时起，还未满16周岁的他便独自在异国开始了新的生活。

一切看似都很顺利，但现实总是残酷的。刚到美国时范国强身上只有400多美元的现金，扣掉300美元的房租，剩余的100美元便是他整个学期的生活费。因此，半工半读成为他唯一的选择。

当时为了赚取生活费，他坦言做过很多"离谱"的工作。"第一份工作是在旧金山的火车站边上的一个制衣厂里打工，第二份工作是在跳蚤市场里摆摊，第三份工作是做建筑工，之后陆续做过餐馆帮厨、超市收银员、货车司机、美工设计，甚至还在肉铺里面卖过肉……"对于自己高中生涯的快乐打工生活，范国强依然记忆犹新。

虽然打工占据了生活的一部分，但他并没有因此耽误学业，也没有影响他对体育的爱好。从高中开始，他便在计算机编程方面表现出过人的天赋，还曾多次代表学校参加计算机编程竞赛，也曾代表学校参加北加州奥数竞赛并取得前五名的成绩。同时他还每年代表学校校队参加长跑、羽毛球和摔跤等体育比赛。最终，他凭借着"还算凑合"的成绩考上了美国加州大学伯克利分校，主修计算机。

伯克利大学是美国数一数二的历史名校，崇尚自由和创新，也是全球产生诺贝尔奖大师最多的学校，美国人称之为"比黄金更能给人带来光荣与喜悦的大学"。范国强回忆，他上大学的那几年似乎每天都充满惊喜，那时候 RISC-V 还没诞生，电子系的 David Patterson 教授（2017 图灵奖得主，RISC-V 的发明者）还在带班授课，并不时给同学们调侃如何把沙子像印报纸一样"印"成比钞票还贵的芯片；化学系的 Glenn Seaborg 教授（诺贝尔奖得主，化学元素 Sg 的发现者，"Sg"取自他的名字）还时常代表 Sg 元素来教室给大家回忆他参加曼哈顿计划期间追女朋友的往事；那时候的校长（当时校长是美籍华裔田长霖教授）私下训诫他们时用的还是亲切的中文。

在伯克利，学院鼓励每个学生把握时间去不停地探索自己感兴趣的领域，基于这个便利条件，范国强把课业从计算机系延伸到了微电子系，再到半导体材料系，从量子力学、芯片设计到信号处理，一直到操作系统，他把感兴趣的课程几乎都上了一遍，毕业时也获得了电子计算机工程系和电子材料工程系的两个学位。

按照硅谷的传统，毕业后的他并没有立刻开始研究院的学习，而是决定先去硅谷的科技公司历练两年，学习产业知识并寻找新的兴趣方向，然后再准备回到学校继续深造。

范国强选择加入的第一家公司是在美国硅谷的 Sun Microsystems，主要从事当时行业内最先进的 64 位 CPU 的设计工作。成立于 1982 年的 Sun 是硅谷的一家高科技企业，其曾依靠 Solaris（一种 Unix）和发明风靡世界的 Java 程序语言，成为在操作系统上最有可能挑战微软的公司（2009 年甲骨文最终以 74 亿美元收购了 Sun）。在 Sun 的工作完成之后，范国强重回学校深造。这一次他选择的是美国东岸常春藤联盟的康奈尔大学，进修电子工程，并获得硕士学位。离校后的他回到加州，加入了位于硅谷的 Artisan（2004 年被 ARM 以 9.13 亿美元收购），主要从事 EDA 算法软件开发和芯片设计方面的工作，先后参与开发了台积电、联电、Dongbu、Jazz 等芯片代工企业的 130 纳米的底层标准器件库。

被师兄"忽悠"回国创业

范国强本以为自己会一直在美国硅谷工作和生活下去，但这一切在 2000 年后迎来了转变。彼时，他昔日在伯克利大学的几位师兄刚回到国内，他们在相关政府部门的鼓励和帮助下，承担并启动了"星光中国芯工程"，并在北京中关村创建了中星微，正式开启了创业之路。

长期以来，外国厂商凭借长期积累的核心技术和知识产权，占据着芯片的战略要地，而中国要想打破国外垄断的局面，"吸引更多高精尖人才回国创业"则成为重要的突破口。因此，来自美国硅谷的留学生创业团队被国家寄予了厚望。

刚成立不久的中星微急待组建团队，在师兄们的轮番"忽悠"下，范国强也最终决定回国并加入中星微。刚回国的时候条件艰苦，人手不足，基本上是把创业过程中需要有人去做的工作都干了一遍，从工程师、销售、技术支持到市场部专员，再到事业部的总经理。他带领团队把中国设计的芯片产品陆续打入了三星、索尼、戴尔和苹果等国际一线品牌。"其实当时我就只是想着好久没有回国了，想回国看看，顺便帮师兄们一把，但没想到公司越做越大，最后在美国纳斯达克上市了。"他笑着说道。

2005年11月，中星微成功登陆美国纳斯达克，并成为中国首家在美国上市的芯片设计企业，一时风光无限。中星微的成功不只是一个企业的成功，它为中国半导体行业培养了1000多名有经验的芯片设计工程师，因此在后来也被大家誉为中国北区芯片设计行业的黄埔军校，为整个行业的未来发展做了非常好的人员储备工作。

二次创业践行新兴模式

在参与和见证了一家芯片设计公司从成立到上市的整个过程之后，范国强再次开始寻找他下一个感兴趣的方向。彼时人工智能和云计算技术的兴起让热衷于开发算法的他看到了许多新的市场机会，于是再次创业的种子开始在他心中"萌芽"。

很快，一家名为"麦哲科技"的公司在中关村大街上的中国人民大学孵化器里正式成立，包括范国强在内的公司创始团队成员不仅拥有多年的图像视频类产品开发经验，同时拥有非常不同的技术背景，分别覆盖了硬件、软件和互联网等交叉领域，这为未来公司的发展打下了坚实的基础。有了第一次成功创业的经验，范国强的第二次创业之路显然少走了不少弯路。

彼时国内的办公环境智能化程度非常低，因此麦哲科技的创始团队希望将机器视觉技术应用在智能办公领域并开辟出一条不一样的道路来。麦哲科技的目标是打造一家专注机器视觉和云计算技术的科技公司，研发和生产智能商务和远程办公类产品，为大型品牌客户提供设计服务及ODM/OEM（俗称"贴牌/代工"）服务。

在成立之初，麦哲科技的定位是一家纯开发算法软件的公司。但在发展过程中，范国强很快发现，很难通过直接销售算法软件来获得持续的营业额，盗版问题尤其严重。

通过摸索，范国强总结出了三种将算法变现的最佳方式："第一种方式是把算法软件捆绑硬件产品进行销售，依托硬件来解决收费问题，并同时提升产品的性能；第二种方式是把算法应用在云端，类似各种互联网应用，通过数据或服务来收取费用；第三种方式就是把算法集成到芯片里面去，或是将算法进行固化并定制成ASIC专用芯片，在大幅度提升产品性能的同时，也间接解决了产品收费和防止盗版的问题。"

虽然将算法变现的方式有三种，但是哪一种才是适合麦哲科技的最佳选择呢？范国强认为，"之前的创业经历让我们知道，创办一家芯片设计公司有5个比较大的难点：一是投资大，二是周期长，三是风险高，四是单价太便宜，五是离最终客户需求太远容易成为'一代拳王'，这些困难对于创业公司而言压力巨大。与此同时，一个芯片设计公司在国内上市的时间基本上都要长达10年以上。"

因此，经过仔细的考虑，麦哲科技在发展过程中优先选择了第一种和第二种将算法变现的方式，即通过开发算法软件并捆绑智能终端为客户提供ODM服务，以及在云端为客户提供应用服务（SaaS）。"而随着客户对产品的接受度越来越高，终端的出货量越来越大，系统带动芯片的需求也越来越多；当算法的迭代速度远远超出市场上现有芯片所能承载的算力时，在充分掌握了市场第一手需求之后，其实是可以借用合作的方式高效而且准确地采用第三种方式把算法通过芯片进行变现和落地的。"他有条不紊地说道。

他观察到，随着电子商务和云计算的发展，两种新兴模式的芯片设计企业开始出现：一种是系统公司主导的芯片设计公司，产品由最终用户的市场需求推动落地，但对以直接销售芯片获取利润的商业模式兴趣并不是很大，例如苹果、三星、微软、华为海思、中兴或是一些设计挖矿芯片但最终只卖挖矿机的企业等；还有一种是由互联网公司主导的芯片设计公司，其产品由数据和互联网应用推动落地，这类企业也几乎不直接对外销售芯片，而是通过数据和服务获取利润，例如谷歌、亚马逊、阿里巴巴、百度等。

显然，麦哲科技所践行的方法正属于这类新兴模式。通过整机系统的销售掌握市场最终客户的第一手需求，采用对外合作联合开发的模式分担研发成本并降低风险，通过整机的销售来加速业绩的增长，并最终用云端的付费网服务来弥补产品数量增长所带来的硬件产品单价和毛利下滑。

倡导跑步和读书相结合的企业文化

作为一名二次创业的"老兵",范国强对于创业感触颇深。他认为每次创业的辛苦程度几乎都是一样的,只是这一次比上一次经验会稍微多一点,目标更清楚一些,犯的错误会少一些,但依然是一个长跑的过程,一个学习的过程。

创业是个马拉松,也是个体力活!在麦哲科技公司内部,跑步文化深植于公司的发展过程中。"为了鼓励员工跑步锻炼身体,公司每年会设定两个月为跑步月,只要你能每天跑步 5 千米,并持续一个月累积跑步超过 100 千米,公司年底会给你奖励一双跑鞋。"范国强说,"一个单月能跑过百千米的员工,会一直处在最佳的工作状态,还不容易生病,一年省下的药钱足够买好几双跑鞋了!"很多员工在出差的过程中也会自发带上跑鞋,甚至还有员工发生过在莫斯科出差期间因清晨狂奔被当地警察拘捕的趣事。

创业还是个学习的过程!除了跑步,多读书也是麦哲科技一直倡导的企业文化。范国强认为,创业是个摸索和学习的过程,除了工作中的实践学习、教室里的听教学习,更多的是业余时间的看书学习。正如"麦哲"两个字的寓意一样,在解决了生存问题的同时,还要关注团队精神食粮是否充足。

如今的麦哲科技正在正确的道路上不断前行。范国强介绍,通过利用机器视觉算法、定制芯片、整机开发和云端服务,麦哲科技已陆续开发了一系列智能办公、远程办公和云视频会议产品。同时,依靠精准的定位和创新的模式,公司已陆续为超过 200 家公司提供产品和服务。此外,公司也陆续获得了北京清芯华创投资管理有限公司、北京芯动能投资管理有限公司和上海超越摩尔股权投资基金合伙企业的战略投资和业务支持。

创业之路注定是艰辛而漫长的,唯有坚持才能见到曙光。据了解,经过几年的打磨,麦哲科技产品已陆续开始导入市场,业绩增长迅速,并保持超过 50% 的增长速度。"2020 年,公司启动新一轮融资,为扩张销售团队、扩大产能和海外推广储备资金。"范国强说道。

杨健

千禧一代 VC "00" 后，横跨 VC 和 IC 行业

文/茅杨红

杨健（见图45），毕业于上海交通大学电子信息与电气工程学院，曾负责 Cadence 中国区设计方法学和代工厂业务。2000 年加入上海汉世纪创业投资管理有限公司（以下简称"汉世纪创投"）。2007 年介绍深圳市创新投资集团有限公司（以下简称"深创投"）去江苏省南通市创立了南通创新投资，这也是南通市首家专业风投机构。2011 年创立 First Sunshine VC，长期致力于芯片及科技企业的投资。

图45　杨健

《周易》有云："天行健，君子以自强不息；地势坤，君子以厚德载物。"他千禧年（2000 年）进入 VC（Venture Capital）行业，开始投资芯片和科技创新企业，因而也将自己笑称为千禧一代 VC "00 后"。这位心态十分年轻的 VC 投资人便是杨健，同时他也是一位横跨 VC 和 IC 行业的投资"老兵"。他溯源 VC，认为 VC 其实发源于 IC，该观点得到了 IC 产业的强烈认同。今天就来分享他的故事。

杨健　千禧一代 VC "00" 后，横跨 VC 和 IC 行业

文与理的结合

杨健出生于中国典型的知识分子家庭，父母均是高知人士。由于早期父母工作的原因，杨健虽出生于鱼米之乡安庆望江，但成长于望江、西安与南通三地，因此在他的身上，融合着三个地方不同的性情与美德。在他幼年的美好记忆中，望江的黄梅戏、酸豆角，西安的华清池、终南山，以及往返安庆、西安摇晃的绿皮车都是极为特别的存在。

20 世纪 70 年代末，杨健一家人终于在老家南通实现团聚夙愿，并聚居在寺街七号的"徐氏古宅"，位于南通天宁禅寺旁的一条老街中。他清楚地记得，那是一座粉墙黛瓦的充满书香气的古典楼阁宅院。一百年前古宅曾走出南通第一位留美学生和金融家，而隔壁就是"扬州八怪"之一的李方膺的梅花楼。文化底蕴极为深厚的生活环境自然而然也培养出了他对文字的热爱。直到今天，他也会时常利用闲暇时间撰写文章。

虽然杨健从小熟读古文，精通诗词，但他其实是一个不折不扣的工科生。杨健的父亲大学学的是自动化控制，毕业后就职于西安飞行研究所，研发自动驾驶系统，后来又研发各类激光系统。在父亲的影响下，少年时期的杨健便开始接触计算机、激光和各种电子器件，甚至还会和家人一起装配电视机和卫星接收机收看海外节目。

在南通，杨健不仅渡过了自己愉快的少年时光，而且一直保持着优异的学习成绩。在南通中学求学时还曾获得过全国物理竞赛一等奖。后来高考结束后，他顺利考上上海交通大学的电子信息与电子工程学院。巧合的是，他大学学的也是自动化控制，与父亲当年所学专业不谋而合。

度过平静的四年大学时光后，杨健的第一份工作是在深圳和香港的长城计算机公司从事计算机板卡设计和开发，当时其所在团队也取得了一定的成绩，研发的 PCTV 系统最终被外商收购。

千禧一代VC "00后"

1998 年的两会期间，被称为"创业板之父""中国风险投资之父"的成思危在北京提交了关于鼓励风险投资的全国政协会议"一号提案"，同一年提出

了创业板大"三步走"的发展思路，并在之后多年一直推动着中国创业板市场的发展。

众所周知，创业板的推出主要定位于为处于创业阶段的中小高成长性公司尤其是高科技公司服务。在此大背景下，2000年前后，一批海外VC因看好中国科技和资本市场的发展开始进入中国，这其中便包括汉世纪创投。

作为一家外资创业投资企业，汉世纪创投为更好地融入中国市场，一直在寻求具有工科背景的人才，而杨健便是极为合适的人选之一。"其实我加入汉世纪创投也是机缘巧合，一方面他们比较喜欢我的工科背景，而另一方面我对投资行业也很感兴趣。"在谈到加入汉世纪创投的缘由时，杨健笑着说。

因为是千禧年进入VC创投行业，并开始投资芯片和科技创新企业，所以杨健一直笑称自己是千禧一代VC"00后"。

彼时互联网浪潮席卷全球，信息高速公路的建设如火如荼，计算机和移动设备逐步进入普通家庭。杨健和投资团队调动新竹科技园近10家著名网络设备企业，跨过海峡，支持家电巨头TCL进军网络设备产业，对标几千亿美元市值的思科（红杉创始人瓦伦丁担任董事长的得意项目）。数年后思科整合入TCL集团。在杨健的投资生涯中，该项目不仅是他人生中第一个投资项目，也是极为成功的项目之一。

除了投资网络设备企业，杨健和投资团队也一直与芯片企业保持着紧密联系。2000年左右是中国IC产业发展的拐点，一批海外华侨纷纷回国创办了芯片企业，包括炬力、中芯国际、芯原、中星微、和芯微等。杨健透露，他和团队或参与了这些企业的投资或任战略顾问，或投资了创始人的第二次创业芯片企业。

当然投资的道路并不是一帆风顺的，有成功必然会有失败。"实际上投资失败的企业也有许多，包括多个从母校上海交通大学出来创业的团队。但作为一名VC投资人，失败的经历其实也是一个交学费的过程。"天性乐观的杨健认为可以用一句诗来形容失败的投资经历：化作春泥更护花。

横跨VC和IC行业

近年来，随着全球半导体产业逐渐向中国聚拢，再加上中国政策的大力扶

杨健　千禧一代VC"00"后，横跨VC和IC行业

持，中国IC产业发展可谓热火朝天，从而也带动了越来越多VC资本的进入。从多位耳熟能详的VC投资人的履历来看，他们在进入VC行业前均有着丰富的IC从业经历，比如武岳峰资本的创始合伙人武平和璞华资本投资决策委员会主席陈大同都曾是展讯的创始人，上海临芯投资管理有限公司CEO李亚军则曾是联芯科技有限公司CFO。

与上述VC投资人不同的是，2000年便进入VC行业的杨健虽是中国最早的一批VC投资人，但是他之前并没有任何IC从业经验，而使其真正深入了解IC行业的契机其实是在加入Cadence之后。

不仅具备工科背景，也曾在汉世纪创投参与投资过多个芯片项目，杨健的履历和实力颇得Cadence的重视。在Cadence的盛情邀请下，杨健最终选择离开汉世纪创投随之加入Cadence，主要负责Cadence中国区设计方法学和代工厂业务。

众所周知，Cadence是全球排名前三的EDA设计企业，在全球半导体产业有着举足轻重的地位，全球几乎所有芯片企业都须用到其设计逻辑方法和工具。而主要负责公司中国区设计方法学和代工厂业务的杨健，也因此接触到了中国绝大多数的芯片设计企业，从而对于整个IC产业发展，以及全球EDA行业格局有了更为全面、深刻的了解。

实际上在Cadence就职的同时，杨健也一直关注着VC行业的变化。"近几年，由于中国电子大厂经历了多次芯片断供事件，因此常有母基金、海内外投资机构和企业邀请我，咨询和探讨芯片产业的投资。"杨健说。

在此契机下，杨健决定重回VC行业，并和几位创投老兵一起筹建新的半导体产业基金，继续致力于中国IC产业的投资与成长。在募集过程中，获得了众多顶级出资人的支持，其中包括顶尖的母基金、家族基金会、引导基金、一流大学基金和产业集团。杨健认为，在长三角一体化的今天，人才、资源、资金的立体多向流动已经成为趋势。

身为南通人，杨健对于老家自然有着别样的情怀，也一直希望能尽自己的"绵薄之力"推动南通IC产业的发展。2007年，他介绍深创投去南通，成立了南通创新投资，给南通带去VC风险投资的理念和实践，这也是南通首家专业的风投机构。他建议，华东的地方城市母基金学习深圳的做法，突破城市地域注册局限，可以采用跨城市LP（有限合伙人）出资的方式，"你中有我，我中有你"。这样

的创投基金活力更大，地方城市的引资需求也更容易顺利达成。

在杨健看来，华东有些心态开放的城市母基金已经开始做出跨城市出资实践。除了人民币母基金，欧洲、中东等海外美元母基金也十分看好中国半导体的中长期发展。

溯源VC起源于IC

作为一名横跨VC和IC的"老兵"，杨健对于VC和IC行业有着自己独特的见解。在中国20年的风险投资行业，似乎从来没有人思考和提出过这样一个问题：VC是舶来品，但世界VC风险投资的起源是哪里？

杨健通过观察发现，中国VC行业罕有人做此思考，VC对于芯片业多是忽视。尽管美国红杉和风投KPCB的创始人都来自仙童半导体，但中国VC界人士对于VC的起源却不曾溯源和提及。

而杨健经过追根溯源后发现，VC其实发源于IC，两者原是一家人。因此自2017年起，他便陆续撰文追溯VC的起源，并常常分享自己的观点，以鼓励IC产业发展。该观点也得到了IC产业界的强烈认同。

1957年，硅谷"八叛逆"在亚瑟洛克的帮助下获得Fairchild家族的天使投资，创办了仙童半导体，发明了第一块集成电路，创始人之一摩尔提出的定律影响了之后芯片数十年的发展。20世纪60年代末，仙童的几位创始人逐渐离开。诺伊茨创办Intel，并天使投资AMD（他并未料到二者居然成为几十年的竞争对手）。硅谷大约70家半导体公司的半数，是仙童公司的直接或间接"后裔"，其中包括华人参与创办的Cadence。

协助"八叛逆"完成融资的亚瑟洛克被誉为"风险投资之父"。1972年，"八叛逆"中负责融资的克莱尔创办风投KPCB；同年，曾是仙童公司TOP Sales的瓦伦丁创办了红杉VC，这位硅谷传奇人物投资了苹果、思科、谷歌等著名企业。因此，杨健追根溯源后认为VC其实发源于IC。VC和IC原是一家人。

"硅谷的VC发源于IC，无论是在中国还是全世界，IC是VC追逐的永恒风口。"杨健兴奋地说道。

杨健　千禧一代 VC "00"后，横跨 VC 和 IC 行业

继续VC投资之路

2011年，VC投资"老兵"杨健整装待发，创立了 First Sunshine VC（寓意迎接第一缕阳光），长期致力于芯片及科技企业的投资。目前，First Sunshine 已完成多家芯片及科技企业的投资，被投资的企业多在积极筹备进军科创板。

在 First Sunshine 投资的众多项目中，杨健印象最为深刻的无疑是一位理工男的二次创业。这位理工男曾经带领创办的 IC 企业在美国成功 IPO，但他一直保持着不变的创业心态和激情。在二次创业的过程中，为赶时间风风火火地以百米冲刺的速度跑到机场与投资人边吃面条边谈商业计划书。"这样的创业者，我们怎么可能不支持呢？"杨健说。

一直以来，杨健都十分关注 IC 产业动态，也会适当给予所投资企业一定的建议。他曾对上海临港区出台的一系列政策给予了高度的关注。他认为，临港近期出台了支持集成电路产业的鼓励政策，对于 EDA、IP 研发采购、芯片销售、MPW/MAS、半导体制造/封装/设备/材料企业，全产业链全方位地鼓励和支持，必将打造上海与中国半导体产业的新高地。因此，他也建议所投资的芯片企业积极争取获得临港的政策支持。

与此同时，他也建议国产 EDA 企业合纵连横，用好临港的支持 EDA 的采购与研发政策，争取加强在晶圆代工厂的 PDK（制造工艺设计包）开发，逐步进入国内外一流生产线，以逐步获得更多的设计公司客户与市场份额。

作为 VC 投资人，杨健在挑选投资项目时有着自己独到的见解："对于所有 VC 投资项目来说，最关键最核心的因素便是人，只有创始团队实力强劲，投资人才有信心给予他们支持。"

"VC 投资文化是容忍失败的文化。"杨健说，"投资是一个长期积累经验的过程，对于一家创投机构来说，其实只要两三成的项目较为理想，便能获得正向的基金回报率。"

近 20 年的 VC 投资经历无疑是杨健人生中极为宝贵的财富。少年时代，杨健在南通的"城市项链"濠河里学会了游泳，从此这项运动也成了他的爱好。如今哪怕是出差，他也常常坚持游泳。对于杨健而言，通过运动变换和梳理思路，保持好奇心和年轻心态，是能长期从事 VC 投资的要诀。今后，杨健也将继续保持初心，在其热爱的 VC 投资这条道路上披荆斩棘，勇往直前。

杨淑彬

从不懂电子的销售到芯片公司董事长，文科女开启别样创业人生

文/刘俊霞

杨淑彬（见图46），上海裕芯电子科技有限公司（以下简称"裕芯"）董事长。2000年毕业于中南民族大学经济法专业。从普通的电子行业销售岗位做起，凭借突出的业绩和才能迅速积累起创业资本。2009年，作为天使投资人与兄长杨义凯共同创立裕芯，并于2015年起出任该公司董事长。5年多时间，她带领裕芯从10余人规模发展至上百人的企业，让裕芯成为太阳能照明驱动IC领域的头部引领者。

图46　杨淑彬

如同理工科院校常常被人戏称为"和尚庙"一样，半导体行业是个典型的男多女少的行业，特别是半导体创业者，即使放眼全球，女性都堪称凤毛麟角。而杨淑彬就是这样一个"万绿丛中一点红"般的存在。更令人惊叹的是，她甚至没有理工科背景。非理工科的女性在半导体领域是绝对的少数派，她却在这个领域里纵横驰骋，以公司管理为抓手，带领团队从微型公司做到太阳能移动照明领

杨淑彬　从不懂电子的销售到芯片公司董事长，文科女开启别样创业人生

域的引领者。而且，在她主导制定的"围棋战术"下，公司还发展出锂电池电源管理这一项新业务，为客户提供以 buck-boost 为核心的高性价比电源管理产品，切入小家电市场，产品广泛用于移动照明、个人护理、电动工具等领域，并已在 TWS 领域崭露头角，打算持续进军工控类和汽车电子类领域。

销售第一课

2000 年，刚刚从中南民族大学经济法专业毕业的杨淑彬只身南下深圳，一头扎进熙熙攘攘的赛格电子市场做起了销售。那时，改革开放 20 年的深圳生机勃勃，被称作"机会之都"，大批人南下"淘金"。凭借毗邻香港的贸易开放口岸，加上电子产品方面的先发优势，赛格电子市场所处的华强北商圈风头一时无两，几乎垄断了手机等电子产品的供货渠道。

追梦者聚集的地方，也是竞争最激烈的地方。杨淑彬刚毕业时被分配到法院书记员岗位，从事的更多是文稿工作，并不是其向往的能"聆听炮火声"的一线。风华正茂、心气也盛的她便毅然投入了南下"淘金"的洪流中。短短一年，便凭借突出的销售业绩突围而出，要知道，最初她甚至完全不懂电子产品。

彼时，中国第一座商用核电站——大亚湾核电站建成投入运行未久，大批外国核电专家聚集，一度使大亚湾核电站成为深圳乃至全国外国人最密集的地方。为了让外国专家安心工作，大亚湾还建起了专家村。这些外国专家只要有购买电子产品的需求，就需要光顾赛格广场。

有一次，一个外国专家带着一台电脑找上了杨淑彬所在的店，想买一张显卡。在见到杨淑彬之前，这位外国专家已经找了不少店铺，但因为那时的赛格广场里能说英语的寥寥无几，他只能靠比画，无法顺畅交流，自然也没能成功找到想要的东西。见到能说英语的杨淑彬，他的激动可想而知。只是那时的杨淑彬并不懂显卡，更不知道价格行情，在这位专家描述了一堆听起来就不容易实现的功能之后，杨淑彬心道："听起来这么高大上的东西肯定不便宜。"于是大胆地报了个 7000 多元的价格。那位专家也认可了这个价格。

结果，当杨淑彬去找一个卖显卡的柜台拿货的时候，却被告知一张显卡只需要 1200 元。这时候再反口说价格报错了显然不合适，但以如此虚高的价格卖出去同样是不利的。杨淑彬很快想到可以用增值服务来弥补差价。她联系了

店里的电脑工程师一同开车将这位外国专家送回大亚湾，现场帮他组装、调试好电脑。这样一来，价格虚高问题解决了，这位外国专家反而觉得杨淑彬的服务非常棒。后来，这位外国专家成为她的忠实客户，还为她介绍了不少其他外国工程师客户。

这件事让杨淑彬深刻意识到了用户体验的重要性。直至后来担任裕芯董事长，她对公司销售人员强调最多的仍是用户需求和附加价值。

2002 年，杨淑彬渐渐产生自己创业的想法。出于女性对服饰审美天然的兴趣和敏感，当年 9 月，她回到广州创办了广州三阳服装公司，自任总经理。虽然是第一次创业，不过这次尝试非常成功，直至今日，这家公司的服装仍然畅销亚洲和非洲地区。成功的首次创业也为杨淑彬日后投资裕芯打下了基础。

兄妹创业

杨淑彬与半导体产业的交集来自她的哥哥杨义凯。毕业即进入一家硬件公司担任技术开发工程师的杨义凯早早就认准并踏入了芯片行业。在集成电路设计业，他做过销售工程师，也担任过外企的销售经理。既有技术积累又不乏销售经验的杨义凯很快萌生了做一番事业的念头。

兄妹二人的做事风格如出一辙，从不缺乏行动力。早在 2004 年，杨义凯便第一次走上了创业之路。2007 年,他二次创业,创办了南京泽延微电子有限公司。虽然因经济危机、人才匮乏等原因，杨义凯的早期创业未能成功，但两次创业收获的半导体创业经验成为后来裕芯诞生、发展的宝贵养分。

2009 年，被上海集成电路产业生态及人才引进政策吸引，杨义凯赴上海开始第三次创业，裕芯由此诞生。那时半导体企业的融资环境远不如今天繁荣，半导体产业发展需要巨额资金投入，投资回报周期较长，并不受资本青睐。融资难几乎是早期中国半导体创业者都感到头疼的问题。当杨义凯需要融资时，他想到了服装生意做得风生水起的妹妹杨淑彬。就这样,杨淑彬成了裕芯的天使投资人。兼具技术和市场背景的杨义凯负责技术开发和市场导入，而杨淑彬则以顾问形式帮助公司处理一些法务、财务及框架梳理的工作。

图 47 是杨义凯和杨淑彬兄妹。

杨淑彬　从不懂电子的销售到芯片公司董事长，文科女开启别样创业人生

图47　杨淑彬（左）与杨义凯（右）

裕芯选定的创业方向是太阳能 LED 芯片，这一领域当时是 TI 等国际巨头的天下。要与长期占据市场的国外芯片巨头竞争，本土芯片企业所能依仗的只有更低的价格和更好的服务。裕芯早期的太阳能 LED 产品成本不到国外公司同类产品成本的 1/10，二者销售价格相差 10 倍以上。不过，价格从来不是芯片市场的决定性因素。毕竟芯片虽然不可或缺，但在终端产品中的成本占比却非常低，价格一般不会成为下游厂商更换芯片供应商的理由。

杨淑彬说："我一直跟我的团队说，我们做销售不是纯粹只做交易，而是要跟客户共赢，重视战略合作。"正是这种思路帮助裕芯打开了市场。

彼时，对下游厂商需求了如指掌的杨义凯主动帮助下游厂商升级产品，从芯片研发端帮助终端产品实现功能突破、成本降低、兼容性提高等方面的升级。这样一来就在成熟的产品线外创造出了新的机会。但机会只有一次，如果升级后的样品不能通过测试，就只能做回原先的产品。为了拿下这次机会，杨义凯的团队争分夺秒。到交样品的时候，杨义凯从深圳工厂拿了样品连夜返回上海，在上海机场与工程师会和，马不停蹄地连夜开车赶往客户所在的宁波。本着高效的原则，杨义凯还携带了测试设备。第二天一大早就把样品送到了客户手上。

过硬的质量和高效的作风彻底征服了客户，从此订单源源不断。短短数年，该公司在太阳能照明驱动 IC 领域已经稳居前列。

与此同时，杨义凯兄妹也制定了更远的战略规划。杨淑彬介绍："公司制定了'围棋战术'，选定一个细分市场，一格一格地进攻，将技术迭代和市场份额做到极致。"继太阳能照明驱动 IC 之后,他们已带领团队进军移动照明 IC、小家电、TWS 耳机等应用市场。

风险管控靠管理

随着公司的快速发展,团队人数也逐渐增加,管理成为重中之重。2015 年,公司团队组建、产品开发、市场导入等均已进入正轨,杨淑彬也正式全职加入裕芯担任董事长,负责管理工作。图 48 是杨淑彬在裕芯年会上表演。

图48　杨淑彬在裕芯年会上表演

半导体领域创业者以工程师居多,而工程师在创业阶段往往容易忽视管理。但在杨淑彬看来,对于公司来说,研发是第一关,接下来是市场,但这些最终还是要落在管理上。一个公司无非两个关键要素:一是产品、二是人。有管理体系才能管理好人,人稳定了,产品就出来了。

杨淑彬进入裕芯之后,在人才方面主要做了三件事:第一件事是人才盘点,定岗定责;第二件事是分层定级制定薪酬体系;第三件事是推出合伙人制度,凝心聚力共创业。雷厉风行的三步下来,一个有凝聚力、有战斗力的团队就成型了。

杨淑彬结合自己多年的管理经验说:"管理体系对发展来说,其成效大家还不一定能立刻感受到,但是在抵抗风险的时候就很关键。简单来说,管理体系健全了,预警也在提前。比如,现在整个半导体都很火爆,我已经开始跟我的团队

杨淑彬　　从不懂电子的销售到芯片公司董事长，文科女开启别样创业人生

沟通如果冬天来了该怎么过。"

当然，建立健全管理体系并非总是一帆风顺，特别是涉及客户的时候。消费类电子企业，以家族企业居多，管理体系不规范。加之不少芯片企业为了抢占市场份额，会最大限度地满足客户需求。久而久之，不按账期付款等行业乱象大行其道。杨淑彬接手管理工作的第一件事就是建立客户管理体系，做到账期额度双管控。但部分习惯了"随性而为"的客户对此颇为抵触，裕芯销售人员的工作也因此陷入困境。杨淑彬回忆说："我们有个销售甚至跟我提离职，说'你这样搞我不干了！又不是钱收不回来'。"

虽然阻力重重，但从公司良性发展的角度出发，规范财务管理体系势在必行。杨淑彬一面在公司内部做正向引导，一面加强与客户沟通，对于没有财务体系的客户，杨淑彬还会主动帮助对方建立财务体系。

这样做的好处很快便显现出来。最直接的好处是，裕芯有几家终端客户因为管理不善做了破产清算，很多芯片供应商因此受损，而裕芯受益于财务管理体系没有受到牵连。此外，通过帮助客户建立财务体系，客户对裕芯的信任度显著上升，规章制度的稳定性也让双方日后的合作更加稳定。更重要的是，这种合作共赢的思路让杨淑彬培养出了一批与裕芯共同成长的客户，数年间，有几家客户公司已经成功上市。

管理体系的建设既是企业良性发展的基石，也是给合作伙伴以确定性，有助于双方建立信任感。事实上，杨淑彬认为，在当前产能紧缺的背景下，如果不能有效建立合作伙伴之间的信任关系，只会加剧囤货，而囤货的结果是产生沉没产能，恶性循环会进一步加剧产能紧缺现状。产能只有最大限度地流动起来，才是双赢的选择，而产能流动起来的前提就是在平时与客户的沟通中，让客户感受到确定性。

与孩子彼此成就

作为半导体行业的少数女性管理者之一，杨淑彬在与笔者的交流中尽显对这个行业的热爱。集成电路产业当前已经上升到国家战略层面，能为这个行业添砖加瓦，让从小受父亲爱国思想熏陶的她感到自豪。入行多年，杨淑彬也越来越喜欢半导体"圈子"的氛围。她说："和理工男打交道很纯粹，他们其实非常可爱，

有事就放到会议桌上说，说完达成一致的结论各自执行，关系非常好处理。"

然而，半导体行业周期长、工作节奏快、难度高，其中辛苦唯有从业者能知。杨淑彬笑说："现在基本上不是在路上，就是往路上去的。"家住广州的她在华东的时间比在华南要多得多。因为这种快节奏的工作，常常有人好奇地问她："你这样会不会感觉对孩子有亏欠？"

当然，除了裕芯的董事长外，杨淑彬也是一个母亲。不过，她自有一本独特的"妈妈经"，从来不为工作与生活的平衡烦恼。在她看来，母亲的职责是引导孩子树立正确的人生观，给孩子树立好榜样，给孩子心灵的陪伴，比起天天待在一起，空间上的亲子陪伴更重要。她向小学二年级的女儿灌输最多的一个理念是："妈妈有自己的使命，不能只做你一个人的妈妈，你要成就妈妈，妈妈也要成就你，你要独立地走完自己的人生，不能永远在我的翅膀下。"

而令杨淑彬欣喜的是，女儿也对这种相处模式接受良好。虽然杨淑彬从来没有给女儿开过家长会，但面对老师的质疑，女儿却会很自豪地指着校园里布置的户外灯说："这些灯里面的芯片都是我妈妈做的，我妈妈现在解决的是'卡脖子'问题！"童言稚语胜过最热情洋溢的赞誉，正是这种用科技改善人们生活状态的使命感，带领团队开疆拓土的事业感，和令自己与女儿都深感自豪的成就感，激励着她在这条鲜有人走的道路上不断前行。

2020年7月16日，裕芯有乔迁之喜，杨淑彬在乔迁典礼上说："我相信终有一天，我们裕芯也会敲响属于自己的钟声。"时至今日，她亦坦言，"IPO是这个行业的人的一种情怀，但不是我们总体的目标，而是新的起点。"显然，在这条长得似乎看不到上岸时间的芯片创业路上，她有目标，却不激进，她享受着路上每一处风景，只待顺其自然达成目标。

米磊

为中国硬科技仗剑走天涯的侠客

文/慕容素娟　王丽英

米磊（见图49），西安中科创星科技孵化器有限公司（以下简称"中科创星"）创始合伙人、联席CEO。西北工业大学本科毕业，中科院西安光学精密机械研究所（以下简称"光机所"）光学硕博，陕西光电子集成电路先导技术研究院执行院长，青年科学家社会责任联盟副理事长。中国"硬科技"理念提出者，发起成立硬科技创新联盟，倡导并发起专注于"硬科技"的天使基金，目前基金规模达53亿元，已投资孵化超过330个硬科技创业项目。

图49　米磊

　　黑瘦的脸庞，略高的颧骨，坚定刚毅的目光，加上一头直立的头发，整个人透露出一股实在和倔强。

　　这就是米磊，一位中国硬科技道路上的践行者。深受金庸小说中华优秀文化传统的影响，米磊的内心有一股心怀天下、匡扶正义的大侠情怀，他秉持走正道、练内功、踏实不取巧的人生信条。

　　从硬科技领域的研发工程师、创业者、基金投资人到孵化平台带头人，米磊深知硬科技创业的不易。他在国内首提"硬科技"理念，他介绍道："硬科技就是比高科技还要高的技术，硬科技是整个国家基础的支撑，我们的根扎得越深，越能枝繁叶茂，如果没有根，就什么都没有。那些被美国列入禁运产品名单的企业就是硬科技企业的代表。"

为了推动硬科技的发展，米磊成立基金做投资人只投硬科技项目；又为硬科技初创项目搭建孵化平台，创业团队只需专注于技术研发，其余事项孵化平台全包。米磊的用意就是，让硬科技在创业初期站在一个较高的起点上，能够在"高原上造峰"。

源于学生时代受西北工业大学和中科院大学校风校训的熏陶，以及职业历程中深受国外垄断企业的刁难和打压，在当下美国对中国的高科技采取打压政策的现实面前时，他有着深深的忧患意识："中国在向价值链高端冲刺，美国处心积虑要把中国打压下去。现在处在关键时刻，不进则退，硬科技处在价值链的高端，如果我们这代人不努力把硬科技搞上去，那么我们的经济可能会停滞不前，我们下一代可能就没有好日子过，就会有更多的人陷入内卷中……"

深受"为国为民，侠之大者"情怀的影响

米磊的家乡在陕西，那里是中华文明的重要发源地，先后有周秦汉唐等10多个朝代在此建都，独特的地理风貌加上丰厚的文化底蕴，孕育出了三秦人聪明能干、实在质朴、侠义豪爽的特质。米磊非常喜欢的横渠先生——张载就是陕西人，张载在1000多年前讲出了著名的横渠四句："为天地立心，为生民立命，为往圣继绝学，为万世开太平。"中国古代优秀知识分子的追求达到了马斯洛需求的顶峰——要实现人生的自我超越，这对米磊的影响非常大。

中学时期，米磊非常喜欢金庸的武侠小说。他对郭靖和杨过的一番谈话印象极为深刻，郭靖对杨过说的八个字"为国为民，侠之大者"深深印在米磊心中。他提及，郭靖本身天资并不聪慧，也不像杨康那么聪明，但心怀天下，有家国情怀，坚持走正道，坚持练内功；相比之下，杨康则追求快速成功，练外功。最终，成为一代大侠的不是杨康而是郭靖。真正的大侠比的不是功夫有多高，而是为国家和社会做出多大贡献。

"20多年后再回看这一段，还是觉得热泪盈眶。"米磊内心有一股深深的大

侠情怀。

当年带着这股大侠情怀，米磊考入了西北工业大学。西北工业大学校园四座颇具特色的标志性建筑——公字楼、诚字楼、勇字楼、毅字楼，时刻提醒着师生铭记"公诚勇毅"的校训。我国首架小型无人机、首台机载计算机、首个智能型水下航行器、首块航空专用大规模集成电路芯片……均出自西北工业大学。

西北工业大学的校风是"三实一新"（基础扎实、工作踏实、作风朴实、开拓创新）。"学校教导我们做人要朴实，实实在在做事，短期可能没有特别大的回报，但是从长期来看是对的就要坚持。班主任告诉我们，学生阶段要踏踏实实把学习搞好，打好基础，打牢基本功。"米磊提及学生时代所受的影响，"'三实'和我的性格也比较匹配，因为我的名字就是'三石'（磊）。"

在西北工业大学4年学习生活的熏陶下，米磊的大侠情怀不断地得到印证和强化。

大学毕业后米磊先在中科院西安光机所工作，后来又继续在光机所读了硕士和博士，从本科到博士，学校的价值观一脉相承。米磊说："在中科院得到的熏陶就是科技报国，西安光机所的成立就源于'两弹一星'，当时一个棘手的任务是要拍摄原子弹爆炸过程的照片，成立西安光机所就是为了研制拍摄需要的高速摄影机。光机所的前辈不负国家使命。"

"20多年后回头来看，我的成长其实深受这些价值观潜移默化的影响，我也将一直身体力行地践行这些价值观。"米磊回顾道。

目睹国内企业因技不如人而吃哑巴亏

本科毕业后，米磊进入中科院西安光机所工作时，参与了"梯度折射率透镜"产业化转化项目。该技术转化的产品为自聚焦透镜，该器件是光纤通信领域不可或缺的一个重要器件，光纤到户、骨干网都少不了它，华为、中兴等通信设备厂商都是它的间接客户。

由于自聚焦透镜技术门槛非常高，2000年时从原材料到产品全球只有一家日本企业可以供应。由于高度垄断，国内企业吃了不少亏。米磊透露："当年有家国内公司收到货后发现买到的都是废品，产品外观一样，但根本用不了。然而，国内这家企业却不敢向日本供应商投诉，因为担心一旦投诉，后面可能人家就不再给供货了，这样这家企业就会直接面临倒闭的风险，最终只能吃下这个哑巴亏。"

米磊指出："其实，国内已经在实验室做出来了，最难的就是产业化，需要大规模量产，要保证做出的数十万、上百万个产品性能参数都完全一致。这是当时面临的最大的挑战。"

拿下这个基础元器件迫在眉睫，在这样的产业背景下，2001年7月，西安光机所与外部资本（中国化工进出口总公司）联合，共同投资设立了飞秒光电科技有限公司（以下简称"飞秒光电"），西安光机所也派出了38位科技及管理人员随同项目一起进入公司，米磊就是项目中的一员。

米磊有幸参与了全程的技术研发与管理工作，这项科研成果转化而成的产品——自聚焦透镜（Grin Lens）成功问世，量产上市之后彻底改变了原来的市场局面。"当年高达10美元的器件价格直线下降到了1~2美元，关键是国内产业链终于摆脱了受制于唯一一家国外供应商的"卡脖子"状态，我们真正在光学核心材料技术上打破了国外垄断，填补了国内技术空白。"米磊骄傲地说。

2004年，该产品快速打入海外市场，2007年获得国家科学技术进步奖二等奖。

2015年2月15日，习近平总书记视察西安光电所时给予米磊他们高度肯定，也告诉他们：核心技术靠化缘是要不来的，必须靠自力更生，科技人员要树立强烈的创新责任和创新自信，积极面向经济社会发展主战场，面向国际科技发展制高点，努力多出创新成果，为实施创新驱动发展战略，建设创新型国家多做贡献。

经过十几年的发展，飞秒光电已拥有从透镜材料配方到产品的一整套独立知识产权，拥有先进的大型生产设备，年生产各类透镜3000万支，海外市场拓宽至东南亚、欧美等地区。

飞秒光电之后，米磊作为联合创始人还参与了另一项科研成果的转化——创立了以红外生物光学断层成像技术为技术主线的中科微光医疗器械有限公司。该公司的产品线包括投影式红外血管成像仪、内窥式OCT系统、心血管OCT系统等，尤其是其研制的投影式红外血管成像仪，成像速度及图像质量均处于国际一流水平，被誉为"插针神器"，不仅在国内同类产品中销量稳居榜首，还出口到东南亚、欧洲等地区。

图 50 是央视播放的采访投影式红外血管成像仪的相关工作原理的画面。

图50　央视采访投影式红外血管成像仪的相关工作原理

"投资方两年后基本翻脸",还被称为"科技骗子"

在取得如此巨大的成绩之后,随之而来的却是一记"重创"。

当时光机所希望推动更多的科技成果转化,米磊因为在飞秒光电做产业化已有一定的经验,加之对科研成果产业化很有热情,于是积极参与其中。然而,在产业化实践过程中,却遭遇了来自资本方面的打击。

"社会资本不愿意投资我们,一个原因是我们的投资周期长,他们不能在短时间内赚钱;另一个原因是,我们的科技成果资本方完全看不懂,也不知道其重要性。"说起这段过往,米磊一脸无奈,"从 2008—2012 年,根本找不到社会资本支持。这时,很多煤老板、矿老板、房地产老板找上门来给我们投资,在没有选择之下,我们只得跟他们合作,但他们不了解我们的科研项目,更不了解科技项目的成长特点,基本上到第 2 个年头时,这些投资方就坐不住了,于是翻脸、撤资,还说我们是'科技骗子'。"

为此,光机所很多好项目的产业化最后都无疾而终。

为了呼吁业界更好地认识这类科技含量极高的项目,2010 年米磊在国内提出了"硬科技"概念。米磊指出："之所以叫硬科技，是因为当时社会上把互联网等同于高科技，而真正的支撑互联网发展的底层的半导体芯片、光通信等核心技术反而被忽视了。硬科技好比高楼大厦的墙基，墙基不牢，盖得再高也是枉然。中国正处在发展的转折点，从'人口红利'转向'创新红利'，从'工人红利'转向'工程师红利'，从'模式创新'转向'科技创新'。未来30年，硬科技将是中国经济发展的重要支撑。"

然而，硬科技的价值却被大大低估。米磊指出："它的1元钱可以带动下游的100元、1000元，但下游的1元钱就是1元钱。从半导体产业链来看，最底层600亿美元的半导体设备产值支撑了中间4600亿美元半导体芯片制造产值，再往上支撑了几万亿美元的消费电子、工业电子等电子系统，继续向上则支撑了互联网、大数据、电子商务等几十万亿美元数字经济的产值。"

当下，最具代表性的硬科技主要体现在光电芯片、人工智能、航空航天、生物技术、信息技术、新材料、新能源、智能制造等领域。

他进一步表示，硬科技的投资周期一般较长，早期的投入与回报不成比例，在开始的前5～10年，堪称"十分耕耘一分收获"。因此，做硬科技不能走捷径，要踏踏实实，没有科技情怀只想赚快钱的不要投硬科技。米磊笃定地说："但硬科技企业一旦能够实现商业落地，就会呈指数型增长，并能够迅速成为行业龙头。"

在当时的形势逼迫下，一个想法在米磊心中萌生："既然社会资本不愿意投资这类硬科技成果转化，那我们自己做个天使基金行不行！"

让硬科技初创企业"在高原上造峰"

2012年，米磊联合发起第一支专注于硬科技投资的天使基金——西科天使。从硬科技项目走出来的米磊觉得仅在资本上支持还远远不够。米磊在考虑如何让资金像"杠杆撬动地球"一样发挥出极限价值。

米磊认为："像IMEC（比利时微电子研究中心）、台积电这种平台，让很多芯片设计企业创业变成可能。我们国家尤其需要发展硬科技创业的公共支持平台。此外，技术最强的人往往很不擅长跟人打交道。作为初创企业，创业者还需要去搞定各种如拿地、盖房、买设备、见资方等事情，常常某一个环节的不顺利就有可能拖垮企业的发展进程。"

于是，2013年米磊作为创始合伙人组建了中科创星，这是国内首个专注于硬科技创业投资与孵化的平台；随后米磊又发起成立了陕西光电子集成电路先导技术研究院，这是国内首批以光电子为发展方向，集高端人才引进、创业投资与孵化为一体的创新型机构。

为此，中科创星成为国内首个以"研究机构＋创业平台＋天使基金＋孵化服务"为一体的科技创业生态体系。在投资孵化方面，中科创星只扶持硬科技创业项目；除了资金之外，中科创星为硬科技创业项目在设备、基础服务等各方面给予支持，初创企业只需要专注自己的技术产品开发、买材料、流片即可。米磊希望硬科技初创项目在创业的初期就站在一个较高的起点上。

米磊将其形象地比喻为"高原造峰"："专业的人做专业的事，提供专业的平台，这就好比在青藏高原造峰，一造就是珠穆朗玛峰；你若到盆地造峰，还能造出珠穆朗玛峰吗？"

中科创星自创立以来，投资的硬科技企业已有超百家，如：驭势科技有限公司、北京九天微星科技发展有限公司、陕西源杰半导体科技股份有限公司、宁波飞芯电子科技股份有限公司、北京中科微光医疗器械有限公司、西安中科微精光子制造科技有限公司、上海鲲游光电科技有限公司、北京卓镭激光技术有限公司等，并实现了后续融资。

2016年6月3日，李克强总理在调研视察国家十二五科技创新成就展中科创星展位时，米磊向总理解释了硬科技理念，总理表示：硬科技就是比高科技还要高的技术——你的这个说法很有趣，我记住了。

2018年中兴事件发生之后，紧接着就是华为等几十家中国企业被美国政府列入产品禁运名单中。米磊半开玩笑但又有些沉重地说："特朗普总统是硬科技的最好认证官，看看被美国"卡脖子"的项目，那些都是真正的硬科技。那些被美国列为禁运名单的企业就是硬科技企业的代表。"

图51是米磊参加国庆70周年阅兵观礼。

虽然米磊本人已荣誉等身——"2020最佳投资人TOP100""科技创新先进人物""陕西省五一劳动奖章""陕西青年五四奖章"……但面临当前美国对中国的科技打压，米磊仍忧心忡忡。

一度热播的《觉醒年代》让米磊备受感触："当时就是陈独秀、李大钊等一批共产党人站出来，才有了我们今天的好日子。今天的中国也处在一个需要觉醒的时代。美国想尽各种办法、处心积虑要把中国打压下去。如果我们这代人不努力把硬科技搞上去，我们的子孙后代的生活质量就会倒退。"

图51　国庆70周年阅兵观礼

这不是危言耸听！米磊指出，中国现在整体在往价值链高端冲刺，与西方发生了"存量蛋糕"的博弈。如果没有硬科技，我们国家是没有安全可言的。中兴事件之后，中兴所有的副总裁以上的人都没了工作，中兴的价值也大幅下降。现在华为处在硬科技价值链的高端，华为在往上冲的时候，西方人特别是美国人是不希望看到中国人都拿着与华为员工一样高工资的。如果把华为打压下去，中国科技的最高端就打压下来了。一旦中国科技的最高端被打压下来，其他领域的人的收入就上不去了。

"现在处在关键时刻，不进则退，我们只能力挺，为了我们的下一代，我们也得把硬科技、把芯片做好，这就是我们这代人的责任和使命。如果硬科技全搞定了，那么就不怕'卡脖子'了，如果中国能够引领新的科技革命，我们下一代的日子就会越来越好。否则，后辈会骂我们这一代人'没出息'！"米磊意味深长地说。

许宗义

只为解决芯片材料"卡脖子"难题

文/茅杨红

许宗义（见图52），寰采星科技（宁波）有限公司（以下简称"寰采星"）总经理。台湾成功大学化学工程硕士，TFT-LCD&AMOLED面板行业17年经验，10年以上AMOLED建厂及量产经验，深圳"孔雀计划"成员，专利及论文25件，主导至少5项实验线与量产线的规划及建设。曾任台湾友达光电股份有限公司（以下简称"友达光电"）OLED（有机发光二极管）副总经理；2012年加入深圳市华星光电技术有限公司（以下简称"华星光电"），任职t3产线部长和t4研发部长；2016年任维信诺科技股份有限公司（以下简称"维信诺"）研发中心负责人；2019年，创立寰采星。

图52 许宗义

在许宗义的朋友圈里，发布的最多的内容都与跑步相关。既有夜跑的截图，也有跑完马拉松后的感慨，跑步占据着他生活的大部分空余时间，也是他最大的业余爱好。"创业是一件非常耗费体力和精力的事情，而跑步不仅能增强体魄，也能让我始终保持一个良好的创业状态。"许宗义坦言。

作为一名在显示面板行业深耕近20年的资深"老兵",许宗义一直都想为产业发展做一些有意义的事情,为此他将创业目光锁定在了金属掩膜版(FMM)这一"卡脖子"环节。2019年,许宗义在宁波创办了寰采星,自此成了一名创业"新兵"。下面就来和大家一起分享他的成长和创业故事。

在化学工程系主攻医科领域

在我国台湾中部,有一个被称为"台湾米仓"的小县城——彰化县,这里就是许宗义的故乡。1977年,许宗义出生于县城里的一个普通家庭,他在家中排行老二,父母经营着一个小吃摊,一家人的日子过得平淡且充实。

小时候的许宗义,成绩并不是特别好。据他回忆,早期的台湾因为教育环境不好,父母那一辈基本都没有条件和机会读书,所以他们对于子女教育并不重视,能有一门赚钱的手艺便好。"在我们家里,学习都是靠自己。在我上小学的时候,基本上每天都是白天上学,晚上帮忙家里出去摆摊赚钱。"

即便学习的时间并不充裕,学习的条件也不理想,但许宗义仍会充分利用好剩余的时间认真学习。初中毕业时,许宗义以高分考入了彰化县最好的高中彰化高中,而这也完全出乎了他自己和父母的意料。

高中三年,许宗义对未来有着明确的目标,他希望自己以后能成为一名医生,因为医生是台湾社会地位最高且最受欢迎的职业之一。但也正因为医生的职业声望最高,全台湾高中毕业生的大学科系第一志愿常以医学系为主,如此激烈的竞争,使得每年只有排名非常靠前的资优生才能考上。

"第一次高考我并没有考好,但又非常想去学医,所以我就鼓起勇气复读了一年。"许宗义笑着说。庆幸的是,凭借着不懈努力,第二次高考结束后,他以优异的成绩考上了台湾中央大学的化学工程系。

在化学工程系,许宗义选修了多个偏向于医科的专业课程。"化学工程里面有很多细分的领域,我前期主要学习的是生物医用材料。"据许宗义介绍,以现代科技手段生产的生物医用新材料,主要被广泛用于制造人工心脏、心脏瓣膜、人造血管、人工肾、人造皮肤、人工骨等。

在许宗义的记忆里,大学生涯中的大部分时间都是在实验室里度过的,那些时光是美好且有趣的。"比如我们会把自己做的人工心脏瓣膜和皮肤放在猪身上

许宗义　只为解决芯片材料"卡脖子"难题

做实验,然后观察它们的运行状态和表现。而拿猪做实验,主要是因为猪是和人类在医学层面最为接近的动物。"

2000年左右的时候,无论是在整体经济环境还是在学术研发氛围方面,我国台湾地区都与欧美发达国家相差甚远。尤其是在当时来看,生物医用新材料作为一项对人类有所贡献的前沿技术,从前期研发到真正运用到人体身上,至少需要二三十年。在这期间,只有长期投入大量的人力和财力,才能缩短与发达国家的差距。

"其实本科毕业后我有想过出国留学,但是当时台湾在该领域的学术研究与国外存在着较大差距。即便我出国,也会跟不上人家的节奏。而这也意味着,如果我想要在该领域取得一些突破和成就,就需要花费更多的时间和精力。"经过深思熟虑之后,许宗义最终还是放弃了出国的想法,转而选择攻读成功大学的化学工程硕士。

跨界进入半导体显示面板领域

虽然硕士依然是在化学工程系就读,但是许宗义攻读的方向不再是生物医用材料,而是半导体材料。"当时实验室有很多师兄毕业后去了台积电,在他们的影响下,我最终也决定进入半导体行业。"对于换专业的理由他如此解释。

2003年,许宗义正式拉开了自己职场生涯的序幕。他的第一份工作在友达光电。在当时,1996年成立的友达光电是仅次于韩国三星和LG电子的全球第三大显示面板厂商。

"液晶显示屏幕是一个具有跨时代意义的产品,它的存在催生出智能手机、平板计算机、笔记本计算机等移动终端产品。20年前你都不敢相信可以把笔记本计算机随身携带着,但现在无论是便携式笔记本计算机,还是全屏手机,都成了人们生活中的必需品。"正是因为看到显示面板技术的巨大发展潜力,许宗义在毕业后毅然决然跨入了显示面板领域。

在友达光电的9年时间,许宗义凭借着扎实的基础理论背景,以及踏实肯干的工作态度,一直从高阶工程师做到小尺寸OLED副总经理。工作期间,他不仅突破OLED LTPS(低温多晶硅)制程生产关键导入量产,同时带领团队成功点亮3.97英寸和4.3英寸OLED产品,为台湾友达光电成为世界OLED面板量产制造先驱奠定了技术基础。

2012年是中国大陆面板产业逆市投资初见成效的一年，也是产业发展路上里程碑式的一年。随着日韩及我国台湾地区的面板企业日益走上下坡路，大陆面板企业在政策的支持下，反而走上了"康庄大道"。为此，大陆面板企业开始在全球范围内汇集人才，为产业发展注入更多"强心剂"。

或许是看到整个面板产业逐渐向大陆转移，或许是内心不安分的"种子"在躁动，许宗义决定放弃台湾稳定且优越的生活，转而前往大陆拓宽自己的视野。

放弃台湾的稳定生活，前往大陆逐梦

"选择来大陆工作其实也是机缘巧合，以前的一位领导问我有没有兴趣一起去大陆，一方面是大陆工资确实比台湾高很多，另一方面是抱着来大陆发展看看的心态。"对于来大陆工作的理由他如此解释。

获得父母及妻儿的认同与支持后，许宗义便毅然踏上了前往大陆的逐梦之旅。刚来到大陆的许宗义对于一切都有点儿不习惯，如饮食方面水土不服，常常花费许多时间在台湾与大陆之间往返，等等，但很快他便适应了大陆的生活。他在大陆任职的第一家企业是华星光电。

在显示面板领域，柔性显示屏的出现无疑为整个面板产业带来了转型升级。柔性手机可以实现屏幕对折，缩小体积方便携带，折起来是手机，展开就是Pad。柔性显示屏带动并形成了一个围绕其展示的整条产业链，上游设备制造、材料制造与零件组装，中游柔性面板制造、面板组装、模组组装和下游显示终端、应用领域等一整条产业链孕育着巨大的商机。

彼时的华星光电正是因为看到了柔性显示屏的巨大市场机遇，计划在大陆投建多条柔性面板相关产线。2014年，华星光电在武汉东湖高新区投资160亿元，建设了国内第一条6代LTPS显示面板生产线，即武汉华星光电t3项目，而许宗义便主要承担着t3项目的建厂工作，以及组织t3 LTPS量产团队。

后来，华星光电计划再次在武汉投资350亿元，建设一条6代柔性LTPS-AMOLED显示面板生产线，即武汉华星光电t4项目。许宗义所在的研发团队便与t4厂负责研发柔性OLED相关的工艺开发，使华星光电更上一步台阶，与世界少数具有柔性OLED自主研发及量产的企业并驾齐驱。

许宗义　只为解决芯片材料"卡脖子"难题

在华星光电取得了一定成绩的许宗义一直在不断地突破自我。2016年，他加入了大陆另一家面板大厂——维信诺，任职维信诺科技研发中心负责人。在维信诺，许宗义再次取得了一系列耀眼的成绩：完成G4.5中试线规划与建设，主导整个公司研发方向及产品方向，领导柔性折叠OLED技术开发与量产小组，建立和管理超过500人的研发团队，提升研发技术，提高量产良率，这一创新技术使得维信诺成功进入全球OLED研发制造前列。

无论是在华星光电，还是在维信诺，许宗义的主要工作都是负责产线的前期规划和建设。"对于我个人来说，其实压力还是挺大的。每一条产线都是上百亿元的投资，因此做的每一个决定都至关重要。此外，工地上最担心发生意外，所以安全方面也需要特别注意。"他感慨道。

发现市场痛点后从技术型专家转型为创业者

经过在友达光电、华星光电、维信诺近17年的行业积累，许宗义在OLED研发、制程生产及管理上积累了丰富的经验。在深刻了解国内外OLED行业发展现状的同时，他也厘清了目前国内各类客户的需求重点以及供应商所面临的瓶颈。

据他观察，从2016年以来，全球OLED新增的产线投资达到3155亿元，其中中国投资2566亿元，成为全球AMOLED投资最大的区域。全球产量和产值保持高速增长。随着OLED显示屏迅速取代智能手机的LCD显示屏，未来OLED中小尺寸面板市场随着中国智能手机厂商搭载OLED面板比重的增加、可折叠手机的上市，以及5G通讯服务的扩大，将呈现快速增长趋势。

在OLED显示屏制作过程中，有一道有机发光体蒸镀工艺，需要用OLED高精度金属掩模板（FMM）作蒸镀模板，OLED金属掩模板的质量对显示屏的质量、成品率有极大影响。作为OLED显示产业的第二大材料，FMM已被我国列入《战略性新兴产业重点产品和服务指导目录》，FMM市场规模2022年保守预测将达到80亿元。

虽然FMM有着广阔的市场前景，但是中国OLED显示行业在FMM材料方面面临着三大困境：一是FMM的制造长期被DNP、TOPP AN Athene、LG、e-CONY等日韩企业所垄断，这将导致我国OLED产业受制于人的局面；二是日韩 FMM 制造商产能有限，且优先供应韩国，所以一直无法保证中国市场的需求；三是日韩 FMM 制造商的交货期至少在 4 周以上，严重阻碍了我国高端显示产业的快速发展。

作为 OLED 领域资深的技术型专家，创业对于许宗义而言似乎非常遥远。但是在某一次与业内同人交流的过程中，他们聊到了 FMM 的重要性："既然该材料已经成为影响大陆 OLED 产业发展的'卡脖子'技术，为什么我们不自己去研发呢？"这次偶然的聊天使创业的种子在许宗义的心中萌芽。

萌生创业的想法之后，许宗义再次陷入了思考之中，而他面临的第一个难题便是公司的落户之地。纵观目前国内的面板产业，大部分面板厂都聚集在成都、合肥、深圳或者重庆等地，许宗义最后选择在浙江宁波落户。

"其实选择宁波也是机缘巧合。我们的一位投资人是宁波人，在他的建议下我们来到海曙高桥考察。在接触的过程中我们发现，宁波的整体经商环境特别好，政府提供给初创企业的支持也非常多。因此我们最终决定将公司落户在宁波。"许宗义解释道。

"除了政府的大力支持，宁波最吸引我的地方是其对半导体产业的重视。"许宗义进一步说，"宁波海曙高桥为帮助创业团队快速进入生产研发状态，可以提供现成的厂房，后期只需添加相应的制造设备即可，这对我而言是一个非常难得的机会。"

与此同时，宁波人对金钱的追求没有那么强烈，有一颗相对不那么浮躁的心，可以踏踏实实做事情。"宁波是一座宜居城市，能招到踏实、稳定的员工。"许宗义坦言。

2019 年 3 月 21 日，寰采星正式成立。

执着前行，致力于解决芯片材料"卡脖子"难题

让人感到惊喜的是，2019 年刚刚成立的寰采星研发进展非常迅速。许宗义介绍，全国首条，同时也是唯一的 FMM 生产线目前已进入调试阶段。公司一期工程预计 9 月以后开始产生营收，未来的二期、三期工程将扩产 FMM 生产线 10 条，总投资额 12 亿元，满产后年产值 35 亿元，年税收 4 亿元，占中国市场份额的 40%。

值得一提的是，在 2020 年 8 月 28 日于厦门举行的集微"芯力量"评选中，寰采星更是获得国内顶级投资人组成的评委会的一致青睐，荣获 2020 年度最具投资价值奖、投资机构推荐奖两项荣誉奖。这也说明了投资机构对寰采星这一初创企业的认可。

创办寰采星是许宗义人生中的第一次创业，他坦言："创业过程中最困难的便是如何将团队凝聚在一起。对于创业团队而言，人是最基本的，但是每个人的成长环境、工作经验并不相同，因此需要一个磨合的过程。"

在创业的道路上，荆棘和挑战无处不在，而所收获的喜悦也是任何东西都无法比拟的。"创业成功的可能性或许只有 50%，但是我相信，寰采星对于整个中国显示面板产业进步的意义绝对是重大的。"许宗义最后表露了自己对于公司未来长远发展的决心。

姜新桥

使便携式音箱成为广场舞标配，致力于让机器人走进千家万户

文/邝伟钧

姜新桥（见图53），珠海一微半导体股份有限公司（以下简称"一微半导体"）联合创始人。毕业于东北财经大学国际贸易专业；拥有近20年半导体行业市场企划与产品运营管理经验。曾就职于某集成电路纳斯达克上市公司，历任业务经理、市场企划经理、产品经理、市场高级经理、产品总监、市场总监、产品线负责人等；2014年参与创办珠海一微半导体。一微半导体是提供惯性导航、激光导航和视觉导航的专用芯片、算法及完整解决方案的供应商，拥有814项国内机器人技术专利与35项PCT国际专利，自有知识产权位列全球家庭清洁机器人前三。

图53　姜新桥

在面积不大的地面上摆放着形状不一的各种障碍物，扫地机器人在其间稳定穿梭，研发人员在旁记录着各种数据，随后在电脑上进行算法推演和分析。这是一微半导体总部的日常研发工作的一部分。

一微半导体的办公室里充满了工程师味道。在技术氛围如此浓郁的地方当联合创始人，而且还是一位女性，姜新桥必有过人之处。

姜新桥　使便携式音箱成为广场舞标配，致力于让机器人走进千家万户

第一眼看到姜新桥，她亲切的态度打破了我对女性创始人强势硬朗的刻板印象。姜新桥在半导体集成电路行业已经沉浸了20年。

与此行业中很多科班出身的人不一样的是，姜新桥并不是电子专业出身，在创立一微半导体前，她有着销售、产品经理等多种职业经验。"半导体行业会是中国未来的重点发展方向，发展即将进入黄金期。"姜新桥说。

从销售到产品经理，打下创业基础

姜新桥毕业后进入珠海半导体行业至今已经超过18年，她见证了珠海集成电路半导体行业从无到有的历程。

姜新桥回忆说："我大学是金融财经专业的，按理说毕业后应该做国际金融和国际贸易，但是到了珠海后，机缘巧合下就进入了这个行业。"

当时普遍看好半导体行业的前景，姜新桥认为这会是自己的一个机遇。在放弃国际金融贸易的职业后，她投身半导体行业，进入珠海某芯片公司工作。起初姜新桥做的是销售，接着转产品经理，往后还做了产品线总监，负责规划整个市场和产品。

"如果没有从销售到产品经理的经历，可能我并不会创业。"姜新桥说，"做业务的时候开拓了很多主力客户，与下游终端厂商聊得多便会知道客户和市场的需求。"

就职的芯片公司以做MP3/MP4集成电路芯片而闻名，在这一波爆发点过后，行业开始寻找下一代音频产品的发展方案，而姜新桥在转产品经理后便提出了要在MP3的基础上做便携式音箱。

不过当时就技术而言，便携式音箱体验并不好，第一表现在音频解码部分杂音被放大，第二便是功耗太高。早期的音箱只能在断电状态下播放20分钟左右，而音箱放大了耳机听不出杂音，音质并不好。

在当时公司是不支持做便携式音箱这个产品的，同事们普遍认为产品体验这么差很难卖出去。即使面对销售压力、技术难题，姜新桥也没有选择放弃，而是坚信市场对便携式音箱是有需求的。

"市场需求是需要被引导的，产品从诞生到被消费者需求，这需要良好的产品体验。"姜新桥转变成为产品经理后思维被打开，"短期内好卖的东西有技术和

产品局限性，看事情需要专注长期发展"。

在姜新桥的理念中，产品的市场依赖两个因素：产品体验和价格。"市场是做出来的，并不是等出来的。"姜新桥强调。她通过逐个攻克技术难题，把便携式音箱音质和续航体验提升上去，市场便被打开了。此外，她还凭借多年的销售经验，打通销售渠道，从技术和市场两个方面降低产品价格。

在坚持不懈的努力下，姜新桥把便携式音箱市场做起来了，同时在此基础上开发出故事机、插卡音箱、蓝牙音箱、拉杆音箱、导游机等产品，同时也是她最早开发出了语音识别查找歌曲、卡拉OK等功能。她开玩笑说："现在跳广场舞的大妈应该感谢我。"

"有时候会有很多人给你泼冷水，但是不要怕，把自己想做的坚持下去，市场肯定会有的。"姜新桥回忆当时做语音识别和歌词同步显示，有一些与她熟悉的下游终端客户跟着她一起走下去，最终打开了市场。

"做技术创新和市场量产的东西出来，往大的方向来说能改变世界，小的方向来说也能改变某一领域和市场的需求，仍然是相当有意义的。"姜新桥感慨。

销售、产品经理、产品总监方面的经验，令姜新桥对产品有了很强的敏感度，同时懂得对接市场和技术，也有产品设计的经验和管理团队的经验。这些为她创业打下了坚实的基础。

自主创业，操舵机器人"芯"脏

2014年，姜新桥从老东家辞职，创立了一微半导体。她回忆："当时想做一个平台，技术门槛高一些，做未来10年有成长潜力的市场。"

姜新桥其实考虑过很多市场，凭借多年的积累，其团队是比较完整的，包括模拟数字、版图后端、方案系统和市场营销，因此她要做门槛高的，这样不容易被快速复制。

"难事易成，做门槛高的事情，一方面是挑战，另一方面也是壁垒。"姜新桥说道。在一次偶然的机会下，姜新桥发现扫地机器人存在路线规划不清晰、容易困死、回充困难等问题，拆开后发现这类多传感器融合和机电一体化的产品，其内部集成电路是很复杂的，成本高。姜新桥认为未来机器人肯定是一个方向，这个市场有很大的潜力。

姜新桥　使便携式音箱成为广场舞标配，致力于让机器人走进千家万户

以扫地机器人为例，其实它属于家庭服务型机器人的范畴。现有的扫地机器人产品使用的是通用集成电路，其缺点是封装复杂、芯片体积大、运算能力弱和功耗过大。

为此，一微半导体从扫地机器人的"芯"脏入手，成为首家也是现阶段唯一一家做扫地机器人专用集成电路的公司。

"之前大家都是用通用芯片平台，我们做的是扫地机器人专用集成电路芯片。"姜新桥自豪地说。现在市面上的扫地机器人有很多采用通用芯片，其模块相对复杂。假如需要加入激光视觉功能，大部分企业都会在通用平台上再加一个手机或者平板所用的处理器，这种芯片平台集成度不高，复杂而且功耗大。

花了大约两年时间，投入1000多万元，姜新桥与她的团队终于在2016年年底推出了第一版清洁机器人运动控制的SLAM（即时定位与地图构建）机器人芯片。这款芯片产品的核心算法和硬件均是自主研发的，内置导航引擎和地图构建引擎。"市场要真正打开的话还是需要专用芯片，通用芯片系统太庞大，开发起来麻烦，多个系统协作，功耗必然会大。"姜新桥总结道。

姜新桥团队所研发的专用集成电路体积大幅度缩小，运算速度比通用方案提高了8倍，功耗大幅降低，同时其还内置定位地图、导航构建、路径规划。此外，还有运动控制。"脱困就需要优秀的运动控制功能，机器人与一般电子产品还是不一样的，它不光需要算法，还需要进行机电一体化的设计。"姜新桥解释。

芯片的高度集成化能简化开发，通过团队提供的SDK开发平台，终端厂商便能更方便快捷地做出自己想要的机器人。"我们做的是机器人最核心的运动控制、导航、地图构建、路径规划等核心功能，其余的让客户自己去做各种发挥。"姜新桥说。

凭借着过硬的实力，姜新桥团队开发的第一版专用集成电路顺利通过封装测试，直接投入量产。在半导体行业内，大部分的设计芯片第一版往往需要修改，第一版就直接封装量产的十分少见。

拥有成本和性能优势的专用集成电路能大幅降低扫地机器人的入门标准。姜新桥说："越来越多的国内厂家也开始进入扫地机器人领域，其中包括一些白电大品牌。一微半导体旨在为它们构建一个最基础的技术平台。"

现在姜新桥团队的扫地机器人专用集成电路实现了高中低端的全平台覆盖，有纯惯性导航、高端的激光导航和视觉导航。

同时一微半导体将推出高端的芯片平台——AM780，其内建双 RISC 处理器核、地图、导航、传感器、高斯运算等多种硬件加速器，单芯片能够同时处理两个摄像头的数据，同时拥有 360 度的激光配备；接口丰富，运算能力也有提升；地图精准，导航速度快且能实现精准避障。

经过一段时间的发展，一微半导体在全球市场品牌覆盖率已经达到 40% 以上，合作品牌超过 60 个，在 30 多个国家和地区销售。姜新桥坦言："国内市场潜力还很大，中国人消费能力较强，而且接受新产品、新事物也很快。"

构建机器人核心堡垒，布局新领域

要有门槛，这是姜新桥在创业时所规划的，也是其产品研发的选择。类比手机行业，一微半导体的角色其实就像手机里的高通和联发科，其旨在提供一整个平台或者开发方案给终端厂商。

机器人里的运动控制部分便像手机里面的射频基带，它拥有大量的技术原理，并不是你想做就能做的，是有难度、有门槛的。"一个机器人其实比手机要复杂得多，因为它包含了芯片、多传感器融合和机电一体化技术，最重要的是它还具有机械运动结构，这些东西都需要进行一体化的融合设计。"姜新桥补充道。

虽然门槛高对企业有一定的挑战性，但也是核心技术的最佳堡垒，不容易被别人复制和赶超。姜新桥创业初期，就将企业定位于参与全球竞争的高度，因此核心技术的创新方面，姜新桥很早就做了不少工作。

公司累计申请知识产权近 712 项，300 多项发明专利，授权超 200 项，知识产权总量位列全球清洁机器人企业第三。

由于机电一体化的复杂程度高，应用场景复杂，因此机器人行业门槛也相对较高。在一微半导体之前，从零做起的话，至少要花一年到一年半的时间，人力和时间成本都实在太高了。

一微半导体进入这个行业后，致力于为行业解决技术难题，终端下游厂商不用专门去研发视觉或者激光的导航、建图及运动控制算法，而是专注于产品的设计和功能实现。有终端厂商表示，一微半导体量产出货的陀螺仪惯性导航方案，其集成电路和方案在室内复杂场景应用中，表现非常稳定。

被问及现在扫地机器人的市场状况并不太好的情况，姜新桥表示："其实扫

姜新桥 使便携式音箱成为广场舞标配，致力于让机器人走进千家万户

地机器人我们每天都需要使用，市场没有充分火起来，原因不外乎体验还没做好和价格超出了人们预期。"

"1000元的价格会是中国消费者难跨的坎，我们会慢慢通过技术创新把成本压下来，期望每家人都能用上体验好的扫地机器人。"这是姜新桥所期盼的。其实每个行业每个产品都会有痛点存在，随着技术的进步，痛点是能被消除的。

如同洗衣机刚推出的时候，衣服洗不干净、没有脱水功能、没有烘干功能等。经过多年的发展，现在洗衣机已经走进千家万户。"扫地机器人等各类服务型机器人也会成为我们的必备产品。"姜新桥坚信。

姜新桥打算增加研发预算，做深服务型机器人技术，构建更高的技术堡垒，重点研发平台性的技术，以此赋能整个行业。现在其规划的产品种类繁多，例如擦窗机、洗地机、银行机器人、商用机器人，未来还会在商业化的运动控制机器人、智能应答机器人等领域加大投入。

"半导体行业一定要坚持创新，产品规划和产品线长期布局是非常重要的。"姜新桥强调，"我们现在推出的产品都是两年前规划的，如果一款产品火了，可是没有下一款产品，那么就只会是昙花一现。"

对于一微半导体在机器人芯片领域取得的成绩，姜新桥强调强大的产业链整合能力也是关键因素。

姜新桥指出，中国有很多芯片企业，创业公司也有很多，技术强的公司也不计其数，可是为什么大部分都做不起来？主要原因就是落地能力不足。

有人曾经对姜新桥说："你看别人家的PPT做得多漂亮，演示实验多么形象，你们要多学习。"她回答说："我们的PPT可能真没别人做得好，可是我们的强项是解决实际的困难和问题。"

"希望机器人产品能走进千家万户。"姜新桥有这样一个心愿。

吴佳

脱下军装心系军营的军工芯片创业者

文/朱秩磊

吴佳（见图54），上海咸固信息科技有限公司（以下简称"咸固"）董事长。毕业于国防科技大学，电子工程硕士。25岁首次创业，创立存储企业湖南源科创新（以下简称"源科创新"）技术有限公司，任董事总经理。2012年于北京参与多项武器装备型号项目调研与立项论证工作，成功完成某数十亿级重点型号项目立项。2013年第二次创业，创立咸固。

图54 吴佳

吴佳出生于1982年，16岁时代表中国无线电协会出访日本；1998年、1999年分别荣获全国青少年无线电锦标赛冠军、亚军；2001年、2003年分别荣获全国大学生电子设计竞赛一等奖、二等奖……吴佳从少年时期起似乎就比别人幸运。不过25岁大学毕业后的第一次创业，使他遭遇了职业生涯中的第一次挫折。

父母均是上海某重点大学教授的吴佳，从小在大学校园里长大。爸爸教信号系统，妈妈教计算机。吴佳从幼儿园起就在父母的实验室里玩耍，上中学以后慢慢成了一个无线电发烧友，经常组装各种各样的电子产品。作为无线电发烧友的必修课，吴佳甚至组装了几百个各种型号的收音机。"很小的时候在实验室里玩，什么都不懂，有一次将一根焊锡丝一头插到了电源插座的孔里，又将另一头插到了另一个孔里。"回忆起来吴佳还有些后怕，"幸运的是先插的是地线的孔，后插的是火线的孔，焊锡丝直接导通烧掉了。假如先插的是火线，那可能就要触电身亡了。"

上中学以后吴佳渐渐不再去父母的实验室，基本都在少年宫的实验室里跟其他学生一起动手实践。或许是遗传了父母的基因，也因为从小动手，吴佳在无线电方面的天分极高。1998年他16岁的时候就荣获了全国青少年无线电锦标赛冠军，随后代表中国无线电协会出访日本，参观了当地的无线电节，感受到日本人对高科技的推崇。那次出访种下了吴佳立志从事高科技行业、为国家效力的种子。后来高考填报志愿的时候他选择了国防科技大学，几次无线电竞赛取得的好成绩，也给他加了50分的高考分。"要在哪儿学最先进的技术？肯定在军校里面啊。"

进入大学后，吴佳继续对电子设计投入了满腔热情。大一参加全国大学生电子设计竞赛并荣获一等奖；大二被选拔直接进入部队科研项目，参与一些型号的武器装备研制，"其间到沙漠去做实验，试飞，收获很大。实验室里做的一些理论的东西拿到实际的现场去验证，非常有成就感，很辛苦但是也很享受这个过程。"他回忆说。

"当时学校里的科研项目基本都是上级下发的任务，是确确实实要解决问题的，偏重实战工程型的科研成果。"吴佳表示，参与这些科研项目的收获在几个方面：一是对军工的需求有了全面的了解，二是对电子系统形成了完整的系统级的概念，在宏观层、系统层方面的认知更深刻了，对后来的创业也提供了很多帮助，使他能够从"系统级工程师"的角度来做芯片。

大四之后吴佳被保研，毕业后留校任教了一段时间。在几年大学时光里，吴佳对军工科研产生了很深的感情。"有别于在地方的研发，这时的自己充满使命感、自豪感和成就感。"吴佳感慨。

25岁首次创业，结果黯然离场，把该犯的错误都犯了

大学毕业后，吴佳留校任教了一段时间，但很快就与师兄们一起开始了第

一次创业。当时，以闪存作为存储介质的固态存储技术逐步走向成熟，而吴佳所在的电子与工程学院较早地关注固态存储领域的发展，在 2005 年研制出了第一个固态硬盘原型，并在此基础上不断创新，研制成功了国内第一款读写速度高达 420MB/s 的固态硬盘。吴佳和他的师兄们即以军工固态存储为目标，依托于解放军国防科技大学的研究，创立了源科创新，快速发布了系列军工、工业、商用和消费类固态存储产品和解决方案。公司在随后的几年里发展迅速，据全球电子硬盘和固态存储权威研发机构 Search Storage 发布的 2009 年第一季度及第二季度排名，源科创新已经排到全球近 200 家固态存储厂商的第五位。

公司前期业绩飞速增长，年轻人年少轻狂。初次创业即如此快速成功也使这个团队开始膨胀。"业绩达到高峰的时候公司出现了一些决策失误，比如买地盖楼，想要从军用转做民用，结果导致资金出现问题。由于股权设置的隐患，管理方面也存在缺陷，公司运营急转直下，很快出现亏损。"吴佳回忆。

"创始团队开始出现严重分歧。一部分股东主张剥离非盈利业务，裁掉相关员工以开源节流；大股东则寄希望于融资及借贷以挽救公司，但这无异于饮鸩止渴。"吴佳说。2015 年源科创新被浙江兴森科技有限公司以几千万元的价格收购 70% 股权。而他因与团队的分歧早已于 2012 年离开，没有分到一分钱。

第一次创业，吴佳就经历了一个公司从诞生到结束的完整历程。"把所有该犯的错误全都犯了。"吴佳表示，"我本人也参与了许多重要决策。如果少犯一个错，公司可能也不至于走到最后几千万元被卖掉的地步。"

后来吴佳复盘首次创业，认真总结了经验和教训：

首先是大家都是毕业就创业，合伙人都是师兄弟，将"兄弟情"放在了商业规则前面，股权设置、利益分配、决策都有问题，因为照顾"面子"做的一些决策都不是商业化的决策，有时为了面子而做了很多不讲究经济效益的事；其次是用人、管理原则方面存在问题；再次是做了公司及团队不擅长的事情，过早地进入民用消费类市场；最后是公司遇到困难的时候创始团队没有充分沟通，未能形成合力以共同面对与解决困难。

这次创业在吴佳心里还是留下了一些遗憾。谈及此，他并没有谈太多过去的遗憾，说到的更多是经验和教训。"向前看吧。也许第一次创业如果一帆风顺，可能说不准什么时候就会摔一跤，而且摔得可能会更惨。"他说，"所有的经历都是必然，所有的过程都是收获。"

吴佳　脱下军装心系军营的军工芯片创业者

再次创业，国产化芯片迎来春天

2012 年，吴佳黯然离开源科创新，从长沙回到上海休息了一段时间。其间他婉拒了一家世界 500 强外企的中国区高管的邀请，到北京航天三院担任某军工项目的项目经理。在此期间，他对我国军队的科研体系有了进一步认识，更重要的是了解到一个庞大的武器装备型号项目是如何运作的，例如一个数十亿元的大系统项目，中间哪些部分适合国有企业来做，哪些部分适合民营企业来做，中间可以找到自己的定位。

机缘巧合，在学校老领导的支持下，2013 年吴佳回到上海决定开始第二次创业。为了稳妥，他仍然选择了自己熟悉的存储行业。吴佳很有魄力地卖掉了上海的一套房子筹到 1000 万元，成立了威固。一开始他想着把公司做个三四年，把资质做全，最后被并购拿个五六千万元也算是赚钱了。没想到 2015 年国家开始重视自主可控，此时获得朋友一些天使投资的吴佳开始认真考虑把公司做大。

"如果说一开始只是花自己的钱创业，那么得到朋友的支持后，动力和压力都增加了，这次创业就不仅仅是个人去奋斗而是要承担更多责任了。"吴佳表示。

吸取了第一次创业的教训，吴佳认识到，传统芯片创业公司的商业模式风险还是挺大的，投入高、周期长，要在行业里争取到相对领先的地位才会有生存空间。因此第二次创业他选择了一个相对保守的市场，它的商业逻辑首先是安全可靠自主，而不追求技术最新，也不追求性价比，这样一来资金风险、投入风险和策略风险就降低了很多。

同时，威固聚焦的市场以计划需求为导向，用户提出需求，公司按需求定制芯片及产品，也就是说先由市场买单。这就与民用市场先有产品再找客户的逻辑不同,给公司前期发展带来了有效的保障。这也是威固优先选择军工市场的原因。

公司成立两年后正好遇到国家调整战略，这也给公司带来了全新的局面，不论是资本市场还是市场环境都带来很多便利，威固也因此获得了几轮融资。"例如军队和政府对自主芯片的要求越来越高，而不是像以往那样受制于国外芯片。现在对国内自主芯片的接受度非常高，甚至有一个'负面清单'，不用国产芯片要有充分的理由。这里面的导向性非常明显，这使得国产芯片的春天来了。"

威固创业时面向军工领域，目前正利用自身的计算存储融合解决方案探索民用市场，包括基因组装、新药研制等。吴佳将企业发展比喻成一个人读书经历小学、初中、高中、大学阶段。威固通过立足军工和特殊行业建立根据地，然后实现考上大学的目标，也就是IPO和走入资本市场这个阶段性的目标。这样有了更好的基础再来拓展根据地。"我们希望成为世界级的领先的计算存储融合的企业，但是现阶段的任务就是做好这个特殊行业，'考上大学'。"

吴佳规划未来两年公司能上科创板，但也明白这是水到渠成的事。"目前的愿望首先是对得起支持自己的朋友和团队成员。其次是希望能把握住时代给予这个行业的机会，把公司做大做强。"

"我原来穿过军装，我们的科研团队成员许多也曾经是军人，虽然脱下了军装但是心还在国防事业。"吴佳表示，作为一个企业能够为国防事业继续服务，这是团队创业者最自豪、开心的事情。

定义芯片是一个战略问题，怎么做芯片是一个战术问题。

吴佳认为，芯片其实是生产力的表现形式之一，也就是技术转换为生产力的形态之一。"技术和商业的转换，也即芯片如何市场化，以及一颗好的芯片如何转换成市场能力，这个更为关键。"他说，"做什么芯片、怎么定义芯片这是一个战略问题，做芯片又是一个战术问题，如果战略都是错的，那芯片做出来就算全球第一，卖不掉或者已经过了时间窗口，那就只能面临被淘汰的命运。"

吴佳认为通用芯片或许并不是中国芯片企业的一个出口，中国芯片企业一定要走专用芯片的道路。"跟随战术没办法实现超越西方——站在别人的基础上只能接近别人。这也是国内芯片行业比较落后的原因——要么做别人不愿意做的产品，要么做人家停产的产品。做低附加值的芯片，这是一条路；做高端芯片或者走仿制路线，可能是另一条路。但是跟随战术肯定是不行的。"

因此吴佳主张芯片创业要走符合中国市场的道路。结合中国的市场来定义符合中国的芯片，而不是盲目跟随国外先进者的技术指标，这也是我们国内芯片创业者需要琢磨的问题。

熊海峰
敢于挑战的"嵌入式"人生

文/张轶群

熊海峰（见图55），上海泰矽微电子有限公司（以下简称"泰矽微"）创始人兼CEO，哈尔滨工业大学电子工程学士、硕士；复旦EMBA；半导体连续创业者。18年半导体技术和业务管理经验，先后任职于UT斯达康、Marvell、Atmel、华为海思。2017年联合创立上海移芯通信科技有限公司（以下简称"移芯"）。2019年创立泰矽微，目前已完成两轮融资。

图55　熊海峰

见到泰矽微创始人兼CEO熊海峰时，他已经在跑步机上跑了一个小时。在每天十五六个小时的工作时间里，这一个小时他最为看重。

"身体是革命的本钱，这个时间也可以用来深度思考。"熊海峰说。

在创立泰矽微之前，熊海峰走过的是一条令外人非常羡慕的成功之路："学霸"、技术骨干、团队领袖、企业高管。

而在不惑之年，他却放弃了外企的优厚待遇，选择开启人生的创业之旅。他说："有挑战的生活才更有意义。"

熊海峰的职业经历，大部分与 MCU、SoC 有关，从小灵通时代参与推动手机芯片国产化，到领导 Atmel 的 MCU 业务在华取得巨大成功，再到创立泰矽微进军物联网高集成 SoC 领域，勤奋、执着、创新等特质深深内嵌至他每一段履历中，也成就了他的"嵌入式"人生。

被"揍大"的"学霸"：硕士论文写出博士水平

1977 年出生于江苏泰州的熊海峰是家里的"独苗"。

那时候，国家刚刚开始提倡计划生育，军人出身的父亲积极响应国家政策，让熊海峰成为当时为数不多的独生子女，家庭的资源和希望也全部倾注到他的身上。

小时候的熊海峰可谓衣食无忧。父母都在国营单位，属于双职工家庭，非常重视对子女的教育，对熊海峰的要求也异常严格。

"在他们眼中，全班第一都不满意，必须考'双百'才行。"熊海峰笑言，他还记得小学一年级虽然得了全班第一但没考"双百"，被爸妈罚站"面壁"到后半夜。

"小时候不理解父母，觉得委屈，现在自己有了孩子，才懂得父母的不易。"熊海峰感慨道。

熊海峰虽然是个"学霸"，但也是个调皮蛋，为此没少挨父亲的打，他清楚地记得，最严重的一次，父亲抽断过一条皮带。直到上了初中，在品学兼优、已然就读重点大学的堂哥的感召和影响下，熊海峰逐渐明确了自己的人生方向，性格也慢慢沉稳下来。

12 岁时，熊海峰跟着父母坐了一夜的轮船第一次来到上海，繁华的十里洋场让他感受到和农村老家相比，简直是另外一个世界，大世界的哈哈镜、游乐场，成为熊海峰对于大上海最初的向往。

来上海的主要目的是购置当时的大件家电——金星 18 英寸的彩电，这是全国首条彩电产线生产的产品，有相当高的好评度和知名度。而那时候，方寸屏幕间的多彩画面深深吸引着熊海峰，他后来跟父亲说，如果将来读大学一定要去搞各种发明，"只要跟电相关的就行"。

从高中起，熊海峰在离家 100 千米的扬州上中学。那时候他已经对理工科类

熊海峰　敢于挑战的"嵌入式"人生

的课程产生浓厚兴趣，物理经常得满分的他被同学们戏称为"物理王子"，他坦言在学习上算是比较有心得和悟性的，学起来相对轻松，寄宿制的生活也使他进一步提高了自理、自立能力。

受军人家庭环境影响，1997年高考时，熊海峰选择了哈尔滨工业大学。这符合他的初衷，离家远一些，同时跟军工类有关。

熊海峰说当时其实对于未来并没有多么具体的专业选择和明确规划，但跟电相关的专业志愿都填了，电子工程、电气工程等，最终被工业自动化专业录取。

熊海峰回忆当时在踏上开往异乡的火车时，父母一再叮嘱他要好好学习，将来考研究生。

从烟花三月的扬州到冰天雪地的东北，这个南方人竟然没有觉得丝毫的不适应。"东北的冬天屋里的暖气足，比老家暖和多了。"熊海峰说。

电子世界的神秘让熊海峰沉迷其中。除了学好基本的课程之外，他把所有的时间都花在了图书馆和实验室。

本科的8个学期，熊海峰拿了5个一等奖学金，两个二等奖学金，成绩一直名列前茅。但他认为，相比于理论方面的考试成绩，自己最擅长的还是动手实践方面，每次老师布置的难题，他都能第一个完成。就这样，凭借着兴趣、天分、勤奋，熊海峰一路读到硕士，并获得直攻博士的机会，后因父亲的突然过世，硕士毕业后选择了直接就业。

熊海峰说他喜欢做有挑战的事情，比如其研究生的论文课题是某军工项目的一部分，要独自进行一套非常复杂的雷达通信高速数据采集和处理系统的开发，涉及低噪声模拟前端信号调理、高速信号采集、FPGA、DSP、MCU等多个硬件领域方面的知识，由于单板需要集成到PXI总线机箱中，除了嵌入式软硬件开发外还要完成上位机从驱动到应用的软件开发。作为20多年前的硕士课题，要在一年时间内，在没有任何设计参照的前提下独立完成从软硬件开发到论文撰写的所有工作，毫无疑问具有极大挑战性。

那时候很多资料不像现在能够上网查阅，除了模拟、数字电路硬件，原理图、PCB，芯片方面的知识外，还有很多涉及编程语言的软件方面的系统性知识，比如驱动开发，Windows编程、C语言、Verilog等，熊海峰一点点啃，最终完成了产品和项目交付，同时也诞生了一篇非常漂亮的硕士论文，导师对其的评价是"堪比博士论文水平"。

初出茅庐的工程师：见证手机芯片国产化开端

2003年，熊海峰以优异的成绩硕士毕业，接到了多家顶级公司的录取通知，最终，熊海峰选择了到上海从事通信相关的研发工作。

彼时，我国移动通信产业的发展正处于快速起步时期，众多国产手机品牌百花齐放，市场占有率突破50%。小灵通凭借其强大的群众基础异军突起，正体现出蓬勃的发展势头。

加入UT斯达康后，熊海峰便迎来第一份充满挑战且有意义的工作：小灵通手机基带芯片的国产替代。

熊海峰介绍，彼时国产化的背景基于两个原因：一是当时小灵通终端的价格在逐步下探，但芯片严重依赖从日本芯片企业进口，急需解决成本上的压力；二是UT斯达康正计划建立一套标准体系，试图在国内构建起小灵通生态，因此必须解决核心芯片的国产化问题。

虽然当时和现在所处的时代不同，但因为无法掌握核心技术而遭遇"卡脖子"的困境与现在非常相似。

熊海峰介绍，因为日本企业掌握着基带芯片的核心技术，在产品价格以及支持力度上都存在"店大欺客"的情况。

当时小灵通的标准主要来自日本，相关标准文档都只有日文版本，一些协议标准也不像如今的3GPP标准那样完善规范，对熊海峰以及团队而言，想要进行自主研发，可获取的资源非常少，几乎没有任何参照，只能边摸索边做。

"比如很多标准和协议文档只有日文版本，为此我们还需要去单独招聘懂日语的工程师。"熊海峰说。

此外，当时熊海峰所在的团队的研发人员只有40多人，而现在的芯片研发团队动辄成百上千人。

就这样，摸着石头过河的熊海峰和他的团队用了差不多三年时间，开发出国产的高集成度单芯片方案（包括基带、PMU、DSP等），成本比东芝便宜一半，功耗和性能的稳定性却已达到同等水平。

这颗具有标志意义的国产芯片研发成功后，很快便突破多个当时UT斯达康内部设定的里程碑，100万颗、500万颗……最终搭载该方案的小灵通产品UT107实现了千万级的出货规模，成为当时最火热的机型。

熊海峰　敢于挑战的"嵌入式"人生

在这个过程中,熊海峰经历了从产品定义到项目管理再到产品应用的全过程,他自己也从刚刚走出校门的应届生成长为研发和管理经验丰富的领导者。

在熊海峰看来,实现小灵通基带芯片国产化,对他而言是职业生涯中第一件富有意义的事情。除了自己经历了付出、努力和成长外,更重要的是,他深刻地理解到团队协作的重要性,这为他在之后的工作中,在技术攻关和项目管理等方面积累了宝贵经验和信心。

小灵通作为特殊时代的特殊产物,有其出现的偶然性,在 3G 时代到来之后逐渐陨落。

2006 年,熊海峰所在的 UT 斯达康 3G 以及小灵通芯片设计部门被 Marvell 收购,出于对于中国市场的高度重视,Marvell 不断投入资源强化中国研发团队的实力,该部门也迅速成为 Marvell 核心团队。Marvell 后来在 3G、4G 时期每个代际的产品都具有行业领先性,熊海峰所在的团队贡献颇多。

"那时候的产品也可以说是真正在中国本土自主开发的产品。"熊海峰说。

回看 UT 斯达康时期的手机国产化首波浪潮,熊海峰坦言只是 UT 斯达康的个体行为,其他国产手机厂商仍在使用进口芯片,关于国产替代也并没有上升到产业战略高度。

当时熊海峰所在的 UT 斯达康的通信研发团队经此一役以及之后在 Marvell 历练和成长,使其成为日后的中国移动通信产业的中坚力量,包括现在的展锐、ASR、移芯等企业,都有当年 UT 斯达康团队的骨干成员,而这些企业如今也成为推动移动通信芯片国产化的主力。

一日三国的外企高管:助力Atmel在华获得巨大成功

2007 年,熊海峰从 Marvell 离开加入国际知名 MCU 厂商 Atmel,开启了一段 9 年的"嵌入式"职业生涯。他坦言这是性格使然,不想过于聚焦通信类产品。经过几年的成长,他的视野更加开阔,希望能在更广泛的领域触及更多应用,从而提升自己。

熊海峰在工作之外是个"闲不住"的人,他把大量的时间用在自己的能力提升上。比如他曾经加入过很多与"嵌入式"相关的社区论坛和兴趣小组,包括向别人请教或帮人答疑解惑，撰写专业性的分析文章，同时自己也参与一些其他感兴趣的项目，等等。

熊海峰加入 Atmel 时，Atmel 在中国已经有了一定的基础，Atmel 独特架构的 AVR，在 8 位 MCU 市场非常成功，出货量已经高达 3 亿片，位居全球前五，并在 2010 年进入全球前三。但 AVR 在中国还处于早期阶段，熊海峰的任务就是负责 AVR 的产品线在国内及亚太区的市场开拓和生态建设。

熊海峰从组建团队开始，包括中国团队，他用 5 年的时间在日本、韩国共建立了近百人的研发方案和支持团队，产品覆盖 MCU、无线充电、电池管理等产品线，逐渐将 AVR 系列 MCU 做出声势。其中无线充电和电源管理是 Atmel 全球唯一的研发团队，需要覆盖全球范围的业务和客户，在此过程中，成功开发了三星、诺基亚、三洋、松下等国际大客户，其开发的电池管理系统和计量算法更是在苹果的台湾代工厂获得认证通过。

"我本人于 2012 年代表 Atmel 进入 WPC（无线充电联盟），Atmel 是国内最早一批参与 Qi 无线充电标准制定的企业。"熊海峰介绍。

此后该团队的业务覆盖整个亚太地区，部分垂直市场需覆盖全球业务，从 8 位到 32 位，以及 ARM 架构的 MCU，再到后来包括 Wi-Fi、ZigBee（一种低速短距离传输的无线网上协议）、BLE（蓝牙低能耗）等在内的无线产品线，从一开始中国仅作为芯片销售区域，到后来延展到芯片和方案研发再到本地生态建设，在熊海峰的带领下，MCU 产品线亚太区成为 Atmel 全球架构中权重极高的区域，也帮助 Atmel 在中国获得了极大成功。

"Atmel 成功的因素除了其创新的系统架构、更高的集成度、Atmel 自有的 Flash 工艺、单周期执行指令和高代码密度的低功耗与高性能的折中优化、稳定可靠的产品外，其易用的开发板、免费的软件工具、丰富的应用笔记文档、成熟的基础代码、24 小时全球覆盖的线上技术支持、粉丝人气活跃的社区论坛、机制健全的线下技术培训机制、全面的销售渠道体系等也起着举足轻重的作用。"熊海峰总结道。

这些竞争力的融合逐渐成为主流欧美 MCU 品牌的标准配置，时至今日依然值得国产 MCU 厂商学习和效仿。

当然，这个过程并不是一帆风顺的，其中蕴含了多少辛苦只有熊海峰自己知道。

熊海峰　敢于挑战的"嵌入式"人生

为了解决苹果笔记本电池的客户需求，熊海峰曾经在台湾的电池代工厂"一蹲"就是好几个月；为了开辟 Atmel 的无线充电业务，熊海峰代表 Atmel 率先加入 WPC，频繁奔波于全球各个国家、地区参与标准建设。

最忙的时候，熊海峰一天飞了德国、芬兰、挪威三个欧洲国家。

在 Atmel 近 10 年的时间，熊海峰逐渐意识到，随着 IoT 时代的到来，MCU 领域的市场竞争主要体现在两个方面：高集成度和生态。

熊海峰认为，实际上随着 AIoT 时代的发展，以及更多应用场景的需求，基于 Atmel 观察的全球视角，包括信号链、电源管理以及射频都是在与 MCU 进行融合。

对于 MCU 的发展历程，熊海峰看来，经历了几个阶段，从最开始架构上的百家争鸣，比拼的是核的性能，树立特色，到手机时代全面向 ARM 架构过渡，当内核同质化后，大家拼的就是生态。时至今日，欧美厂商的生态建设依然是国内厂商学习的典范。未来，伴随着 AIoT 的发展，边缘侧将会承载更多的本地处理任务，这会倒逼 MCU 形态和功能的进化。

"泰矽微正是基于这一基本判断而发起成立的，在新的产业发展转折点抓住新的机遇实现弯道超车，我们聚焦新一代的 MCU，也就是专用 SoC。"熊海峰这样解释。

AIoT时代的创业人：做高集成SoC推动MCU变革

多年的外企从业经历，在国际化视野之上的深刻洞察，熊海峰看到了物联网芯片广阔的发展前景。2019 年，熊海峰创立了泰矽微（Tinychip），专注于高端专用 SoC 的研发和定制。

之所以取名"泰矽微"，熊海峰说，一是向 Atmel 致敬，"Tiny"是知名度很高的 AVR 经典产品系列，是极致功耗和成本的象征。他在 Atmel 多年的经历使他对这家公司充满尊敬和感情。二是"泰"也代表家乡泰州，他说当年高考填志愿时想的是怎么远离家乡，而四十岁之后，思乡之情反倒变得浓郁起来。

在熊海峰看来，自己创业是水到渠成的事，现在回看过去的经历，发现当时也是在有意无意间做了积累和准备。比如泰矽微现在聚焦的几个产品线：无线射频 SoC、信号链 SoC 以及电源 SoC，属于模拟领域排名前三的方向，这就得益于他在 Atmel 的积累。

曾在 MCU 深耕多年的熊海峰意识到，物联网时代的到来实际为传统通用 MCU 的发展带来诸多机会和挑战。

首先，物联网近年来的复合增长率约 28%，而通用 MCU 只有 4% 左右，新的增长极更多来自物联网领域。其次，物联网终端节点的价格敏感度高，需要更低的 BOM 成本。第三，通用 MCU 与现实需求的鸿沟在拉大，物联网应用越来越集成通信、电源/电池、算法以及各类传感器等组件，需要在通用 MCU 周边增加较多外围电路，因此，越来越多的头部厂商选择定制专有 SoC，这使得专用 SoC 成为趋势。

熊海峰认为，经过 50 年的发展，通用 MCU 从诞生至今并没有发生本质变化，但如今物联网不断发展，在很多场景下，传统的通用 MCU 越来越难以满足物联网应用的需求。而泰矽微选择的是从泛物联网领域大应用场景进行切入，如具有明确市场前景和预期的大的赛道和分支，提供集成度更高的 SoC，解决一类或一大类的应用。这样一方面可以解决客户的痛点，另一方面也可避开国内通用 MCU 同质化的竞争。

"比如在信号链领域，包括工业、电化学传感器、气体、液体传感器等，市场体量庞大，每年数亿的出货规模。对于这些领域的传统头部传感器厂商而言，模拟前端及信号采集处理需要多套分立器件方案拼接而成，而泰矽微希望能够用单颗芯片替代，解决 80% 的应用场景。这对行业客户而言，将极大节省从设计、物流管理、备料管理等方面的成本，也将降低风险。"熊海峰说。

"另一个充分融合团队多年积累的产品是集无线充电、有线充电、电源路径管理、电池管理、保护及控制和处理等在内的高端 PMIC（电源管理集成电路），可应用到包括 TWS 耳机充电仓、充电宝等在内的多个消费类电子产品中。这样一颗芯片可以替代现有方案中 8～10 颗芯片，包括头部厂商在内的多个大客户对我们的产品充满了期待。泰矽微团队开发这样的产品是再合适不过了。"熊海峰说。

熊海峰认为，在通用 MCU 领域，国内的厂商还是形成了参照国外厂商的路径依赖，这虽然能够将风险降到最低，但久而久之带来的问题是对产品定义和架构设计能力的不足，如今做高度集成的 SoC 没有太多参照，对于厂商各方面的把控能力提出了诸多挑战。

对于泰矽微的未来，熊海峰表示，希望成为一个平台型的企业。三条产品线在未来三年都能够推出规模化的产品，全面覆盖消费类电子、行业应用及工业场景，继而向汽车电子延展。泰矽微的业绩能够做到亿元规模以上，产品陆续被各个行业的头部厂商所认知。

"这并不容易，但，事在人为。"熊海峰坚定地说。

刘洪杰

"小镇姑娘"有"大梦想",打造后摩尔时代ADI

文/张轶群

刘洪杰(见图56),深圳市九天睿芯科技有限公司(以下简称"九天睿芯")创始人、CEO。吉林大学电子科学与技术专业学士,新加坡南洋理工大学集成电路设计专业硕士,瑞士苏黎世联邦理工学院的神经仿生工程(Neuromorphic Engineering)专业博士。刘洪杰曾从事科研工作多年,围绕动态视觉传感器(Event-based vision sensor)和数模混合神经拟态芯片(Mixed signal event-based processor)发表数篇IEEE论文,有多项授权专利及申请专利。2018年创立九天睿芯,专注于高效神经拟态感、存、算一体,已经获得亿元级别A轮融资及欧盟资助,在深圳、成都、上海以及苏黎世设有研发中心。

图56 刘洪杰

2018年,当刘洪杰在深圳创立九天睿芯时,她刚满30岁。

作为中国半导体行业中为数不多的、有技术背景出身的初创公司年轻女性CEO,刘洪杰说自己是出身于小村子里的"草根","不服输"且"爱折腾"的性格让其喜欢迎接挑战并一路走到今天。

如今,刘洪杰和她的九天睿芯正致力于将国际上前沿的数模混合感、存、

刘洪杰　"小镇姑娘"有"大梦想",打造后摩尔时代 ADI

算一体技术引入国内,力争成为领先的数模混合感、存、算一体芯片公司,并推动该领域的变革。这个"小镇姑娘"说她有一个大梦想,就是打造后摩尔时代的 ADI。

从高考毕业时选择半导体专业的懵懂,到求学期间目标的明确,再到创业路上的笃定,乘着国内集成电路产业发展的东风,刘洪杰和她的九天睿芯正在快速成长。

村里走出的女博士

1988 年,刘洪杰出生在山东济宁的一个小乡村。从小,刘洪杰就是"别人家的孩子",高中毕业前,成绩基本没出过前三名。高考时,刘洪杰以高中学校第一名的成绩考取了吉林大学的电子科学与技术专业。和那个时候大部分的考生一样,刘洪杰起初并没有对未来的人生做过非常明确的规划,但慢慢学起来之后,她对微电子领域产生了极大兴趣。

于是,沿着这条并不容易走的道路,她一直向上攀登。2019 年,刘洪杰拿到了苏黎世联邦理工大学电子工程与信息技术专业的博士学位。

刘洪杰说,她曾经在教书育人和创业两个选择中犹豫过,如今她选择先做好一个企业,之后再努力实现产、学、研结合,为培育中国的科技人才贡献力量。

在成长过程中,刘洪杰坦言受家人影响很大,她感恩家人,感恩养育她的那片土地。图 57 是刘洪杰祖父捐建过的村里小学。

图57　刘洪杰祖父捐建过的村里小学

刘洪杰的祖父是20世纪七八十年代的乡镇企业家,还曾捐建过村里的小学,在当时两层排楼的小学非常少见,如今那里已成为周边村庄孤寡老人安居的地方。她仍然记得祖父在她年少时对她的教导:成大事要先学会分享。

作为货车司机的父亲也十分重视对子女的教育,他靠运输换来刘洪杰姐弟4人的学费和生活费。同时,父亲还经常给刘洪杰介绍途经祖国各地的见闻,让刘洪杰从小就对外面的世界充满了好奇,这份好奇心一直贯穿于她的求学之路。

刘洪杰的母亲是一名朴实的农民,在务农的同时照顾着3个老人和4个孩子,给了在外做运输的父亲和求学的姐弟们一个温暖的港湾。

吉林大学本科、新加坡南洋理工大学硕士、苏黎世联邦理工大学博士、比利时微电子中心(IMEC)……虽然海外求学和工作经历丰富,但刘洪杰并没有太多时间去体验当地的风土人情和秀美风光,而是把主要的精力都放在了学习知识和实践上。

在硕士研究生最后一年,刘洪杰被选为国际学者,赴比利时IMEC交流。这使她进一步接触到国际先进的集成电路设计技术,同时找到了低功耗数模混合信号设计的研究方向。

2013年年底,刘洪杰赴瑞士苏黎世联邦理工学院的神经仿生工程(Neuromorphic Engineering)专业攻读博士学位,并于2019年获得博士学位。刘洪杰笑言她是村里的第一个博士,申请上了就不能辜负"全村的希望"。

读博士的前4年里,刘洪杰进一步在数模混合信号神经形态芯片和深度学习方面展开研究。刘洪杰的导师Tobi Delbruck是类眼图像传感器(又称dynamic vision sensor or event-based vision sensor)的发明人,也是仿生神经工程(神经拟态计算)的开拓者之一,在刘洪杰的博士研究和创业中都给了她很多鼓舞和指引。

在读博期间刘洪杰创立了九天睿芯,尽管身边有不少朋友为了创业放弃了博士学位,但刘洪杰在创业一年后完成了博士答辩,坚持把博士学位拿下。她说,博士学位承担了家人的期望和导师对自己的责任,不想轻易放弃。

创业路上无坦途

创业对于刘洪杰而言并非最初的目标。按照她的计划,她希望博士毕业后能

刘洪杰　"小镇姑娘"有"大梦想"，打造后摩尔时代 ADI

够到高校或科研机构继续做学术研究。

但在 2016 年，一个偶然的机会，刘洪杰回国参加中国创新创业大赛，并获得电子信息领域团队组第一名的好成绩，其学术成果和研究方向开始受到国内产业界以及投资界的关注，有投资人劝说其进行创业。彼时，中国集成电路产业发展已呈现出积极向好的大环境，创业热潮涌现，这也让刘洪杰开始考虑将自己的研究成果在国内落地，为中国集成电路产业的发展贡献力量。

2018 年，刘洪杰在深圳创立九天睿芯，吸引到多位来自世界著名高校的海归博士加入，主要产品为神经拟态感、存、算一体芯片。目前，公司在深圳、成都、上海以及瑞士苏黎世设有研发中心，研发人员占比 80%，包括近 30 名有知名半导体企业背景的芯片设计者与架构师以及多名世界排名前 20 高校的博士。

从建立团队到寻找投资，从确定技术产品方向到选择合作伙伴，两年多时间的创业之路，让刘洪杰深刻体会到，和学术研究相比，公司产品做出来和最终落地完全不同，不可避免地会经历一些波折坎坷。但刘洪杰说自己就是个"爱折腾"的人，愿意接受挑战并乐在其中。

半导体行业的创业之路并不容易，特别是对于一位年轻女性 CEO 而言。在与投资人接触过程中，刘洪杰说被问的最令她惊讶的问题是："你会不会几年后跑去生个孩子而离开公司？"

刘洪杰想得很清楚，在未来几年内将心无旁骛地投入创业之中，为公司的发展打下基础。刘洪杰认为，九天睿芯的业务领域不是传统的电路领域，而是用模拟做计算，属于比较新的技术领域，这个领域的从业者相对年轻，有更多思路，因此年轻也是优势之一。

而对于半导体行业女性领导人的看法，刘洪杰经常说的一句话是："中国最厉害的芯片设计企业华为海思的领导人何庭波不也是女性吗？"

刘洪杰坦言，最难的一段时间，是 2020 年年初因受疫情影响九天睿芯的销售收入有一些延迟。那段时间，团队员工接受集体降薪陪公司一起渡过难关，这给了刘洪杰很大的心理支撑。现在公司运转正常，随着接下来两年主力产品的陆续量产，九天睿芯将进入发展的快车道，但这段经历将一直激励刘洪杰更加努力地把九天睿芯做成一家世界级的公司、一家受员工喜爱的公司。

经历比结果更重要

刘洪杰希望九天睿芯未来成为后摩尔智能时代的 ADI（亚德诺半导体技术有限公司）。

"作为模拟芯片领域的龙头，ADI 所擅长的是模拟混合信号芯片、高性能转化器，九天睿芯的混合信号感、存、算一体芯片是这些传统混合信号芯片的延伸，让中国企业在这个领域占有一席之地，打破国外企业的垄断。"刘洪杰说。

据了解，传统方式下，信号需要先经过 AFE 将所有结合在一起输送到芯片中，在芯片中通过 ADC 将接收到的所有模拟信号全部转换为数字值，再经过 DSP 对数字信号进行识别、变换、压缩等处理，以得到符合需要的信号形式，最后经过 NPU 实现 AI 运算和应用，最终输出想要得到的反馈。而九天睿芯设计的芯片在思路上与传统方式不同，其采用的 ASP（analog signal processing）+ ADC + ADA（analog digital acceleration）架构芯片将感、存、算集合为一体，通过直接在原始模拟信号中实时处理传感器数据以及使用在内存中做混合信号计算来突破传统信号采样频率的限制以及冯·诺依曼结构的"内存墙"瓶颈，从而根据应用需求提高计算的面积效率、能量效率或者时间效率。

刘洪杰表示，神经拟态、模拟/模数混合计算和感、存、算一体是三个交叉的概念，都是后摩尔时代提高芯片效率的方式，九天睿芯是世界领先的将这几个领域的技术融合得很好并且开始商用化的公司，正为国内后摩尔方向技术突破做出特殊贡献。由于大部分传感器端计算对实时性低功耗的需求，信号采集和处理的流程可以更加优化。这种更改后的传感处理链路具有低功耗、低延时的优势，非常适合无线耳机、智能手表、智能眼镜、AR/VR 等可穿戴以及 AIoT 等对低功耗、低延时需求强烈的领域。

刘洪杰表示，神经拟态数模混合计算技术如今正被产业界逐渐接受，创始团队成员的研究组 ETH-sensors group 已经有多个 spin-off 相继被英特尔投资，被索尼收购，其中一项技术专利被三星商用，未来具有广阔的市场空间。九天睿芯的核心技术是神经拟态模拟混合信号处理，核心产品为极低功耗的感、存、算一体芯片。

目前，九天睿芯正在执行第一个五年计划的产品技术演进路线图，已开发出第一款超低功耗模拟感、存、算一体芯片 ADA100，这款芯片今年已实现在世界

刘洪杰　"小镇姑娘"有"大梦想"，打造后摩尔时代 ADI

领域排名前三的企业的嵌入式设计。

经历了三年创业艰辛之后，刘洪杰认为，创业做的具体事情的重要性可能只占 20%，相较而言，她更看重与志同道合的伙伴一起做有意义的事情的过程本身。

刘洪杰告诉记者，九天睿芯拥有做突破性创新需要的跨学科创新人才，有丰富量产落地经验的资深技术人才，也有战斗力很强的市场和运营人才。公司过去和未来的发展中背景各异的团队成员的互相信任和齐心协力将始终是九天睿芯的核心价值，也是她和其他同事努力的最大动力。

刘洪杰说她感恩于很多业界前辈和朋友的帮助和支持，使自己在创业路上一直笃定前行，她爱这个行业，也想回馈这个行业。

从一个农村姑娘到芯片创业者，刘洪杰深知科技和教育的力量。刘洪杰介绍，目前九天睿芯主要参与了三个欧盟 Horizon 2020 - Research and Innovation Framework Programme 下的和欧洲的大中型企业（意法半导体、飞利浦等）以及研发机构（CSEM 等）一起合作的欧盟项目，总项目资金池近 5000 万欧元，另外和瑞士联邦理工大学有联合培养博士的项目。国内类似的项目也已经开始筹划。

"创业是个过程，并不是目的，希望通过和其他优秀的科技创新者、企业家一起进一步推进我国的产、学、研结合，为中国科技及教育进步做出贡献。"刘洪杰说。